U0642779

外商直接投资
对中国出口贸易结构的影响

王 博◎著

科学技术文献出版社
SCIENTIFIC AND TECHNICAL DOCUMENTATION PRESS
·北京·

图书在版编目（CIP）数据

外商直接投资对中国出口贸易结构的影响 / 王博著. —北京：科学技术文献出版社，2015.10（2016.10重印）

ISBN 978-7-5189-0783-0

Ⅰ.①外⋯　Ⅱ.①王⋯　Ⅲ.①外商直接投资—影响—出口贸易—贸易结构—中国

Ⅳ.① F752.62

中国版本图书馆 CIP 数据核字（2015）第 251921 号

外商直接投资对中国出口贸易结构的影响

策划编辑：崔灵菲　　　责任编辑：崔灵菲　　　　责任校对：赵　瑗　　　责任出版：张志平

出　版　者	科学技术文献出版社	
地　　　址	北京市复兴路15号　邮编　100038	
编　务　部	（010）58882938，58882087（传真）	
发　行　部	（010）58882868，58882874（传真）	
邮　购　部	（010）58882873	
官 方 网 址	www.stdp.com.cn	
发　行　者	科学技术文献出版社发行　全国各地新华书店经销	
印　刷　者	虎彩印艺股份有限公司	
版　　　次	2015 年 10 月第 1 版　2016 年 10 月第 4 次印刷	
开　　　本	710×1000　1/16	
字　　　数	211千	
印　　　张	13	
书　　　号	ISBN 978-7-5189-0783-0	
定　　　价	48.00元	

前　言

一、问题提出

外商直接投资与国际贸易息息相关，同是国际经济往来中的重要组成部分。二者的相互关系及作用影响机制是一个相当有价值的问题。尤其要提及的是，讨论二者的相互关系并没有学者们普遍认可的结论。此外，国际上的相关研究主要集中在发达国家间投资这一范围，发展中东道国的贸易如何受到外商直接投资影响这一问题并没有数量充足的文献进行研究。作为该领域研究的一部分，本书主要从外国直接投资如何影响东道国出口贸易结构这个角度进行分析。这与我国的出口导向政策及积极的外资政策有着直接关系。希望这一问题的研究能对我国的经济发展及政策制定提供一定的帮助。

二、研究方法

就本书研究的主题来说，笔者认为外商直接投资对东道国产生的影响可以分为以下几个方面：第一，对东道国整体或局部技术水平的影响；第二，对东道国市场结构的影响；第三，对东道国进出口贸易的影响；第四，对东道国就业及收入分配的影响。其他诸如对东道国资本市场的影响、对企业资本结构的影响等效应由于与本书主题关联度不高，因此不做更多的分析。

本书从理论与实证两方面研究外商直接投资如何影响我国出口商品贸易结构。研究结果表明，外商直接投资对我国出口贸易结构的影响分为直接影响和间接影响两部分。直接影响机制是指外商直接投资对我国市场结构的影响，这种影响直接作用于出口贸易商品结构。间接影响机制是指外商直接投资带来的技术溢出效应。这一效应会提高行业生产率及出口产品的国际竞争力，从而改善出口贸易结构。通过理论推导和计量分析，本书针对这一问题得出了最终结论。

三、本书结构

本文的结构安排如下：

第 1 章，导论。阐述本书的选题意义与背景，评述前人理论，界定主要概念，说明本书的写作思路、方法与创新之处，最后介绍了本书的整体结构。

第 2 章，外商直接投资对贸易结构的直接影响。通过文献梳理，笔者分析了外商直接投资对贸易结构直接影响的机制，进而做出判断：外商直接投资对东道国市场结构存在显著的影响，而市场结构又直接影响了出口贸易。

第 3 章，外商直接投资对贸易结构的间接影响。在总结前人理论的基础上，笔者认为外商直接投资通过技术溢出效应对出口贸易结构具有间接影响。进入东道国之后，外商直接投资影响东道国企业的技术及管理水平。这并不会直接作用于出口贸易结构升级，其通过间接影响机制推动贸易结构的改变。

第 4 章，对我国的实证分析。本书通过细致整理数据，回顾了我国外商直接投资及我国出口贸易结构的演变，然后使用计量分析对这一问题进行了实证研究。

第 5 章，结论及政策建议。简要总结了本书结论，并有针对性地提出了相关政策建议。

最后，在本书付梓之际，还要感谢北京高等学校青年英才计划项目（Beijing Higher Education Young Elite Teacher Project）、我国西部地区产业结构升级的投入资金要素性质研究（项目号：YETP1285）及中央民族大学自主科研项目、青年基金、西部地区产业结构升级的资金要素性质研究（项目号：2014jjxy006）的资助。

目　录

第1章 导 论

1.1 研究背景与现实意义

20世纪70年代末，中国开始实施改革开放战略，快速的经济发展成为中国最引人注目的标签。而与经济发展相关的指标中，外国资本的大量进入则最为突出。外国资本的进入可分为两种方式，一种方式是投资到生产领域，目的是在生产环节中根据东道国的比较优势，从商品生产过程中获得收益。这种投资被称为外商直接投资（Foreign Direct Investment, FDI）；另一种方式则不投入到生产领域，其目的只是在资本市场低买高卖赚取差价，这种资本进入大多属于短期行为。我国的外资政策对外商直接投资持容许乃至鼓励的态度，对进入资本市场的资本则实施严格的管制。出于论述的考虑，下文所叙述的投资均指外商直接投资。

对于中国经济发展而言，外商直接投资并非解决所有问题的钥匙，其也具有显著的两面性，即对于中国经济发展存在较大正面影响的同时，也存在着不容忽视的负面影响。它为中国带来了先进技术、帮助国内商品开拓了广阔的海外市场、为国内企业引入了先进的管理理念。但与此同时，外商直接投资的进入也刺激了国内市场的竞争，对国内企业带来了更大竞争压力。尤其值得注意的是，外资企业的制成品大多属于简单的组装加工，以这种产品为主要构成部分的出口商品一直处于"微笑曲线"[①]的下端，这种出口贸易结构对中国产业结构与市场结构升级的帮助均不如预期。即使大多数学者均认为外商直接投资对中国的影响利大于弊，但是若想解释清楚利在哪里、弊于何处，我国应当如何趋利避害仍然是理论研究中面临的重大挑战。

外商直接投资对中国出口贸易结构的影响是当前理论研究中最重要的问题之一。尤其对于出口导向型国家的中国而言，出口贸易对促进本国经济发展有着至关重要的作用。影响出口贸易的因素有很多，包括要素禀赋、比较

---

① "微笑曲线"其实就是"附加价值曲线"，即通过品牌、行销渠道、运筹能力提升工艺、制造规模的附加价值，也就是要通过向"微笑曲线"的两端渗透来创造更多的价值。

优势、关税壁垒等。古典经济理论认为国际贸易和国际直接投资之间并没有直接关系,而且国际直接投资的变动对国际贸易确实没有可观察的即时影响。直到 20 世纪下半叶,才有学者对二者之间的关系提出了崭新的观点,开启了理论研究的先河。经过数十年的理论发展,虽仍然没有一个为大多数学者接受的理论,但作为一种经济现象,外商直接投资对国际贸易存在重要影响已经是一种不争的事实。

改革开放 30 余年,中国经济发展一直令世界瞩目。而与改革开放对应的是,中国的贸易依存度也在不断增加。2013 年,我国进出口总值约合 4.16 万亿美元,扣除汇率因素同比增长 7.6%,比 2012 年提高 1.4 个百分点,贸易顺差约合 2597.5 亿美元,增长 12.8%。经初步测算,中国净出口对 GDP 的贡献率达到 35% 以上,对外贸易依存度达到 66%。出口导向倾向可见一斑。

基于此,有观点认为,如果中国要继续保持当前的增长速度,就要继续保持当前出口导向政策;但也有不同意见认为,中国的贸易依存度已经远远高于其他国家,如果继续保持出口导向政策,就会导致贸易条件恶化,造成资源的外流。到底哪种观点正确,当前仍然没有得到最后的答案。

中国出口贸易的主体可以分为两类,一类是国内企业 [①],一类是外资企业 [②]。后者也就是外商直接投资在中国的主要存在形式。与外商直接投资进入中国的过程同步,中国出口商品的结构也出现了显著变化。从改革开放初期,以能源型产品及农产品为主的出口贸易结构,进化到目前以工业制成品为主的出口贸易结构。而令人颇感兴趣的是,在这一转变过程中,外商直接投资是否起着重要作用? 如果起作用的话,是正面作用还是负面作用? 作用效果又有多大? 尽管这些问题非常迷人,但并没有一个标准答案。本书写作的主要目的就是对于这些问题提出一种回答,并进一步为我国政策的制定和理论的深入分析做出贡献。

[①] 国内企业主要包括国有公司、民营公司两类,其分类是按照国有资本或者民营资本在企业中占据股份多少所决定的。但是在这个问题上笼统分类说明问题即可,无须将本国企业继续详细分类。

[②] 外资公司分为三类:第一类是中外合作企业;第二类是中外合资企业;第三类是外商独资企业。现在主要的发展趋势是后两类,由于外商控股及独资企业数量在不断增加,这种企业也成为现在中国外商直接投资流入的主要方式。

1.2 理论综述

1.2.1 国际贸易与国际投资理论的融合

传统的国际贸易理论与国际直接投资理论建立在不同的分析框架内。随着经济全球化的发展和人们对国际经济运行认识的深化，学者们逐渐发现，国际贸易和国际直接投资实际上就是在不同经济环境下企业做出的不同选择，二者之间存在着紧密的关系。现在的研究已经将二者理论的融合作为发展方向。

由于传统国际贸易理论建立在新古典框架之内，这就意味着其接受了生产要素不可以自由移动、完全的市场竞争及资本劳动可以自由替代等假定，只要通过国际贸易，全球经济就会实现最优资源配置，资本跨国流动并没有存在的必要。但现实中，国际资本流动数量越来越多，地位也越来越重要，传统国际贸易理论无法解释这一现象，这彰显了理论创新的必要性。

外商直接投资的相关理论最早由海默（Hymer, 1960）提出，即垄断优势理论。其将外商直接投资建立在与新古典框架不同的市场垄断状态下，正是由于不完全市场的存在导致了资本的跨国流动。海默认为，正是由于少数企业拥有垄断优势导致了不完全市场的形成，这种优势使得企业可以跨越国界，克服跨国经营所导致的额外成本，但是该理论没有太多的涉及贸易问题。将投资与贸易容纳在同一个理论框架的学者是蒙代尔（Mundell, 1957）。蒙代尔并没有具体分析外商直接投资产生的原因，只是认为贸易与投资具有替代性，即贸易的障碍会引致资本的流动，资本流动的障碍会产生贸易。贸易与投资之间的这种替代关系从"关税引致投资"的实践中得到了验证。拜尔德尔和斯劳韦根（Beldel 和 Sleuwaegen, 1998）的研究结论与蒙代尔相似，认为在东道国存在贸易壁垒的时候，外商直接投资对东道国的进口贸易具有替代作用。巴格瓦蒂（Bhagwati, 1973）认为，即使东道国具有比较优势的出口部门因为外商直接投资而得到发展，但如果同时存在贸易条件[①] 恶化的现象，关税引致投资的增加则会导致净福利损失。但东道国还存在非充分就业的话，投资的增加则不会减少贸易量，还会促进就业率的提高。

---

① 贸易条件：一国的出口商品价格对其进口商品价格的比率。当这个概念用于两种以上商品时，它的定义则是出口商品价格相对于进口商品价格的一种指数量值。其也可以解释为出口每单位商品所能购买进口商品的数量。

　　国际投资与国际贸易相互替代的理论并没有得到学者的普遍认可，其与跨国公司的实际运行情况也不能很好地匹配。尤其在各国对贸易与投资同时设置壁垒的条件下，投资成本的提高使得投资对贸易的替代并不是最优选择。此外，要素价格的变动使得商品使用要素的组合也会随之变化，贸然判断投资对贸易具有替代效应并不能令人信服。弗农（Vernon, 1966）认为垄断优势并不能解释资本跨国流动，企业之所以到海外生产而不是通过贸易或者许可证的方式将商品出口是因为产品本身具有生命周期，应该通过贸易还是通过投资设厂生产的方式来满足海外市场需求是由产品本身所处生命周期位置所决定的。这就是投资的产品生命周期理论。事实上，弗农的理论中已经隐含了贸易和投资的相互促进关系，但其缺陷仍然是未能将跨国投资与国际贸易放在一个理论框架之内进行讨论。弗农的理论并不完美，但不代表蒙代尔的理论是正确的。通过对蒙代尔模型的修改，很多学者都论证了投资对贸易的替代并不成立。坎普（Kemp, 1966）、琼斯（Jones, 1967）、帕维斯（Purvis, 1972）、斯文森（Svensson, 1984）、马库森和斯文森（Markusen 和 Svensson, 1985）等都进行了类似的研究。他们将蒙代尔假设的国家间技术相同的前提条件放宽，论证了外商直接投资不但不会阻碍国际贸易的进行，反而会对贸易产生促进作用。针对这个问题，巴格瓦蒂（Bhagwati, 1987）和迪诺普洛斯（Dinopoulos, 1991）等人从政治经济学的角度对其进行了研究，最终提出了补偿投资的概念。[①] 这个理论很好地解释了 20 世纪 80 年代日本对美国所进行的大量投资，之前的理论都不能对这一现象做出令人信服的解释。

　　将国际贸易与投资放置在同一理论框架中进行讨论要追溯到新要素贸易理论与新技术贸易理论。这两个理论共同对要素禀赋理论进行了合理扩展，强调人力资本与自然资源作为生产要素的重要性。实际上这也就是技术导向型外商直接投资和资源寻求型外商直接投资的理论基础。尤其新技术理论强调一国由于技术创新而获得了垄断优势，这就突破了新古典理论中关于各国生产函数一致的错误前提条件。将这一理论应用于国际贸易就是新技术贸易理论，而应用于投资，就可以解释跨国公司的投资行为。

　　上述理论只是从不同角度对同一问题所进行的不同解释，随着跨国公司

---

① 补偿投资指的是跨国投资并不是为了绕过关税壁垒，而是为了消除潜在的贸易保护威胁而进行的投资。

在世界上的快速扩张，外商直接投资已经成为推动世界经济发展的主要力量，与国际贸易已经具有了相当的地位。既然投资和贸易只是企业对国际化生产经营的不同选择方式，则必然有一条无形的纽带将彼此紧密联系起来。作为这种理论探索的先驱，赫希（Hirsch，1976）从成本角度建立了企业面临出口贸易与对外投资的决策模型。进一步将这种理论拓展的代表人物当属小岛清（Kojima，1977）。由于前人的国际直接投资理论大多局限在微观领域而忽略了对宏观领域的研究，小岛清对这种现象提出了批评，他认为国际分工原则和比较成本优势原则是一致的，可以同时解释贸易与投资。各国比较成本的差异使得各国的平均利润率也有所不同，对外贸易和对外投资应当建立在这种差异的基础上。依据这一原理，一国应大力发展拥有比较优势的产业，并出口该产业生产的产品，同时，缩小比较劣势的产业规模，从外国进口该产业的产品，这样就可以从贸易中获得利益。而对外投资应从处于或即将处于比较劣势的边际产业依次进行，跨国公司与东道国的技术差距越小，技术就越容易为东道国所吸收和普及，因而就可以把东道国潜在的比较优势挖掘出来。这就使两国间比较成本的差距扩大，为更大规模的贸易创造了条件。由此可见，国际直接投资并不是国际贸易的简单替代，而是存在两种不同关系。有时，二者是相互替代的关系；有时，二者是相互促进的关系。

随着时间的推移，关于投资与贸易相互促进的研究结论已经得到了越来越多学者的认可。马库森（Markusen，1983）引入了生产税、垄断假设、外部规模经济及要素市场扭曲等假定条件，证明了国际要素流动会促进商品贸易的增长而不是削弱。赫尔普曼（Helpman，1984）、赫尔普曼和克鲁格曼（Helpman 和 Krugman，1985）应用垄断竞争模型，以水平差异化的商品为研究对象建立了一般均衡模型。他们的研究结论认为，在要素禀赋不对称及规模报酬递增的情况下，跨国公司的内部专有资产很难通过外部市场达成交易，为了规避这种外部市场失灵的现象，要求跨国公司进行公司内部贸易，由此带动了母国的出口贸易。格罗斯曼和克鲁格曼（Grossman 和 Krugman，1989）抛弃了产品成长外生化的假定，证明了在一个动态模型中，国际化生产和国际贸易是可以同时扩大的。贸易的模式也不是一成不变的，人力资源占优势的国家会逐渐从出口国向进口国转变，与此同时，这些国家将会增加研究与开发的比例，并进行中间商品的出口。埃瑟尔（Ethier，1986）认为，即使不考虑要素禀赋差异的情况下，外商直接投资也会由于产业内贸易的产生，增加贸易数量。马库森（Markusen，1998）、马库森和范纳布雷斯（Markusen

和 Venables, 1995, 1998）认为，发达国家和发展中国家之间，外商直接投资与贸易可以同时存在。但是布莱纳德（Brainard, 1997）认为随着外商直接投资的不断流入，发展中国家会出现市场扩大、生产效率提高的现象，这会导致不同国家之间的要素禀赋会有趋同的现象，跨国公司国内外生产的差异也会随之缩小，出现贸易与投资的互相替代。

里普西和韦斯（Lipsey 和 Weiss, 1984）认为，在不考虑要素禀赋差异的情况下，跨国公司在外国市场上进行生产和销售引致对相关配套产品的需求，带动这些产品的相关投资出现。也就是说，垂直一体化投资会带来母国出口贸易的增加。布莱纳德（Brainard, 1993）、霍斯特曼和马库森（Horstman 和 Markusen, 1992）、马库森（Markusen, 1984）论证了水平一体化投资与贸易之间的关系，认为二者之间的关系主要由市场效应收益与国内集中化生产效应收益的权衡所决定。巴克利和卡森（Buckley 和 Casson, 1981）认为，基于要素禀赋理论，东道国与母国相比具有更低的可变成本与更高的固定成本，因此母国向东道国的投资存在一个临界点，在临界点之上，由出口转为投资是有效率的，否则是无效率的。因此，外商直接投资与贸易之间存在一种替代的关系，而且母国的出口应该优先于外商直接投资。尼瑞（Neary, 1995）设计了一个三国两要素的模型，得出结论认为贸易与要素流动之间的关系并不能确定。也就是说，到底外商直接投资对贸易存在替代效应还是创造效应并无统一结论，随着理论假设与前提条件的不同，研究会得到不同的结果。

20 世纪 90 年代之后，国际贸易理论与国际投资理论进一步融合。不符合实际的假设条件纷纷被抛弃[1]，研究对象也不再被人为割裂，微观企业主体、产业与国家等要素被放在统一理论框架内分析。理论基础也将企业理论、产业组织理论、禀赋差异理论及国际分工理论等融合在一起。随着外商直接投资在世界经济中重要性的日趋显现，经济现实也要求理论要更好地与现实接轨。此外，一体化的国际生产分工已经成为经济发展的趋势，外商直接投资和国际贸易在一体化的生产过程中是共同存在、相互依存的，人们也需要对这种依存关系做出更为合理的解释。

---

[1] 在理论融合的过程中，国际贸易理论将几个传统理论假设彻底抛弃，如出口企业必然是国内厂商，不允许企业使用其他国家的生产要素，企业的增值活动的不同阶段必须在本国进行，不同的国家在国际经济运行中应当进行不同生产活动等。

1.2.2　外商直接投资对东道国的影响

外商直接投资对一国贸易的影响包括直接影响及一般均衡意义上的间接影响。从近期文献来看,外国学者大多采用计量回归模型分析外商直接投资与东道国经济发展之间的关系;国内学者用中国数据进行研究,对外商直接投资在中国经济发展过程中起到的作用及外商直接投资对贸易的影响进行了分析。

（1）外商直接投资与贸易之间互补性与替代性的研究

应用 1966 年 8 个国家及地区的 23 种制造业数据,郝斯特（Horst,1974）使用回归分析方法研究出口与投资之间的关系,得出了二者有动态联系的结论。他使用美国出口和子公司的销售额作为因变量,用其他决定美国比较优势的因素——如 R&D、广告费用、工厂规模等——作为自变量,使用回归分析方法,得到了出口和子公司销售额之间的关系。研究结果显示:大多数时间内,出口与子公司销售额之间的互补效应超过替代效应。里普西和韦斯（Lipsey 和 Weiss,1981,1984）用美国的数据进行实证研究,发现在国家及产业水平上,外商直接投资与贸易之间存在显著的正相关关系。追随着前人的脚步,后来的其他研究人员关于日本、美国等国的实证研究同样得出了类似的结论。

也有学者从微观层面上进行研究,分析了外商直接投资与贸易之间的关系,他们得出结论认为,与中间商品相关的贸易与投资具有正相关关系,但是最终与商品相关的贸易和投资之间则没有这种关系（Swedenborog,2000;Lipsey 和 Weiss,1984; Belderbos 和 Sleuwaegen,1998）。这种研究结果也从某种角度证实了中间商品和最终商品的生产与贸易之间存在差异。在产品层面,伯劳尼根（Blonigen,2001）发现贸易和投资之间既有替代又有互补的关系,而且替代效应的发生是短期、急剧变化的。高德伯格和克莱因（Goldberg 和 Klein,1998）研究了东南亚和拉美国家由于引进日本与美国的投资对本国进出口产生的影响,发现了资本流动和商品贸易之间主要是互补效应。韩国学者 Lim 和 Moon（2001）认为,当发达国家向发展中国家投资,而投资的行业在母国属于已经没落的产业时,外商直接投资与贸易之间存在着正相关关系,这实际上与弗农的产品生命周期理论类似。

艾克霍姆、福斯里德、马库森（Ekholm, Forslid, Markusen, 2003）利用一个三国模型得出了有关出口导向外商直接投资的一些结论。第一,水平型投资是对贸易的替代，而垂直型或出口替代的投资则促进了贸易的增长。水平型投资主要出现在规模较大，经济发展水平相似的国家之间，而垂直型或出口导向的投资大多出现在高成本母国与低成本的发展中东道国之间。第二，如果出口导向的投资投向自由贸易区（包括高需求、高成本的国家及低需求、低成本的国家），这对高成本的国家有一种激励，促使其向低成本国家投资，建立装配工厂以服务本国及其他高成本的国家。如果放宽前提假设，这个结论对于中国当前的现象具有一定的说服力。

（2）外商直接投资的技术溢出效应

采用局部均衡理论研究国际技术转移问题是当前的学术主流，主要包括了三个流派。第一个是国际贸易学派，其将跨国公司视为技术的生产者，将所转移的技术在国际市场上当作普通商品进行交易；第二个是产业经济学派，主要根据厂商理论对产业内和跨国公司国际技术转移进行案例研究；第三个是发展经济学派，他们研究技术转移的实用性和技术转移对东道国金融流量、技术和经济发展的影响和意义。

麦克多戈尔（Mcdogall, 1960）在研究外商直接投资对东道国的福利影响时，首先提出了技术溢出效应和东道国技术学习效应，并指出了外商直接投资促进东道国企业技术进步主要通过以下几种途径：演示效应；竞争效应；人员培训效应；链接效应。

从理论脉络上来看，第一个分析外商直接投资对技术转移影响模型的是芬德勒（Findlay, 1978），他将传染病理论（Contagion theory）（Veblen, 1968）和赶超理论（Catching up theory）（Gerschenkron, 1969）结合起来，并加以改进建立一个新模型来说明技术转移的作用。该理论假定发达国家与发展中国家之间技术差距越大，国际技术转移率就会越高。当然，前提条件是技术落后的国家技术要水平可以接受吸收发达国家的先进技术，技术溢出效应产生作用存在一个临界点。

利用前人的研究成果，之后的众多学者利用各国横截面数据、时间序列数据或者平行数据对外商直接投资技术扩散进行了相应的实证检验，提出了外商直接投资对东道国企业的技术溢出效应并考察了技术溢出的渠道。综合看来，流入发达国家的外商直接投资都对东道国企业普遍存在技术溢出效应（Caves, 1974; Globmnan, 1979; Imbrianni 和 Reganati, 1997）。之后对美国、日本双向投资的检验结果也发现了同样的双向扩散效应（Branstetter, 2001）。

但是对发展中国家外商直接投资流入的技术溢出效应检验却有不一致的结论。一些学者发现，外商直接投资技术扩散效应在乌拉圭、印度尼西亚、墨西哥等国成立（Blomstrom 和 Persson, 1983; Blomstrom 和 Wolff, 1989; Kokko 和 Zejan, 1994; Kokko, 1996; Sjoholm, 1999）。但是也有学者对委内瑞拉、墨西哥、印度等发展中国家进行检验，其结果却不支持外商直接投资技术溢出效应，或者这种效应只能在某种条件之下才可以成立（Blomstrom, 1986; Haddad 和 Harrison, 1993; Kokko, 1994; Goldar, 1994; Haksar, 1995; Aitken 和 Harrison, 1999）。

发展中国家中溢出效应不显著的原因通常可以归为两点，第一，理论模型、计量分析方法及数据选取的差异导致最终结果的不稳定；第二，对于检验结果不一致的结果，其深层次原因在于大多数研究仅仅从跨国公司角度考虑外商直接投资对东道国技术进步的促进。但是忽视了东道国企业吸收扩散出来技术的能力，即东道国学习能力对技术溢出起着至关重要的作用。

柯恩和列文邵（Cohen 和 Levinthal, 1989）在分析企业研发时提出了"吸收与学习能力"。认为企业投入研发的资本和精力对其技术进步表现为两方面的内容，一方面，研发的投入最终会变成新技术对生产率产生直接影响；另一方面，学习的过程也提高了企业对外来技术的吸收和应用能力。阿布拉莫维奇（Abramovitz, 1986）的"社会能力学说"也支持这一观点。

①学习能力对技术溢出的影响

巴罗和马丁（Barro 和 Martin, 1995）基于新增长理论提出了自己的观点，他们认为在技术溢出过程中，其效果与发达国家和发展中国家的技术差距存在着正比关系。技术落后的国家完全可以应用这种优势，快速追赶发达国家。但是这个结论却不能得到实证研究的证实。库克、坦希尼和泽詹（Kokko, Tansinii, Zejan, 1996）对拉丁美洲几个国家的研究发现，如果跨国公司与本地企业之间技术水平差距过于显著的话，几乎不存在什么扩散效应。

这种理论和实证检验不一致的原因也许是出在新增长理论的假设上，其认为技术知识是非竞争的，技术模仿成本远远小于技术创新成本，而且模仿成本和可供模仿的技术知识选择集合成反比。很多学者指出了这种假设的不现实性，柯恩和列文邵（Cohen 和 Levinthal, 1989）认为，技术知识产品的生产具有很强的积累性和路径依赖，技术水平应该是相对收敛而不是绝对收敛，因此发展中国家技术学习的能力是吸收发达国家技术的必需条件之一。坎特维尔（Cantwell, 1989）对美国投资于欧洲企业的技术扩散效应进行研究，发现当地企业现有的技术能力才是决定技术扩散效果的关键因素。哥瑞福斯（Griffith, 2000）等人对 OECD 国家的研究也得出了类似结论。

②基于人力资本的学习能力

随着经济学理论的发展，人力资本已经成为衡量技术进步的重要指标之一，这在很大程度上放松了对广义资本而言的报酬递减假设，从而在缺乏外生技术进步的情况下也会有长期人均增长。这也成为研究技术扩散问题的另一个角度。

20 世纪 90 年代初，罗默（Romer, 1990）、格罗斯曼和赫尔普曼（Grossman 和 Helpman, 1991）建立了以资本种类增加为表现形式的"资本深化型"内生技术进步模型，基于此模型，波伦茨坦恩（Borensztein, 1998）设计了包含人力资本和外商直接投资的内生增长模型，回归结果表明，外商直接投资和东道国人力资本结合起来，对经济增长有着很明显的推动作用。进一步的研究表明，外商直接投资对一国经济增长要受到本国人力资本临界值的影响。

以迪克西特和斯蒂格里茨（Dixit 和 Stiglitz, 1977）的模型为基础，凯勒（Keller, 1996）对东亚地区和南美地区的国家经济增长做了比较分析，最后得出结论认为，虽然两个地区的国家都实施外向型经济政策促进本国经济发展，但由于人力资本积累的差距使得最终两个地区对技术的学习和吸收效果不同，导致经济增长率也有着很大不同。

除此之外，很多学者从各个角度来分析技术溢出的问题，但是始终有一个问题无法回避。学者们使用平均教育年限或者升学率等指标代替人力资本存量，但即使在数量上可以量化，其质量却相差甚远。不同地区的同等学历教育不可能有着相同的质量，因此用这种指标代表的人力资本存量必然存在问题。

③其他方面的吸收与学习能力研究

除了东道国的技术能力及人力资本学习能力之外，还有其他因素对技术的吸收和学习能力有着很大影响，比如金融市场效率、产业关联效应、知识产权保护、经济自由度等，这些相关因素的研究大大丰富了技术溢出理论的说服力。

1.2.3　外商直接投资对东道国贸易的影响

卡夫斯（Caves, 1996）认为，外商直接投资对东道国贸易的影响主要体现在两个方面：第一，外商直接投资企业的出口带动东道国整体出口的增加；

第二，通过技术外溢及市场竞争等手段，提高东道国当地企业生产效率，从而对进出口产生影响。单纯从理论上探讨，外商直接投资对东道国贸易结构的影响主要可以从 4 个角度来进行分析：第一，外商直接投资的母国与贸易的输出国；第二，外商直接投资的母国与贸易的输入国；第三，外商直接投资的东道国与贸易的输出国；第四，外商直接投资的东道国与贸易的输出国。早期的理论研究主要是分析外商直接投资出现的原因及流向，但是对外商直接投资对东道国贸易影响的研究文献并不够充分，而后者正是当前外商直接投资研究的主要方向之一。

萨利苏和塞普斯福德（Slisu 和 Sapsford, 1996）利用新增长理论的框架，检验了外商直接投资对不同贸易政策制度的发展中国家经济增长起到的不同作用。他们使用 46 个发展中国家的样本数据，检验了巴格瓦蒂提出的相关假设。最终结论认为，外商直接投资在促进经济增长方面，在追求出口导向贸易政策的国家要更有用一些。

布鲁瑟斯，韦纳，威尔金森（Brouthers, Werner, Wilkinson, 1996）在论文中提出，跨国公司对发达国家与发展中国家投资的支配性动机是不同的，不同国家，不同动机的投资对东道国贸易平衡总量冲击也有所不同。应用不完全市场理论解释，他们认为跨国公司对发展中国家投资主要是为了获得资源优势，向发达国家投资则是为了进入该国市场。外商直接投资与贸易平衡之间的相关性并不显著，主要取决于东道国是发达国家还是发展中国家。

1999 年的世界投资报告中，采用了静态多元回归统计分析，对 1995 年52 个国家的样本数据进行了处理，对外商直接投资的流入与贸易绩效的关系做了定量研究。在这个统计分析中，因变量为制成品出口值，自变量为人均投资流入额、生产企业 R&D 占 GDP 百分比及人均制造业附加值。最终回归分析的结果均表明，样本国家中人均外商直接投资对制成品出口产生的影响都是积极的。这也意味着外商直接投资对国际贸易总体上有促进作用。

从以上分析可以看出，外商直接投资对东道国贸易的影响还是非常复杂的，不同分析方法的前提、假设和强调因素各不相同。总体而言，主要有以下几种因素：第一，技术差异、生产税、垄断、外部规模经济及市场扭曲等；第二，贸易壁垒；第三，地理距离；第四，投资动机的不同；第五，利益集团之间的博弈动机；第六，产品生命周期；第七，生产与贸易成本的不同；第八，产业特点。

1.2.4　目前研究存在的缺陷

尽管针对外商直接投资对东道国贸易结构的研究已经有了一定数量的文献，也提出了很多具有建设性的意见和建议。但是就现存的文献进行充分梳理之后，我们可以发现相关研究仍然不够充分，并且存在一些不足。

（1）理论研究方面

第一，关于外商直接投资与贸易之间关系的文献已经有很多，但是这些文献的着眼点大多基于东道国与母国之间投资与贸易的替代与创造效应。由于这种行为带来的利益分配机制却缺乏成熟的研究与理论。

第二，关于外商直接投资如何影响贸易增长、贸易结构、贸易竞争力与贸易条件的分析尚缺乏深度。

第三，没有从微观层面探讨外商直接投资的动机与最终决策如何影响东道国贸易结构与利益。

第四，外商直接投资理论大都基于成熟发达国家经验，这种研究对我国的实际意义有多大尚且存疑，外商直接投资对转型国家影响的相关研究仍未成熟。

（2）经验分析方面

第一，与我国相关的研究中，关于外商直接投资如何从市场结构角度影响贸易出口结构的研究还非常缺乏，这在很大程度上是由于数据收集难度较大。

第二，在实证研究中，学者往往对决定外商直接投资和出口贸易的各种因素进行计量分析，利用相同或者近似的数据得出的结论却不尽相同。这是因为这些研究无法严格区分同时对二者产生作用的因素，导致了理论基础存在瑕疵。很多相关研究都表明外商直接投资会促进贸易的增长，但自从我国确立了出口导向政策以来，所有相关变量都有大幅度的同向变动，采用这些数据做相关性检验的话，多数变量都会有很强的相关性。但是这种分析不能充分说明几个变量之间必然存在解释与被解释的关系。

第三，大多研究都没有确定外商直接投资与贸易之间的因果关系，也就是说到底外商直接投资的流入导致了出口增长还是由于出口的增长引致外商直接投资的流入？这种研究实际上对我国的经济发展与政策的制定都有着非常重要的联系。

上述研究中存在的缺陷，从各个角度提出了未来理论发展的途径。本书无法解决所有问题，但也希望能在理论大厦之上添砖加瓦。

1.3　相关概念

1.3.1　外商直接投资的定义

外商直接投资属于投资的一个种类。按照通常的分类方法，投资可以分为直接投资、间接投资及其他投资三类。间接投资主要指的是证券投资，投资目的主要是购买某家公司的有价证券，通过持有证券获得分红或者以买卖为中介而获得资本利得。其他投资主要指的是借贷行为，通常是贷方规定一个基础利率，借方在约定的期限内按照该利率还本付息。上述两种投资方式都比较容易理解。但是直接投资在定义上稍显烦琐。直接投资方式又可以分为两种，第一种方式可称为直接方式，意思是跨国公司通过资金转移，在其他国家建设工厂的方式，也称为绿地投资（Green Investment）；第二种方式可称为间接方式，指跨国公司在证券市场购买东道国企业发行的股票，从而获得该企业的绝对或相对控制权。间接方式的直接投资与间接投资在表面上看起来很类似，都是在证券市场上购买另一个经济主体股票的行为。但是二者的主要区别在于，间接投资的目的仅仅是为了获得有价证券的收益，通常不会参与到该公司的日常运营中。[1] 而直接投资则是为了获得公司的相对控制权。[2] 还需要注意的一点是，如果两个经济主体之间确立了直接投资关系的话，二者之间的借贷也要视为直接投资，而不能归结为其他投资。

简要分析直接投资之后，外商直接投资就可以认为是由一国之外的经济主体对本国所进行的直接投资。由于我们的定义是逐层推演的，因此不能将其作为外商直接投资的最终概念。在给出我们的确切概念之前，有必要参考世界各国与各大经济组织对外商直接投资的界定。国际货币基金组织（IMF）对外商直接投资的定义是"在投资人以外的国家（经济）所经营的企业中拥有持续利益的一种投资，其目的在于对该企业的经营管理具有有效的发言权"。而美国商务部对国内外商直接投资的定义则简单明了，"外国投资者的股份超过 10%"。这个比例也与 OECD 对外商直接投资的

---

① 按照目前的理论发展，这种说法已经略显陈旧。在西方发达国家，通常并不参与公司运营的机构投资者现在也已经积极地参与到购买股票公司的运营中，直接投资和间接投资的界限正在渐渐模糊。但是为了理论分析方便起见，我们仍然采用这种说法。
② 直接投资的主体往往以整个母公司的利益最大化为考虑对象，因此往往并不会计较并购公司个体的盈利情况，为了长期获利，短期之内都是可以承担一定负收益甚至可以负担长期的负收益。

定义相同。[①]

之所以要求控股比例超过一定份额，就是为了保证投资者可以取得被投资公司的相对控制权。各国要求的不同份额体现了各国取得相对控制权的难易程度。在美国和一些 OECD 国家，通过股票市场获得一个公司的 10% 甚至更多的股票相对比较容易，而且这些国家的公司所有权较为分散，只要掌握了较小份额的股权，就可以获得相对控制权。因此，这些国家或地区对外商直接投资的定义只要求 10% 的股权份额是有道理的。但是同样的份额对于其他国家来说可能就无法定义外商直接投资。发达国家的公司制企业与股票市场已经发展了数百年，在漫长的发展过程中，已经形成了规模化、分散化、制度化的公司形态。这对外商直接投资和股权份额之间的关系提供了强有力的制度约束。在一些欠发达国家和新兴工业化国家的公司制企业中，一股独大则更为常见。占有 20% 甚至更高的股权份额对这些公司可能都没有任何的话语权，遑论 10%。这种情况下，占 10% 股权份额的投资就只能是间接投资而不是直接投资。鉴于此，各国对外商直接投资占被投资公司的股权份额有着不同的规定。比如法国就认为只有超过 15% 股权份额的投资才属于外商直接投资。

由于各方看法不一，导致结论不同，这给在世界范围内统计和研究外商直接投资造成了很大的不便。为此，OECD 与 IMF 正尝试将该标准进行统一，两个机构组织希望最终可以将标准制定在 20% 的股权份额。但是正如上文所提到的，各国客观情况不同，很难在这个问题上达成一致。毕竟，将外商直接投资比例确定在任何数字上，在不同地区都会面临持有比例和有效控制之间不一致的问题。比例太低将会有很多不具备公司相对控制权的投资计算入内，这就造成了统计数据的高估；而比例过高又会将很多本来已经具备一定的相对控制权的投资排除在外，造成统计数据低估。

目前，我国对外商直接投资的统计是按照 25% 的比例进行确认。可以说，这个比例相对而言符合我国具体国情。就笔者意见，这个比例甚至可以适度提高。由于我国严格的准入制度，进入我国的外国资本至少在名义上鲜有以证券投资为目的，绝大多数都是为了取得我国企业的相对控制权并从中获利。

[①] OECD 对外商直接投资的定义还要求如果一个投资者持有所投资企业的股份超过 50%，那么二者之间就是母子公司的关系。实际上，这就是说如果投资者占有被投资公司的绝对份额的话，二者就不是投资关系而是隶属关系。但是这种度量方法有很多不足之处，因此在本书中不予采用。

因此，从资本进入的目的来说，这些都可以定义为外商直接投资。从持股比例来说，不要说10%～25%，就算是40%以下的持股比例都并不多见。若非中国外资政策的严格限制，大多跨国公司的最终目的都是建立独资企业，这也是被我国的政治条件约束而产生的结果。①但是，从另一个角度来说，这使得我国的外商直接投资统计数据可以和OECD的定义相接轨。这是一个很有趣的现象，虽然我国对外商直接投资的规定和OECD的要求大相径庭，但是二者最终的统计数据却相差不大。这实际上也要求将来我国学者对其做出更深入的分析。

1.3.2 外商直接投资的分类

顾名思义，外商直接投资的字面理解就是从外国对本国进行的直接投资。但是简单的直观理解并不能让我们清楚了解外商直接投资的真实含义。为了更好、更直观地理解外商直接投资，在本书论证中更清楚地界定外商直接投资的类型，有必要对外商直接投资进行整体的分类说明。

按照通常的方法，外商直接投资可以有几种不同的分类方法。

（1）按照来源地的不同分类

按照世界范围内资本流动的情况，跨国资本跨越国界的流动迅速无比。整个世界已经成为一个近似融合的资本市场。世界上任何一个国家都要对流入本国的资本有一个清楚的认识和了解。这些资本从何而来，去往何处，有何目的，如何取舍，这些问题对所有的国家都很重要。当前使用最广泛的外商直接投资分类方法就是按照跨国资本来源地进行分类。来源于发达国家的资本与来源于发展中国家的资本在性质和目的上都有着很大的区别。即使是在同一个国家内部，来源不同的资本投入也都有着不同目的。

（2）按照外商直接投资投入产业的不同进行分类

产业，是指国民经济内部的各个行业和部门，通常将这些行业和部门之间的比例关系称之为产业结构。②从社会总产品的角度来看，产业结构是指各产业生产能力的配置构成方式。根据国家统计局颁布的标准，我国的经济成分按照产业结构划分为第一产业、第二产业和第三产业。其中，第一产业

---

① 详细的分析详见 [美] 黄亚生：《改革时期的外商直接投资》，北京：新星出版社，2005。
② 引自陈继勇，《国际直接投资的新发展与外商对华直接投资研究》，北京：人民出版社，2004，第439页。

包括农业、林业、畜牧业和渔业等；第二产业包括工业 ① 和建筑业；第三产业为第一和第二产业之外的其他产业 ②。按产业作用划分为基础性行业、一般生产加工行业和商贸服务及其他行业。③ 按产业特征划分为垄断性行业、竞争性行业和公益性及其他行业。一般在计算外商直接投资分类的时候，通常采用的是国家统计局所颁布的三次产业结构来划分的。由于投入不同产业的外商直接投资目的不同、作用不同、效果不同、影响不同，在分析外商直接投资的作用时通常不能一概而论，要从不同产业的角度来分析判断。

（3）按照外商直接投资投入区位的不同进行分类

外商直接投资是一国经济发展的重要推动力，其作用不仅仅是填补经济发展存在的资金缺口，更重要的是其他附属效应。很多学者已经从直接投资区域分布与区域发展的角度，得出二者具有显著相关性的结论。

不同来源地的投资主体有着不同的动机及所有权优势，与中国的地理和文化距离也存在显著差异，这决定了源于不同地区的外国资本会有不同的行为方式。更重要的是，东道国政府的态度、市场风险特性等对这些外国投资有着不同的影响。各种主观及客观因素都决定了它们的区位行为不会具有一致性。对于如我国这种幅员辽阔的国家来说，地域的广大使各区域的经济发展存在较大差异，这就会导致来源不同的外国资本在各个区域的获利能力有差异。此外，外国资本的进入往往都要受到东道国的区域导向政策影响，这些都决定了有必要从外商直接投资投入的区位角度对流入东道国的外国资本进行区分。

1.3.3 出口贸易结构的相关定义

（1）对外贸易

古典经济学中，对外贸易主要是指有形商品贸易，指一个国家或地区同另外的国家或地区之间进行的商品交换活动。随着世界经济的发展，这个定义显得局限性越来越大，因为实物交易的份额占据世界贸易总量的比例在逐

---

① 其中，工业包括采掘业、制造业、电力、煤气和水的生产和供应业等。
② 第三产业包括运输交通、仓储、邮电通信业、批发和零售贸易、餐饮业、金融保险业、房地产业、社会服务业、卫生体育和社会福利业、教育、文化艺术和广播电影电视业及科学研究和综合技术服务业等。
③ 基础性行业主要包括采掘业、原材料制造业、电力、煤气及水的生产和供应业、建筑业、交通运输业、仓储及邮电通信业；一般生产加工行业主要包括农林牧渔业、一般加工制造业和建筑业。

年下降，继续沿用这个定义无法包含世界范围内所有的贸易活动。当今的对外贸易定义不仅包括有形商品贸易，也包括无形商品贸易[①]，即一个国家或地区同其外国家或地区之间进行的有形商品及无形商品的交换活动。

（2）贸易结构

贸易结构（Trade Structure）是指构成贸易活动要素之间的比例关系及其相互联系。[②] 这个概念主要包括的对象有：贸易活动的主体、客体、二者之间进行交换的要素及其比例关系等。由此可见，任何一个对象产生变动都会导致整个经济主体的贸易结构发生变动，即所谓"牵一发而动全身"。

贸易结构是一个较为笼统的概念，其包括贸易商品结构（Commodity Composition of Trade）、贸易方式结构（Mode Structure of Trade）、贸易模式结构（Model Structure of Trade）及贸易区域结构（Region Structure of Trade）等。一个经济主体对外贸易结构是由很多因素综合决定的，反映了该经济主体在世界贸易中的地位、自身的比较优势、产业结构、技术水平等很多经济特征。

①贸易商品结构

和对外贸易的概念类似，贸易商品同样包括了有形商品与无形商品两类。由于该概念在后文中将会多次涉及，因此以后不再详细区分二者的异同。

贸易商品结构是指一定时期内各类商品或某种商品在一国贸易中所占的比重或者地位，其可以反映出该国的经济技术发展水平、产业结构状况及资源情况等。

由于各个国家地区之间发展程度有较大差距，不同国家的贸易商品结构也存在很大差异。大体上可以分为劳动密集型贸易商品结构、资源密集型贸易商品结构、资本密集型贸易商品结构与技术密集型贸易商品结构4种。前两者主要存在于发展中国家中，后两者主要存在于新兴工业化国家及发达国家中。

②贸易方式结构[③]

贸易方式指的是一国同另外的国家或地区之间进行货物贸易时所采用的不同方式。主要包括一般贸易、加工贸易、易货贸易、补偿贸易等。而贸易方式结构则是指一国的对外贸易中，不同的贸易方式所占的比重。实际上，

---

① 无形商品主要包括服务和技术。
② 张曙霄，《中国对外贸易结构论》，北京：中国经济出版社，2003，第 19 页。
③ 在这个概念中，贸易对象仅指有形商品。在一般情况下，仅有形商品贸易中才能涉及加工、以货易货等概念，如果将无形商品即服务和技术引入这个概念中，很多问题都无法解释清楚。

从一国的对外贸易方式结构就可以简单判断出该国在世界贸易体系中所处的地位。

③贸易模式[①]结构

按照传统经济理论，对外贸易是以垂直分工作为基础，由各国不同的比较优势或者要素禀赋差别所引致的产业间贸易。这种贸易模式是建立在各国之间生产率不同、消费者需求不同的基础上，以静态比较优势为基础选择参与国际分工的出口产业，主要体现在产业间贸易之中。但是，当前国际经济现实则与传统经济理论有着很大的不同。世界经济的主流贸易模式大多采用了以水平分工为基础，基于产品差异和规模经济所形成的产业内贸易，这是一种动态比较优势的体现。一般来说，发达国家与发展中国家之间的贸易大多属于产业间贸易，而发达国家之间的贸易主要属于产业内贸易。

贸易模式结构指的是一国的贸易中产业内贸易与产业间贸易所占的比重及相互关系的问题。通常，产业内贸易的比重越大，这个国家或地区的经济发展水平越高，反之亦然。

但贸易模式结构并不是一成不变的，随着一国的经济发展，必然会经历一个从产业间贸易向产业内贸易的过渡过程。这体现出来的是一个动态的发展，这一过程也是现今发展中国家所锲而不舍、苦苦追求的结果。

④贸易区域结构

贸易区域结构也可以称之为贸易地理结构，它包括外部区域结构和内部区域结构两种。贸易外部区域结构指的是一国对外贸易中各个国家与地区在其目的地中所占据的比重，通常使用这些国家地区对该国的进出口总额占据该国全部进出口总额的比重来表示。贸易外部区域结构表示了一国出口产品的去向及进口产品的主要来源地，也就是该国的主要贸易伙伴。这可以看出该国在世界范围内同不同贸易伙伴之间的关系远近，来往亲疏，也可以看出该国在整个贸易体系中所占据的地位。内部区域结构主要指的是一国内部各个不同地区在该国贸易总量中所占据的比例如何，这也反映了不同地区开放程度、经济发展水平、与其他国家关系等不同的指标。

在世界经济发展的过程中，世界经济一体化已经遭遇越来越多的阻力。这些阻力既包括民族性、政治性阻力，也包括经济性阻力。为了减少这些阻力造成的影响，越来越多的国家选择了一个折中之道，就是区域经济合作的

---

① 贸易模式是指在世界贸易分工模式中依托于某种分工方式的贸易活动。

道路。在区域经济合作的过程中，相对于区域外国家，区域内国家之间的经济来往日益增多。这种区域内贸易已经成为贸易发展的主流模式，各大贸易国的贸易组成已经呈现出一种明显的区域性。

⑤各种贸易结构类型之间的关系

贸易商品结构表明了经济主体对外贸易联系的内容，贸易方式结构表明经济主体对外贸易联系的形式，贸易模式结构表明经济主体对外贸易联系的基础和水平，贸易区域结构则表明经济主体对外贸易联系的方向，4 种结构相互联系、相互制约、相互影响。而几种贸易结构的有机构成取决于经济主体的经济技术发展水平和在国际分工中的地位。

（3）影响贸易结构的各种因素

如前文所述，一国的贸易结构内涵不同，表现形式各异，是一个有机的综合整体。贸易结构更是对本国产生了巨大的影响，与此同时，其本身也受到各种因素的制约。因此，贸易结构和国家经济发展之间是一个你中有我、我中有你不可分割的关系。

影响一国贸易结构的因素有很多，主要包括区位因素、政治因素，参与国际分工形式，本国经济发展水平及本国与贸易伙伴国经济关系等。对于不同国家或地区来讲，不同因素的影响和作用机制也都各不相同。只有从微观条件入手，对不同国家做出具体分析，我们才能从根源上解释清楚影响该国贸易结构的种种因素。

1.4 研究思路与方法

1.4.1 贸易结构的度量

贸易商品根据其附加值高低可分为初级产品和工业制成品。贸易结构变化的度量，主要是以贸易额变化为依据的，贸易结构变化的度量公式为：

$$X_1 = \sum \left| (K_t^i - K_{t-1}^i) \right| \Delta Y^i / Y^i 。 \qquad （1-1）$$

式中 K_t^i 表示第 t 年，第 i 种产品的出口额占总出口额的比例，即 Y^i/Y。为计算方便，可以暂时将出口分为两大部分，第一部分为初级产品，该产品国际竞争力较差，附加值较低。第二部分为工业制成品，该产品附加值较高，有较强的国际竞争力，贸易结构升级，也就是减少出口附加值低的产品，增加出口附加值高的产品。$\triangle Y^i/Y^i$ 为第 i 种产品年出口份额的变化率。公式（1-1）为在计算期部门增长率条件下贸易结构发生的变化。

1.4.2 外商直接投资如何影响出口贸易结构

对于不同的东道国来说，外商直接投资对其出口贸易结构的影响有着不同的作用与机制。对发达国家而言，其在国际贸易相关产业链中处于高端位置，外来资本的流入并不能有效提高劳动生产率及改变它在国际贸易中的地位。而对于发展中国家而言，情况则大不相同。出口贸易结构的改变对其有着重要的作用和意义。因为这些国家的生产技术和劳动生产率与发达国家存在较大的差距，出口贸易商品的构成为资源密集型产品及劳动密集型产品，这决定了其处于国际贸易产业链的低端。若要摆脱这种尴尬地位，一个可能的途径就是出口贸易结构的提升。贸易结构的提升有两方面的含义，一方面是指出口商品构成从低技术含量的商品为主慢慢转为以技术含量较高的商品为主；另一方面是指由于劳动生产率的提高，增强高附加值商品的国际竞争力，从而获得更多国外市场份额。无论从哪个角度来判断出口贸易结构是否提高，都是在各种因素影响下的长期作用过程。本书主要关心的是外商直接投资是通过什么机制影响出口贸易结构，为什么国内投资无法达到同样的效果。

由统计数据我们可以看出，外商直接投资的流入与中国出口贸易结构具有类似的波动性。我国吸引外商直接投资来源趋向于以发达国家为主，我国商品出口目的地也集中在这些国家。因此在进行具体分析之前，外商直接投资的流入与中国出口贸易结构之间存在着相关性，这是本书希望验证的结论。

具体而言，外商直接投资对东道国出口贸易结构的影响有两方面作用机制。

（1）直接作用机制

对发展中国家东道国而言，我们可以合理假定认为其市场结构存在较多问题。从需求结构上讲，东道国对于技术或资本密集产品的需求存在缺口，而劳动密集产品则供过于求。要解决一部分商品供给过剩，一部分商品需求不足的问题，单纯依靠东道国自身力量解决非常困难。引入外国商品和资本都是可考虑的解决方法，在大量进口容易引起国内贸易保护者反感的情况下，外商直接投资就是解决这个问题的最佳途径。

东道国对高技术资本密集型的产品存在超额需求，而又有丰富廉价的劳动力供给及较大规模的市场，这些都对跨国公司具有较大吸引力。由于资本跨国流动带来的利益不可能完全由跨国公司获得，必然会引起东道国消费支出与储蓄的增加。根据恩格尔定律的推论，这会增大高技术资本密集产品的需求及减少对劳动密集型产品的需求。国内需求结构的变化无法由国内的技术和资本完全满足，这会导致更多外商直接投资流入。依照这种逻辑，我们可以得出以下结论，在东道国市场需求结构合理化进程中，外商直接投资起到了关键性作用。

从市场的供给角度来说，发展中国家市场往往处于水平较低的竞争状态，市场集中度过低、非政策性进入壁垒较低、没有形成对商品竞争力有很大帮助的规模效应等。这些特征都决定发展中国家市场供给结构无法与发达国家相比。在市场结构不尽合理的环境中，市场内企业也很难有较强的国际竞争力，出口贸易结构很难升级，出口商品大多由劳动密集型产品构成。外商直接投资进入后，在各个方面都会提高发展中东道国市场结构，而且具有高技术高资本的跨国公司自身也属于出口厂商。综合判断，可以认为外商直接投资进入发展中东道国之后，对出口贸易结构会产生正面影响。

随着外国资本的不断进入，相对于东道国企业，外资企业的竞争力也在不断加强，其推动东道国经济结构优化的效应也越发显著。高技术资本密集产品的产量不断增加，在满足国内需求的同时，也具备了一定出口能力。当东道国可以向外出口资本技术密集的产品时，就可以初步认为其出口贸易结构得到了提升。当然，这必然是一个长期进化的过程。

但需要注意的是，外商直接投资同样也可以对一国的产业结构与贸易结构起到负面作用。当前对"贫困化增长"① 问题的研究也要引起我们的注意，因为这对于中国有着深刻的现实意义。

（2）间接作用机制

通常，我们并不认为外商直接投资的技术溢出效应能改变投资影响东道国出口贸易结构的整体机制。技术溢出效应并非外商直接投资的直接目的，对东道国出口贸易结构也没有可观察到的直观影响。之所以认为其可以影响东道国的出口贸易结构，主要是认为技术溢出效应会影响市场环

---

① 贫困化增长是指一国由于某种原因（比如单一要素供给的极大增长）使得传统出口商品的出口规模大幅度增长，其不仅会导致该国贸易条件的严重恶化，也会使得该国国民福利水平绝对下降。

境与东道国企业，促使东道国技术升级，这是对出口贸易结构的一种间接影响。

大体上，外商直接投资的技术溢出效应可以通过以下四种渠道对东道国产生影响。第一，外商直接投资进入之后，先进技术会随之进入，在东道国范围内利用这种先进技术会推动东道国产业结构与市场结构升级。第二，与东道国本土企业相比，跨国公司更重视对公司雇员的培训，这种培训会使新招募员工可以更快适应工作环境以掌握先进技术。由于劳动力流动是无法人为控制的，这种针对管理经验和先进技术的培训会随着人员流动扩散到东道国其他企业。第三，跨国公司在技术及管理等方面的优势会使其在短期内取得对东道国本土企业的优势。但东道国企业会学习与模仿跨国公司的先进技术和管理经验，这使得这种优势较难维持。通过这种方式带来东道国技术管理水平的提高也是技术溢出的重要方式。第四，由于发展中国家的经济政治条件有很大区别，跨国公司掌握的先进技术并不具备普适性，为了适应东道国市场，越来越多的跨国公司都将部分研发机构设置在东道国。这种情况出现得越多，技术溢出效应就会越明显。

随着关于技术溢出效应研究的深入，当前存在两种不同观点，一些学者认为技术溢出效应对于发展中东道国非常显著，对东道国整体技术水平的提高非常明显；但也有观点与之截然相反，另一些学者认为外商直接投资的技术溢出效应并不明显，无法得到外商直接投资会显著提高东道国技术水平的结论。必须承认，技术溢出效应是由外商直接投资所被动带来的，虽然东道国期待技术升级，但是对跨国公司来说，它们不但不会积极推动技术溢出效应的产生，甚至还对其有一定的排斥。技术溢出效应的发生是一个复杂的过程，不能凭主观得出结论。

1.4.3　研究方法与创新之处

本书认为，外商直接投资对东道国出口贸易结构必然存在一定影响，但这种影响在不同国家的效果及表现形式各异。如果想要研究外商直接投资对我国有着怎样的影响，需要进行进一步的探索。

外商直接投资对东道国所产生的影响大概可以分为以下方面：第一，对东道国整体或局部技术水平的影响；第二，对东道国市场结构的影响；第三，对东道国进出口贸易的影响；第四，对东道国就业及收入分配的影响。除此之外，还包括如对东道国资本市场的影响、对企业资本结构的影响等研究角度，但是这些与本书探讨的主题相关性不高，故下文对这些内容不做进一步的陈述。

本书从理论与实证两个方面研究流入中国的外商直接投资对中国出口商品贸易结构的影响。在进行理论梳理的过程中，发现整体研究思路，并借鉴前人的研究成果，构建理论模型，通过计量分析的手段得到最终的结论。

前人对相关问题的研究主要集中在几个方面，包括外商直接投资对我国贸易总体的影响、外商直接投资对我国市场结构的影响及外商直接投资对我国宏观经济的整体影响等。外商直接投资如何影响我国出口贸易结构的相关成果不多。已有文献中，或语焉不详，或仅仅针对细节问题进行分析和探讨，没有将外商直接投资对我国贸易结构产生影响的理论、机制及实际检验融合在一起。这也是本书力图突破的主要环节。

大多数结论都认为外商直接投资进入我国之后，在很多方面对我国都有较为显著的正面影响。本书通过对数据的检验得出结论，认为外商直接投资的进入对我国产业市场结构有着推动作用，并且存在明显的技术溢出效应，这与之前学者们的研究有共通之处。但是在关于外商直接投资对我国出口贸易结构的检验中，结果显示二者虽然呈正相关关系，但外商直接投资推动我国出口贸易结构升级的效用并不明显，这与之前的设想有着较大差距。出现这种问题可能的原因就在于我国市场化程度不够及我国的外资及其配套政策仍然有值得商榷之处。如果希望能更合理有效的利用外商直接投资推动我国经济增长，促进出口贸易结构升级，我国需要在相应方面做出改进。

第 2 章　外商直接投资对贸易结构的直接影响

2.1　外商直接投资对贸易的影响

2.1.1　外商直接投资的贸易替代效应

2.1.1.1　关于外商直接投资贸易替代效应的理论

　　蒙代尔对贸易与投资之间相互替代关系的研究建立在两个国家、两个产品和两种生产要素的标准国际贸易模型基础之上。利用标准的国际贸易模型，他考察了贸易和投资相互替代的两种极端情况，即禁止投资对贸易产生的影响，及禁止贸易对投资产生的影响。在两国存在要素禀赋差异、生产要素不允许跨国流动的前提下，如果不存在贸易障碍，两个国家之间就必然会出现商品贸易，使得两国经济达到均衡状态并实现商品与要素价格均等化。如果消除资本在两国间的流动障碍，而同时国家间资本边际收益存在差异，就会产生资本的跨国流动，这同样会使得两国经济达到均衡状态与实现要素价格均等化。蒙代尔实际上是使用要素比例理论解释商品的国际流动，使用资本边际产量的差异解释资本的国际流动。贸易障碍的存在会对两个国家的资本边际收益产生影响，在一定条件下就会导致资本的国际流动。

　　在蒙代尔的理论框架下，资本的跨国流动目的是为了绕过关税壁垒以克服贸易障碍对资本效率的抵消作用，因此这种理论被称为关税引致的投资理论，表现形式为投资对贸易的替代。由于关税会对所有相关国家带来福利损失，跨越关税壁垒的投资增加必然会增加净福利。

　　但也有经济学家并不完全认同蒙代尔的理论，他们认为与自由贸易相比关税引致的投资会产生净福利损失。首先，关税引致投资，如果使不具有比较优势的进口替代部门获得发展，就会减少贸易量，由此带来的贸易福利损失要大于投资所带来的福利增加（Johnson, 1967）。其次，如果关税引致投资使具有比较优势的出口部门获得发展的同时又伴随着贸易条件恶化，那么关税引致投资产生的资本扩张就会带来福利损失，产生由贸易条件恶化引起的"悲惨的增长"（Bhagwati, 1973）。再次，当一国对进口替代部门给予关税保护，同时又将流入资本所产生的边际产品作为资本利润而支付给外国投资者时，即使资本流入增加了产出和提高了收入水平，也不可避免地遭受福利损失并导致贫困化增长（Brecherand Diaz, 1977）。但是对资本流入国来说，如果其经济处于非充分就业状态时，关税引致的投资非但不会引起贸易量减少及贸易条件恶化，同时还会产生就业效应。

2.1.1.2　外商直接投资贸易替代效应的模型分析

（1）蒙代尔模型

蒙代尔（Mundell, 1957）提出了著名的投资替代贸易的模型。他遵循赫克歇尔－俄林（H-O）理论的分析逻辑，从两国、两要素和两种产品模型出发，做出了如下假设：①A 国是资本要素相对丰裕的国家，B 国是劳动力要素相对丰裕的国家；②在国际贸易中，两国以各自的比较优势生产相应的产品；A 国生产资本密集型产品 X，B 国生产劳动密集型产品 Y；③A、B 两国具有相同的一阶齐次生产函数，即：当投入的生产要素同时增加 n 倍的时候，产出也增加 n 倍；④存在刺激要素流动的因素，如关税及贸易政策等。蒙代尔分两种情况讨论了国际资本流动与国际贸易的关系。

第一，在自由贸易条件下。由于 X、Y 两种产品在两国间可以自由流动，这样 A 国将出口 X 产品，从 B 国进口 Y 产品；B 国则出口 Y 产品，并从 A 国进口 X 产品。在贸易平衡状态下，A、B 两国的资本和劳动力的要素报酬率是相等的，从而不存在资本跨国流动的必要。

第二，存在贸易壁垒的情况下。假定 B 国对来自 A 国的 X 产品进口征收高关税，这样必然会提高 A 国的 X 产品在 B 国的价格，并刺激了 B 国 X 产品生产部门规模的扩大，同时必然使生产 X 产品所必需的、原来在 B 国本来就相对稀缺的资本要素的国内需求量上升，推动 B 国资本要素价格的上升，最终提高 B 国资本要素的报酬率。

在 B 国资本要素高报酬率吸引下，A 国的资本要素势必通过直接投资或间接投资等方式流入 B 国。这种要素的跨国流动进一步扩大了 B 国在 X 产品生产上的规模。而 A 国由于资本要素的减少会使其减少 X 产品的总产量。实际上是 B 国进口 X 产品的国内产量增加，在 B 国对 X 产品需求不变的情况下，必然会减少从 A 国进口 X 产品的数量，从而使 Y 产品的国际贸易数量下降。这种国际贸易的减少是由于国际资本流动造成的。

蒙代尔模型的基本结论是：在存在国际贸易壁垒的情况下，如果跨国厂商始终沿着特定的轨迹（热布津斯基曲线）实施对外直接投资，就能够在相对最佳的效率或最低的生产要素转换成本基础上，实现对商品出口贸易的完全替代。

按照这种逻辑，资本的跨国流动与商品的跨国流动存在相互替代关系，即限制资本流动可以促进贸易，增加贸易障碍则可以刺激资本流动。在贸易障碍相对固定的情况下，资本流动越自由，替代贸易的作用也就越大。资本跨国界自由流动能更直接、合理的利用世界资源，并促使各国生产要素价格均等化。

蒙代尔关于外商直接投资对国际贸易的替代理论可以部分解释资本跨国流动。但他没有看到外商直接投资对贸易的促进作用。此外，当国际经济环境同时存在贸易和投资双重壁垒时，如果不衡量二者的相互作用贸然进行海外投资，无疑会增加替代成本，跨国投资未见得是最佳选择。即使替代效应存在，效应的大小还要受到东道国市场结构的影响。外商直接投资进入之后，东道国资源配置格局会发生变化，不同的配置方式会导致投入产出比不同。比如，在两国假定下，外商直接投资出现前东道国主要出口劳动密集型产品，投资进入之后东道国可能仍然生产劳动密集型产品，从跨国公司母国进口资本密集型产品。这样，投资对贸易的替代就不会发生。

（2）产品生命周期模型

研究了第二次世界大战后美国跨国公司发展轨迹之后，弗农提出了著名的产品生命周期模型（Vernon, 1966）。该模型将产品的生命周期划分为新产品、成熟产品和标准化三个阶段，分析了在不同阶段产品供给和需求的特点、资源和市场要求及贸易和投资的运行模式，并表达了外商直接投资替代贸易的思想。

产品处于新产品阶段时，企业更多是满足本国市场需求而进行生产，新产品尚未定型也需要企业与消费者保持密切联系，以改进产品的生产技术以尽快达到批量生产的目的，这些都要求厂商在国内安排生产。对少量的外国市场需求，企业则通过出口的方式予以满足，不会冒很大风险进行海外投资。此时仅有出口贸易存在。

随着产品的成熟，生产规模扩大，国内市场无法容纳所有产品，剩余产品就要依靠海外市场的需求，大规模产品出口出现。随着时间的推移，国外市场上会出现仿制品和替代品，这时降低生产成本就是生产者的当务之急。产品仿制国为保护自己的国内产业，会利用关税和非关税壁垒以限制外国同类产品的输入，发明国的出口会因此受挫。这就导致了外商直接投资的出现，在海外市场生产和销售，同时还可以达到降低生产成本、跨越贸易壁垒的目的。产品贸易被直接投资所替代。伴随着投资活动，产品生命周期由第二阶段向第三阶段过渡，外商直接投资对国际贸易的替代效应会越来越明显。

随着贸易和投资活动的深入，技术逐步扩散，垄断优势消失，产品进入标准化生产阶段。市场竞争转化为成本竞争。这种竞争模式使发明国必须将生产向海外转移，或者将全部生产转移到低成本国家，最终产品返销回跨国公司母国及供应其他市场，或者选择垂直型直接投资方式，将产品生产中的劳动密集型工序配置在低成本国家进行，这就导致了加工贸易的产生。

产品生命周期模型用"产品生命周期"这一概念将对外直接投资理论同国际贸易活动有效的结合在一起，并将传统理论所使用的静态分析方法演变为动态分析方法。模型赋予国际生产函数许多新要素，它表明，比较优势可以转换，投资正是在贸易基础上进行比较优势转换的结果。换句话说，生产性投资的国际转移，实际上是把本国现有比较优势与其他国家及其比较优势结合起来的商业行为。

需要进一步明确的是，如果将弗农的产品生命周期模型赋予两国假定，这时外商直接投资首先替代了创新国的出口贸易，然后又创造了东道国的进口贸易。该模型不仅能够解释外商直接投资替代出口贸易，也能部分解释外商直接投资创造东道国出口贸易（母国进口贸易）。这为研究外商直接投资对贸易影响提供了很有新意的思路。

（3）赫斯特模型[①]

20 世纪 70 年代，赫斯特（Horst，1976）通过对美国跨国公司在加拿大市场上不同行业的出口份额、当地子公司的生产份额及不同行业的关税水平进行比较研究，同样发现了投资和贸易的替代关系，并且替代程度和该国行业的关税水平呈正相关关系。

赫斯特模型假定：跨国公司可以在母国和东道国两个国家销售其商品；每个市场分别有向下倾斜的需求曲线，即跨国公司在这种产品上具有一定的

---

① 参阅赵春明、焦军普，《国际贸易学》，北京：石油工业出版社，2003，第八章。

垄断势力；单位产品的生产成本取决于产量，即抛弃了企业规模报酬不变的假定；跨国公司的经营目标是在两个市场内的利润最大化，同时跨国公司可以选择在不同市场进行生产。

假定东道国对进口商品征税，会使跨国公司减少出口，选择投资于东道国增加海外生产以规避关税壁垒。而东道国关税壁垒的反向变动，会使跨国公司更多的选择在母国生产，将商品出口至海外市场而不是在东道国进行生产。

如果边际成本递减，即存在规模经济现象。跨国公司为追求规模经济利益会集中在一个市场内部生产，向另一个市场出口。在哪个市场生产取决于其生产规模大小，如果东道国的关税很高，则通过对外直接投资在东道国当地生产最有利，将产品返销回母国市场。

赫斯特模型没有考虑技术转让，也没有考虑时间因素，其利用静态方法分析了直接投资和出口的替代关系。尽管如此，我们还是观察到该模型所表达的外商直接投资替代贸易而后又创造贸易的思想。

实际上，除了蒙代尔模型单纯分析资本流动对母国出口贸易的影响之外，赫斯特模型、产品生命周期模型都承认了贸易替代和创造这两种效应的存在。赫斯特模型与蒙代尔模型的共同之处是，都将关税作为影响投资的变量，而后进一步分析外商直接投资影响贸易的机制。如此看来，替代效应和创造效应是难以截然分开的。

2.1.2 外商直接投资的贸易创造效应

2.1.2.1 外商直接投资的贸易创造效应理论

由于贸易壁垒所引致的外商直接投资主要进入进口替代部门。如果外商直接投资的出现并不是由关税引致，而且主要进入出口部门，这种情况下的直接投资和贸易之间就表现为一种互补而非替代的关系。资本流动将导致国际分工和专业化生产的深化，从而扩大贸易规模。实际上，如果我们要考察贸易和投资之间的互补关系，要考虑的因素非常多。马库森（Markuson,1983）等人利用一系列简化的非要素比例模型阐述了要素流动与商品贸易之间的互补关系。但是由于这些模型建立在过于苛刻的前提条件下，其结论缺乏一般性。

马库森和斯文森（Markuson 和 Svensson,1985）利用要素比例模型揭示了商品贸易和要素流动之间的相互关系，指出要判断二者之间关系是互补还是替代，主要依赖于贸易和非贸易要素之间是"合作的"还是"非合作的"关系。如果两要素之间是合作关系，那么商品的贸易和生产要素的流动将互相促进，表现为一种互补关系；如果二者之间是非合作关系，商品贸易和生产要素的流动就会表现为一种替代关系。为了对要素流动和商品贸易之间的互补性做进一步的论证，二人继续考察了技术差异、对生产征税、垄断、外部规模经济和要素市场的扭曲 5 种因素。

模型基本分析思路如下：两国之间的技术差异等因素会导致彼此之间的要素生产率和要素价格的差异，这种要素价格的差异决定商品贸易和要素流动方向。当任何一种因素导致商品贸易，而生产贸易产品需要的贸易和非贸易要素又表现为合作状态时，商品贸易必然带动非贸易要素的流动，从而使贸易和要素流动表现为一种互补性。在这种分析中，各种因素导致要素价格的差异仍然起着至关重要的作用。如果劳动是贸易要素而资本是非贸易要素，二者之间的合作性表现为劳动边际生产率的相对较高和资本生产效率的相对较低，就会同时产生劳动密集型产品的出口和资本要素的流出。

2.1.2.2　外商直接投资贸易创造效应的模型分析

（1）小岛清的边际产业转移模型

要素禀赋理论所表达的生产函数是 $Q=f(K, L)$，各国开展贸易活动是以要素禀赋的相对差异和生产商品利用要素强度的差异为依据的。日本学者小岛清在 H-O 模型中，加入了技术（T）和管理诀窍（M）这两个新的生产要素，并把 T、M 看作中间产品的投入，将生产函数表达为 $Q=f(K, L, T, M)$，K、L、T 和 M 4 种生产要素不仅因 T 和 M 的存在而脱离了新古典模型的静态框架，而且因为 T 和 M 的跨国界转移使其理论模型具有国际生产重新组合的现实意义。可以说小岛清成功地将国际贸易和外商直接投资放在一个综合的宏观分析框架中。

在这个模型中，小岛清在李嘉图比较优势理论的基础上得到了新发展，也体现了他对外商直接投资"应该解释为向接收投资的国家传播资本、经营能力、技术知识、管理手段等经营资源的综合体"[①]的深刻理解。在传统的 H-O-S 模型中，生产要素在各个国家内部可以自由流动，但在国家间不能自由流动。这种静态理论分析旨在研究生产要素组合，使之达到"帕累托最

---

① ［日］小岛清，《对外直接投资论》，文真堂，1985，第 205 页。

优"。这种理论中不可能存在外商直接投资。小岛清在寻求新的最优生产组合中，从以下两个方面扩展了研究对象。第一，在任何时刻寻求可流动生产要素 K、T、M 和不流动生产要素 L 的有效组合，实现帕累托最优；第二，继续扩大比较成本差，为国际专业分工的深度发展打下基础。这是从经营资源的各国差距中寻求新的生产要素重新组合的最优解。因此，外商直接投资是世界不均匀分布的 K、T、M（尤其是 T 和 M）的国际性转移。而国际贸易是连接各国专业化生产的纽带，实现国际专业化分工利益的有效机制，可以比较全面地反映国际分工的深度、广度及其格局。

小岛清认为，外商直接投资应该从本国已处于或即将处于比较劣势的产业依次进行。据此，小岛清提出了若干推论。[①] 他指出，国际贸易和对外直接投资的综合理论是建立在比较优势原理的基础上的，与美国的外商直接投资形式不同，日本的对外直接投资与对外贸易之间不是替代关系，而是互补关系，即对外直接投资可以扩大对外贸易。小岛清认为："一个国家的对外直接投资可以区分为顺贸易导向型和逆贸易导向型。前者是从一个国家处于比较劣势产业向贸易对象国比较优势的产业投资；后者是从一个国家处于比较优势的产业向贸易对象国比较劣势的产业投资。相互贸易的扩大可以增加各自的经济利益；贸易的缩小则减少经济利益"。[②] 这里贸易扩大和缩小是从对外投资的角度来阐述的，并从动态角度进一步说明 K、T、M 的跨国界转移依然属于国际贸易规范的前提，目的在于阐述"边际产业"转移的国际意义。

虽然小岛清"边际产业"理论的含义非常广泛，也具有一定解释能力，但并没有得到学者的广泛认同，反对的声音不绝于耳。按照小岛清的理论，发展中国家应依次引进发达国家的"边际性技术"，这只能使发展中国家陷

---

①　这些推论是：a.可以把外商直接投资与国际贸易从理论上统一到比较成本上来。唯一的区别在于，国际贸易是按照既定的比较成本进行的，而外商直接投资是按照比较成本原则进行的结果，又可以创造出新的比较成本，从而为扩大国际贸易创造了条件。b.日本式的外商直接投资生产的产品是向外销售的。在两国模型中，对外投资生产的产品以投资国为销售对象；在多国模型中，对外投资所生产的产品除了以投资国为销售对象外，还包括向第三国出口。c.在投资国与接受投资国之间，应从技术差距最小的产业依次进行转移，同时由投资国的中小企业充当这种技术转移的主体。d.边际产业的概念有待改进。因为，虽然在日本劳动密集型产业已经称谓比较劣势产业，即边际产业，但是，同样属于劳动密集型产业的大、中、小企业，可能大企业还保有比较强的比较优势；另外，同一企业中，也许只有部分劳动密集型的生产过程，可以归结为边际性部门。把上述边际产业、边际企业、边际部门，可以统称为边际性生产。
②　[日]原正野，《海外直接投资与日本经济》，有斐阁，1992，第36页。

入资源禀赋相对差异的静态利益发展模式中。按照这种逻辑，在开放经济条件下，发展中国家依照"边际产业"理论阶梯型调整产业结构，就会丧失经济发展的"后发优势"，只能跟随发达国家的脚步。正如日本经济企划厅前负责人之一的原美代平曾概括的那样："现代经济理论认为，在一个劳动丰裕而资本缺乏的经济中，发展劳动密集型产业将导致资源合理配置……如果该理论正确，日本在 20 世纪 50 年代所采取的政策（吸收外商直接投资）就是错误的了，然而日本产业政策通过与现代理论相反的做法而取得空前成功"。[①] 这说明日本自身的发展都不是遵循"边际产业"理论的，小岛清提出的"日本型"外商直接投资理论只能在一定程度上解释第二次世界大战后日本对外投资现象。进入 20 世纪 80 年代之后，日本向外投资的经济主体大多是携比较优势技术向外投资的跨国公司，小岛清的理论已经无法完美解释这种现象。

需要强调的是，小岛清为了说明外商直接投资促进贸易活动，将投资分为顺贸易性和逆贸易型两种类型，这就意味着该模型在承认外商直接投资具有创造贸易（促进母国出口和东道国进口、出口贸易）效应的同时，也承认对外投资存在替代母国出口的效应。

（2）马库森 – 斯文森模型

马库森和斯文森（Markuson 和 Svensson, 1985）分析了要素流动和商品贸易之间的关系。他们认为，要素流动和商品贸易之间不仅存在替代性而且存在互补关系。如果资本的流动不是由于关税所致，而且主要是流入出口部门而不是进口部门，那么投资和贸易的关系就将表现为一种互补关系而不是替代关系。在这种条件下，资本的流动将导致进一步的国际分工和专业化，从而扩大贸易规模。

首先，外商直接投资可以在母国和东道国之间创造新的贸易机会，使贸易规模扩大，还会导致中间产品、技术和服务的出口，促进母国的出口贸易。特别是外商直接投资作为优质生产要素的转移，会降低成本、提高效率及促进信息的跨国流动，创造新的贸易需求，推动东道国向母国的出口。其次，外商直接投资的进入往往会带来售后服务等后续支持性活动的发展，也会促进和增加贸易机会。再次，外国投资所实现的生产规模的扩大虽然会加速对东道国的市场渗透，但是规模效应的实现也会拓展新的第三国市场，使以出

---

① ［美］彼得·林德特，《国际经济学》，第 6 版，北京，经济科学出版社，1992，第 52 页。

口贸易为导向的生产带来贸易总量的净增加。所以，在这个前提下，外商直接投资与贸易之间存在的是互补效应。

2.1.2.3 影响因素的分析

从上述分析可以看出，外商直接投资对贸易影响的机制非常复杂，不同理论模型强调的因素也不尽相同。现归纳如下。

第一，要素价格差异。马库森和斯文森（Markuson 和 Svensson, 1985）考察了技术差异对生产征税、垄断、外部规模经济和要素市场的扭曲等导致外商直接投资与贸易互补性的 5 种因素。第二，贸易障碍。正如前文所述，蒙代尔（Mundell, 1957）将关税作为外商直接投资替代贸易的主要因素。第三，地理距离。建立在距离与集中优势均衡基础上的模型认为，贸易与外商直接投资间无论在企业层次还是国家层次上均存在着相互替代的关系（UNCTAD, 1996）。第四，投资动机。从对外投资动机角度研究外商直接投资与贸易关系是近几年理论的新进展。由于替代与互补关系的复杂性，投资和贸易之间的因果关系也就变得很复杂，要借助于具体的贸易和投资的动机进行分析。邓宁（Dunning, 1998）指出，在不同的投资与贸易的动机下，外商直接投资与国际贸易之间的关系也是不同的。格瑞（Grey, 1998）进一步指出，市场寻求型的外商直接投资会促进贸易。第五，不同利益集团之间的博弈行为。这种分析方法实际上是政治经济学的分析范式。巴哈瓦蒂（Bhagwati, 1987）提出了补偿贸易的概念，运用标准的 $2 \times 2 \times 2$ 一般均衡国际贸易模型，分析了政府行为在补偿投资[①]决策中起到的作用。补偿投资不同于关税引致投资，后者是为了绕过关税而用投资替代出口，而补偿投资的目的是为了减少东道国采取保护措施的可能性，是为了化解关税对国际贸易产生的影响，因此是一种化解关税投资（Tariff-defusing Investment）。迪诺普洛斯（Dinopolos, 1986, 1989, 1991）等人还从寡头竞争和企业层面对这个问题进行了更深层次的研究，考察出口国家的企业如何利用补偿投资化解潜在的保护威胁，并讨论了补偿投资对两个国家的福利影响。

除此之外，还有许多学者也提出了外商直接投资影响贸易的种种因素，

---

① 补偿投资描述的是贸易与投资之间的一种跨时期关系，即厂商从一个时期利润最大化角度看投资虽然会带来损失，但投资本身会减少在下一个时期东道国政府采取贸易保护主义的可能性。从贸易和投资的相互关系角度看，会实现第二期的利润最大化。由于对第一期损失的补偿在可以预见的第二期会得到改善，因而将这种投资称为补偿投资。

其中包括弗农的产品生命周期理论（Vernon, 1966）、赫尔克的生产与贸易成本理论（Helch, 1976）及小岛清的产品生产效率和特点理论（小岛清, 1996）等。

2.2　外商直接投资对东道国市场结构的影响

2.2.1　基础理论分析

关于国际直接投资对东道国市场结构[①]影响的研究已经有了丰富的成果。其根本理论涉及两个学派的分析方法，即产业组织理论与交易成本理论。

之所以将这两种理论作为分析基础是有理由的。首先，国际直接投资主体最主要的表现形式就是经营范围跨越国界的跨国公司。而对跨国公司的研究必须首先探讨产业组织理论，产业组织理论所研究的对象，也就是垄断企业的种种性质都可以在跨国公司的身上得到体现。其次，单纯就国际直接投资而言已经有丰硕的研究成果，其中交易成本理论最富有解释力与代表性。其从一个全新的视角揭示了公司存在的本质。在国际经济中，跨国公司是最能体现该理论的经济实体。再次，两种理论都在某种程度上解释了为什么市场和企业可以同时存在，前提是确定二者边界等问题，但这两个概念并不是彼此分割互不影响的。企业与市场之间存在着千丝万缕的联系，二者相互影响、相互作用。对二者之间相互影响与作用的研究，才是产业组织理论与交易成本理论的重点所在。如果要研究国际直接投资对东道国市场结构的影响，就必须要从这两种理论开始说起。

2.2.1.1　交易成本理论

交易成本理论最早起源于科斯（Coarse, 1957）。科斯提出，在完全市场中，生产、销售等各个环节都可以在市场中实现而无须借助企业这种形式。但如果市场处于不完全状态，要素的投入与资源的调配则不能保证顺畅进行，当由市场不完全所产生的成本超过了可以从中获得收益的时候，替代市场作用的企业就必然出现。

企业的产生是由于市场不完全所导致的交易成本，而跨国公司也可以由

---

① 在产业组织理论中，市场结构指的是在某一个特定市场中，一定产业的企业与企业之间在数量、份额和规模上的关系特征及由此决定的竞争形式。

这种理论解释。国内厂商规模的扩大可以视为是厂商内部市场的扩展，而跨国厂商的跨国经营可以视作通过对各种生产要素的跨国流动管理与控制来提高效率。因此，跨国公司的出现也可以理解为对跨国交易成本的规避所导致的厂商不采用贸易方式而进行的跨国投资。

本书并非专门研究交易成本理论，故不对其进行详细描述。由交易成本观点研究外商直接投资得到的结论主要包括以下方面。

（1）为了节省交易成本所采取的内部化

企业就是为了规避由市场不完全产生交易成本的各个环节的综合。当国际贸易中各个环节所产生的交易成本超过厂商在国际贸易中获得利润的时候，跨国公司就会选择内部化结构，即跨国投资。但需要指出的是，即使跨国公司选择跨国投资规避了在贸易过程中可能出现的交易成本，但是在跨国公司运行过程中也无可避免地会产生交易成本。可以说，跨国公司的出现可以看作用一种交易成本替代了另一种交易成本，而不是对各种交易成本的规避。之所以选择投资的方式而不是贸易，只能说明认为跨国公司通过投资产生的交易成本要低于通过国际贸易产生的交易成本。

不过这仅仅是理论推演，通过对理论与现实的拓展研究，跨国投资是为了节省企业运行过程中的交易成本还是另有目的并没有最终结论。节省交易成本对于跨国公司来说固然重要，但许多案例都证明跨国公司海外投资并不仅止于此。利用当地的资源或比较优势、获得东道国市场份额等均可以成为跨国投资的理由。但为了在不受其他因素影响的条件下分析问题，这里仍然遵循传统理论的解释，将跨国投资的主要动机认为是为了节省交易成本而进行的企业内部化行为。

（2）保护知识产权

与东道国本土企业相比，跨国公司往往在很多方面都占据优势。通常认为，跨国公司最重要的优势在于专有技术等知识方面。大量的研发投入确保了跨国公司在国际竞争中的领先地位。但是知识和技术等并不是市场上的普通商品，信息不对称及企业自身意愿都决定了这种知识公开交易的概率很小，在市场上也不可能制定统一价格。因为知识的研发需要投入巨额资金，但是对知识的模仿需要耗费的成本甚至可以忽略不计。在这种情况下，跨国公司的专利与专有技术等不可能得到真正的保护。为了保护自己的利益，跨国公司选择向东道国直接投资，通过内部化以达到保护自己知识产权的目的。这也是跨国公司选择直接投资而不是选择国际贸易的重要原因之一。

（3）提升企业效率与节省管理成本

国际直接投资的主要表现为独资企业及合资企业两种。无论跨国公司采取哪种形式的直接投资，其必定要赋予下属公司一定的自主权，这是一种自然选择的结果。通常来说，机构庞大、人员组织臃肿都会导致企业执行效率低下。效率低下就意味着交易成本的提升，交易成本上升到一定程度以后，对跨国公司而言，对外投资反不如采用贸易的方式。为了避免管理成本的上升并控制企业规模不至于太过庞大，跨国公司在海外积极扩张的同时还必须赋予子公司很大的自主权限，以形成宽松、庞大并富有效率的整体。当前很流行的公司扁平化理论对此进行了细致的描述。

综上所述，交易成本理论在某些方面对直接投资做了细致的阐述，在直接投资与东道国市场结构互动的过程中，交易成本理论也有着重要的意义。跨国公司对东道国的投资，无论是绿地投资或是并购东道国本国企业，都会打破东道国市场上原来的均衡。为了实现跨国公司利益的最大化，企业必然会采取内部贸易、转移价格及倾销等手段。这个过程不是独立的，与东道国的市场结构息息相关。跨国公司的进入必然会对东道国企业构成压力和竞争，这种压力则必然会促使东道国企业对跨国公司做出本能的反应，造成东道国市场格局发生根本性变化。而跨国公司的进入也会带来更先进的经营理念、更优秀的人才及更富有效率的组织形式，这也会造成东道国市场竞争的方式发生改变。

2.2.1.2　产业组织理论

"研究产业组织就是研究市场运行，这是微观经济学的一个中心概念。"[①] 因此在研究市场结构的时候，产业组织理论是基础理论之一。产业组织理论主要采用所谓的"结构—行为—绩效"分析方法进行理论推导。应用该方法研究外商直接投资的进入对东道国产业结构的影响，首先需要界定外商直接投资的载体——跨国公司本身的结构与东道国企业有何不同，具有何种独有的优势。正是这种独有优势的存在导致了跨国公司在东道国市场上相对其他企业具有竞争优势，借此实现跨国公司收益最大化。这是从跨国公司微观个体角度来说的，另一方面，跨国公司进入东道国市场进行产业投资，这种经济行为势必会对东道国本国市场结构产生一定程度上的影响。而判断

---

① ［法］泰勒尔，《产业组织理论》，北京：中国人民大学出版社，1998，第 1 页。

和研究这种影响如何存在，就是本书的目的之一。

产业组织理论的传统分析方法主要是针对一国内部市场的垄断厂商行为进行经济分析，但是对跨国公司的研究却不能仅限于这一个理论框架。由产业组织理论对外部经济扩展分析得到的结论认为，当跨国公司与东道国之间不存在非经济关系时，二者都是为了自身利益最大化而进行决策，而达成二者利益的共同结合点就是跨国公司本身所固有的优势。简而言之，就是邓宁提出的内部化理论中所总结的跨国公司所具有的区位优势、内部化优势及所有权优势。东道国为了弥补自身的不足，促进自身的经济发展而大力吸引外国资本的进入，跨国公司为了东道国所拥有的国际贸易比较优势，也乐于以投资的形式进入东道国。跨国公司的目的是自身利益最大化，并不会过多地考虑东道国本身的利益，东道国考虑的主要是自身经济的发展，也不会将合作利益拱手让给外国资本。因此双方的合作可以看作是一个博弈的过程，这种过程必然会对东道国市场带来难以预测的影响。博弈最终的均衡结果应当是二者均从中获得收益，但是到底博弈双方谁能获得更多利益则取决于二者在这场博弈中的力量对比。在外商直接投资对市场结构影响的过程中，最终的均衡结果与利益分配比例有着很大关系。

产业组织理论指出，一国市场内部的企业利益分配主要由东道国产业市场竞争格局所决定。市场上的竞争强度及企业规模等均会对最终的利益分配产生决定性的影响。但是当一个国家的市场是开放性的时候，就不能单纯由东道国产业竞争市场来决定利益的分配，这个时候就必须要考虑外部性问题。有学者指出，当一国市场对外开放的时候，其本身的市场结构主要是由东道国的政策及国际市场中国际竞争厂商之间的竞争格局与本国市场上竞争格局所共同决定。[①] 这两种因素的影响路径存在一些差别，以下将对此进行更进一步说明。

（1）东道国政府政策

东道国政府政策对外国资本的进入及对本国市场结构的影响并不存在统一的理论。不同国家的情况千差万别，不可能有一个放之于四海而皆准的理论来解释这个现象。西方发达国家大多奉行自由市场政策，政府很少制定资本管制的政策，一个由市场调节的金融体制是很难单纯因为政府的意志而发

---

① Frischtak, Claudio R. and Richard S. Newfarmer, Market Structure and Industrial Performance, in ITBP on Behalf of UNCTAD, Companies with Boarders: Transnational Corporations in the 1990s（UN, 1996）.

生改变。一些欠发达国家几乎没有外国资本的进入，即使政府制定相关政策也很难对外国资本有制约或者促进的作用。因此，本书所讨论的东道国政府政策的主体主要指新型工业化国家。

在东亚地区政府主导型的新兴工业化国家中，大多实行出口导向 [①] 的产业政策，即政府决定需要扶植的产业，并大力推动出口。为了达到这个目的，政府鼓励外国资本的流入，借外国资本之力引领国内经济的发展，利用外国的资本、技术及消费市场，推动本国经济快速发展，达到经济快速发展、赶超其他先进国家的目的。

东道国政府的这类政策相当于对外国资本撤销了本来存在的投资壁垒。政府主导型国家经济活动大多处于政府的控制之下，在政府对外国资本开绿灯之前，外国资本是不得其门而入的。由于政府放松了对外国资本的管制，并且制定了一系列的鼓励措施，可以预见外国资本的进入必定会增进东道国市场竞争的激烈程度。但是我们并不能单纯地着眼于某一个时点上存在的问题，而是必须基于长时间序列进行分析。当东道国给予跨国公司以优惠政策吸引其进入之后，势必会打破本国原有的市场均衡，市场上新均衡的出现经常是以牺牲本国厂商利益为代价。东道国政府向外国资本倾斜的政策在开放本国市场的同时，扩大了跨国公司对本国厂商的优势，使得本来就相对弱小的本国公司更加弱小，无力与跨国公司展开竞争。这种结果还是建立在东道国仅仅给予跨国公司国民待遇假设上的，如果东道国给予跨国公司以超国民待遇 [②]，暂且无论跨国公司的技术及资本优势，非市场竞争优势就足以使其在与东道国公司竞争中占据上风。第一批进入的跨国公司享受了这种优惠政策之后，不仅使东道国本土企业难以与之竞争，甚至对于后来意图进入东道国的跨国公司也会产生阻碍作用，提高了市场进入壁垒。这不但无助于提高本国经济发展水平，还会阻碍正常的市场竞争。考虑到这种情况，外商直接投资的进入对东道国市场结构会产生怎样的影响仍然未有定论。我国已经开

---

① 这是一个相对概念，其与进口替代都是发展中国家采取的政府导向型的国家发展政策，出口导向是用旺盛的出口需求来代替不足以支持经济快速增长的国内需求来推动国家的经济增长的一种方式。而进口替代则是以发展本国工业来逐步减少对外部经济的依赖，属于一种自主型经济发展。

② 超国民待遇是指对于外国资本或者外资企业，东道国政府给予其超过本国企业的更优惠的政策。这也正是很多发展中国家政府所采取的政策。如东盟的大多数国家及当前的中国都有这种趋势，即给予外国企业以超国民待遇。这样本国企业就会面临着严重的不公平竞争。

始对吸引外商直接投资的政策进行反思[①]，正是由于这种负面效应已经初露端倪。

（2）国际市场竞争格局

在开放经济条件下，任何国家的行业市场结构都不可能不受到其他国家市场结构的影响，关于这个问题的研究已经有了一定成果，主要有两种不同的结论。弗农从其产品生命周期理论出发，认为外商直接投资对东道国市场结构的影响主要是在国际产业市场中体现出来，随着产品生命周期的不断更迭，国际产业市场结构也随之变动。在这个过程中，国际直接投资是作为一个载体，按照各国比较优势和消费能力的不同，改变着整个世界各国的市场结构（Vernon, 1966）。也有人与其观点相左，他们根据理论推导及实证分析，认为在外商直接投资与市场结构之间存在着一种因果关系，这些学者的观点认为不是外商直接投资影响东道国及国际市场结构，而是由跨国公司母国的市场结构影响外商直接投资的行为。[②] 对外直接投资是一种市场竞争行为，也就是说对外直接投资具有一种示范效应，当一个公司对外投资之后，为了保持与其在国内外市场上的竞争均衡，该公司的竞争对手也要做出相似的决策。对外投资行为也可以说是母国市场竞争向东道国的扩散。

两种看法都有合理之处，都揭示了外商直接投资与东道国市场结构之间某方面的关系。母国的市场结构与国际产业市场结构都会对跨国公司产生作用，跨国公司必须要对这种作用做出最合理的反应。在东道国市场的投资则是因为东道国有某种吸引外国资本的特质，因此可以说外商直接投资的产生是由于国际产业市场结构与东道国市场结构共同作用的结果。东道国的产业市场结构会随着外商直接投资的进入而产生相应的变化，这已经得到了绝大多数研究者的认同。母国与国际产业市场结构也会随着外商直接投资的增长而得到改善。外商直接投资与市场结构实际上是一个相互作用、相互影响的两个因素，很难对于二者之间的因果关系做出一个确切的理论判断。但是从市场结构、产业结构与外商直接投资之间互动的理论分析脉络来看，这些讨论大多是建立在产业组织理论之上的。

---

① 具体讨论详见《财经》杂志、《经济观察报》及《21 世纪经济报道》等各种财经类报刊。
② Bergsten C. F., T. Horst and T. H. Moran, Foreign Investment is the Product of Domestic Industry Structure, American Multinationals and American Interests, Washington, D. C., The Brookings Institution, 1978.

2.2.2　外商直接投资对东道国产业结构的影响

2.2.2.1　生产许可转让对东道国产业结构的影响

同一时间，世界范围内存在着大量资本跨国流动行为，但其中有相当部分即不属于直接投资，也不属于单纯的金融投资，有学者对这种资本跨国流动进行了阐述和界定。[①]这部分资本跨国流动在最近20年以来有了快速增长，但迄今为止，也没有一个统一的概念描述这些新的国际投资方式。再加上各个国家对外商直接投资的界定不同，很容易出现在一个国家的统计中将其划分到国际直接投资范畴，但是在另一个国家则划分到其他国际投资方式的情况。这就使得理论研究者无法对林林总总的投资方式做出总结性归纳。本书仅就生产许可转让这种与国际直接投资之间存在较强替代关系的资本流动方式对东道国市场结构存在的影响进行简要分析[②]，比较不同方式的资本进入对东道国产业结构是否存在着不同影响。

生产许可转让，就是拥有关键工艺和产品、技术、著名厂誉、商标的厂商授予国内外厂商生产其定牌产品的许可权，并相应获取生产许可转让利润的方式。[③]根据这个定义，人们自然而然就会提出以下问题：为什么同样属于外国资本流入，有的选择直接投资方式，而有的选择生产许可转让方式？这需要从两个方面来回答。

首先，跨国公司的主观意愿决定了其选择不同的投资方式。生产许可转让可认为是以不转让产权为前提下的生产地转移。这种生产方式的最大优点就是跨国公司可以在不承担风险的前提下进行生产、销售，而且也无须投入生产所需的大量沉没成本。对于一些风险规避型的跨国公司而言，这种生产方式的吸引力不言而喻。但有利必有弊，在决定采用生产许可转让的生产方式以后，生产的控制权就不再属于跨国公司。在生产过程中，如果代工厂商的生产工艺不过关或者不严格执行合同规定，将对跨国公司的声誉带来很大

---

① Oman C.，New forms of Investment, OECD Development Center, Paris, OECD，1991，P9-10.

② 按照直接投资理论的发展分析，一些其他投资形式包括了合资企业、合作生产、许可证及特许权的转让、国际分包等形式。这里主要讲生产许可转让这种合作生产方式，首先是因为这种生产方式是一种得到广泛采用的方式，其次是因为另一个广泛采用的方式，即合资企业很多都可以划分到直接投资的形式中（按照 OECD 比例是 50%，美国是 10%，中国是 25%）。因此本书暂时不对合资企业做更详细的区分及说明，仅仅考虑与直接投资替代关系最为强烈的生产许可转让。

③ 张纪康：《直接投资与市场结构效应》，上海：上海财经大学出版社，1999，第 131 页。

的损失。与此同时，在代工厂商掌握了相关生产技术并结束合同之后，跨国公司进入东道国市场的代价将会更大。这就使得跨国公司在决定采取生产许可转让或者进行直接投资之前，必须要对收益和损失做出衡量以供决策。

其次，跨国公司采取哪种投资进入方式还要取决于东道国本身的意愿及相关政策等条件。相关研究均显示，如果市场完全开放且不存在歧视性法规政策，跨国公司大多愿意采用直接投资（甚至是完全的独资）形式进行对外投资活动。正是由于很多国家对外商直接投资进行限制甚至抵制，才使得其他形式的投资方式层出不穷。

对东道国而言，生产许可转让这种投资形式对其市场结构的影响主要存在于以下几个方面。

第一，减少了外国资本对本国经济实体的实质性掌握，加强了本国企业对市场的控制。由于生产方式只是由外国公司对东道国公司的授权，并没有实质性的经济实体进入东道国市场，这样在东道国市场上就没有新企业的进入。因此这种外国资本的进入方式相对于外商直接投资来说对东道国市场结构的影响较小。

第二，发挥了东道国的比较优势，一方面生产出来的产品在国际市场上较有竞争力，另一方面也加强了东道国市场结构的固化。从经济方面分析，外国资本的流动不外乎两种原因，一是为了进入存在贸易壁垒的东道国国内市场，一是为了在国际竞争中更充分地利用各国不同比较优势从而获得最大的利益。在选择了生产许可转让方式之后，其最大的意义就在于利用东道国在国际生产中的比较优势。但是这种资本进入方式在最大限度的利用比较优势的同时，也大大增强了东道国企业在该类产品生产的熟练度和竞争力。由于技术及其他开发费用都无须东道国企业承担，为了尽快获得短期收益，东道国企业的帕累托选择就是加强对该类商品的生产，对企业自身技术升级的需求相对薄弱。对技术进步渴求的缺乏弱化了市场结构调整升级的动力。从这种意义上来说，生产转让许可具有固化东道国产业结构的作用。

第三，加速了国际产业市场结构的传导。生产转让这种投资形式仅与技术、知识、管理等无形资产相关，与实体资产关联不是特别密切。一般分析都认为其进入东道国之后对市场结构并无太大的影响。但是经过深入思考，我们就会明白实情并非如此。

一是生产许可转让有助于提升东道国的技术和知识水平。单纯从这点考虑，似乎这种投资形式对提升东道国的市场结构不无裨益，但是还要考虑到另外一种效应，即提升市场的进入壁垒。第一时间进入的外国资本利用与东道国之间的技术和知识水平差距找到了自己的定位，推动东道国产业市场整体的技术和产品标准的提高。这种提高对尚未进入东道国市场的企业来说就意味着进入成本的提高。面对先行者有意无意设置的进入壁垒，意图进入市场的新厂商必定会降低进入东道国市场的意愿。由于缺乏强有力的竞争者，先行进入的跨国公司对东道国产业市场结构的提升作用究竟能有多少值得商榷。用马太效应 ① 可以对这种现象做出更好的诠释，一旦均衡产生，想要打破这种均衡需要付出更多的额外努力。

二是作为外商直接投资载体，跨国公司很少专注某一个行业，大多跨国巨头都选择了跨行业发展。产业组织理论告诉我们，无论在国内市场还是国际市场，寡头之间的竞争是常态，合作也同样是常态。跨国公司、寡头之间的产业联盟也层出不穷，它们对各个产业都进行渗透，在各个市场中都试图寻找立足点。因此，类似生产转让这种投资方式也属于世界竞争的一部分。这种竞争的副产品就是加速东道国产业结构融入国际产业市场结构的过程。

于是，我们可以认为，与国际直接投资存在较强替代关系的生产许可转让投资形式对东道国市场结构确实存在着影响，其总体影响似乎更倾向于负面，即对东道国产业结构有着较强的固化作用，从而不利于其升级优化。就中国而言，在 20 世纪 80 年代之后，生产许可转让经历了一个剧烈滑坡的过程。究其原因，除了复杂的经济、政治因素，中国政府对于这种投资形式弊端的认识也是主要原因之一。与此同时，外商直接投资的流入却有着迅猛增长。虽然这种情况的出现不乏我国政府着意引导及大力促进的原因，但是相较生产许可转让而言，外商直接投资对东道国产业结构似乎有着更显著的促进作用，这是本书接下来要探讨的问题。

2.2.2.2　外商直接投资对东道国市场结构的影响

外商直接投资对东道国市场结构的影响主要体现在 3 个方面。第一，外商直接投资如何导致市场结构的变动；第二，外商直接投资的主要载体——跨国公司的进入，对东道国厂商及市场竞争有着怎样的影响；第三，外商直接投资的进入是否可以推动东道国整体技术效率的提升与东道国市场的扩大。而针对二者的互动机制的具体研究则主要集中在规模经济、市场集中度

---

① 马太效应，即强者恒强，弱者恒弱；基督教《圣经》语云："凡是有的还要加给他。"由此衍生出"马太效应"的说法。马太效应在社会中广泛存在，尤其是在经济领域。

及市场进入壁垒这 3 个领域中。

（1）外商直接投资对规模经济的影响

规模经济（Economies of Scale）又称"规模利益"（Scale Merit）。[①] 如同大多数经济学研究一样，对规模经济的研究必须受到两个假设条件的制约。第一，行业中存在规模经济效应，这意味着新厂商进行大规模投资可以取得丰厚的回报。有些行业，比如一些手工制造行业，行业的发展受到资本和技术之外的多方因素制约，在这些行业中我们可以认为不存在规模经济效应；第二，市场需求足够支撑新进入厂商带来的供给的增加，这也就是为什么一些经济较为发达的小型国家不能依靠大规模工业经济来推动本国经济发展的原因。

在满足了各种假设条件的情况下，进入东道国市场的外商直接投资为了在市场竞争中取得优势，产生规模经济效应，投资规模往往要大于东道国企业。跨国公司的强势进入势必会使东道国本地企业面临的竞争环境发生很大变化。为了不在竞争中居于劣势，东道国企业也要随之扩大生产规模以降低各项费用及单位成本。由此可见，跨国公司进入东道国市场的一个引致效应就是提高了东道国行业的经济规模水平。

直接投资流入东道国导致东道国平均成本的变动过程如图 2-1 所示。

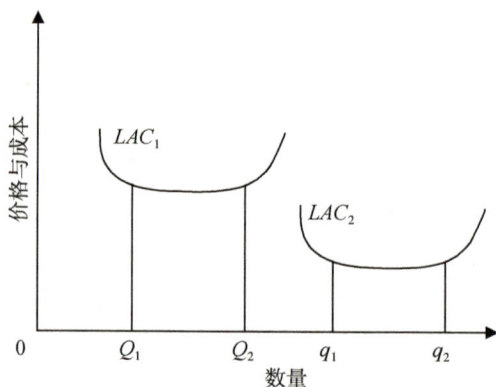

图 2-1　外商直接投资对东道国长期平均成本的影响

---

① 规模指的是生产的批量，具体可分为两种情况，一种是生产设备条件不变，即生产能力不变情况下的生产批量变化，另一种是生产设备条件即生产能力变化时的生产批量变化。规模经济概念中的规模指的是后者，即伴随着生产能力扩大而出现生产批量的扩大。经济则含有节省、效益、好处的意思。按照权威的《新帕尔格雷夫经济学大辞典》的解释，规模经济指的是：给定技术的条件下（指没有技术变化），对于某一产品（无论是单一产品还是复合产品），如果在某些产量范围内平均成本是下降或上升的话，我们就认为存在着规模经济（或不经济）。具体表现为"长期平均成本曲线"向下倾斜，从这种意义上说，长期平均成本曲线便是规模曲线，长期平均成本曲线上的最低点就是"最小最佳规模"（Minimum Optimal Scale，简称 MOS）。

在图 2-1 中，LAC_1 为外商直接投资进入东道国之前东道国的行业平均成本曲线，其中 Q_1Q_2 为东道国初始的规模经济区间。而当外商直接投资进入之后，由于投入了大规模资本及采用了较东道国更为先进的技术，商品价格和生产成本均有所下降，东道国市场的长期成本曲线移动到了 LAC_2，规模经济区间也转移到了 q_1q_2，价格与成本下降而生产数量增加。

当然，并不能排除外商直接投资流入东道国非但没有产生相应的规模经济效应，反而使得东道国市场长期平均成本上升的情况。但是这种情况很少见，属于特例，并不在本书的讨论范围之内。

综上所述，笔者认为外商直接投资进入东道国会有利于东道国规模效应的实现，同时也会提高东道国市场进入壁垒。单纯从东道国市场规模效应来看，外商直接投资对其促进作用是可以肯定的。本书将其视为既定的结论，不再进行更深入的讨论。对于外商直接投资对东道国市场结构的影响，需要着重探讨的是外商直接投资对东道国市场集中度与市场进入壁垒的影响。

（2）外商直接投资对东道国市场集中度影响的理论分析

外商直接投资对东道国市场集中度存在哪些方面的影响？关于这个问题，理论界可以说是众说纷纭，莫衷一是。从研究跨国公司的创始人海默开始（Hymer, 1966），众多学者[1] 都从垄断的角度出发，认为跨国公司之所以要实施跨国投资就是为了要绕过东道国的国际贸易壁垒，利用自身的垄断优势和竞争优势进入东道国市场。这种分析结论意味着外商直接投资就是母国公司垄断优势在海外的扩张行为，其结果必然会大大增加东道国的市场集中度。

虽然这种声音一度成为理论界的主流，但是很快就遭到了另外一些学者[2] 的反驳。这些学者认为，东道国市场大多处于不完全竞争状态，市场中存在严重的垄断现象。无论是纵向投资还是横向投资都会因为外国企业的进入而增加市场内企业的数目并降低市场垄断的程度。这个结论的逻辑就是东道国市场已经处于垄断状态，垄断厂商借助巨额资本或者规模效应等优势，

---

[1]　主要包括了金德尔伯德（Kindleberger, 1984）、卡森（Casson, 1986）、罗松（Rowthorn, 1991）、莫塔（Motta, 1994）、巴克利（Buckley, 1998）等人，他们都是追随了海默的理论，从各个角度来论证跨国公司就是母国公司垄断优势在海外的扩展。

[2]　这些学者主要包括提斯（Teece, 1985）、杰罗斯基（Geroski, 1995）、凯夫斯（Caves, 1996）等人，他们从实证分析及理论研究中都得出了跨国公司进入东道国市场会加强而不是削弱东道国市场竞争的结论，也就是降低东道国市场集中度。

占据了大多数市场份额，这就对意图进入市场的新厂商设置了较高的进入壁垒。但是对于拥有更先进技术与规模的跨国公司来说，这种壁垒并不足以为惧。当跨国公司克服了东道国厂商设置的进入壁垒进入国内市场之后，就会打破原有的垄断，提高市场竞争能力，最终降低东道国的市场集中度。

尽管对于外商直接投资与东道国市场集中度之间到底有何关系已经存在了几种具有争议的理论，但由于受到研究方法和假设条件的制约，我们并不能从前人研究中得到具有普适性的结论。通过对前人理论的梳理，并根据现实可观察的情况，笔者认为外商直接投资进入东道国市场对市场集中度的影响应当具有动态性的、先降后升的二阶段特征。

第一阶段，外商直接投资进入东道国市场之后，在相对较短的时间内，对东道国市场集中度首先具有降低的效应。在此过程中，正如提斯等人的研究结果显示（Teece, 1985），跨国公司进入东道国本地市场，会带来降低市场进入壁垒、增加市场内厂商数量及加强市场竞争的效果。这些都会带来市场集中度的下降。我们可以将其理解为，跨国公司进入东道国市场，面对的是原来在当地占有相当优势的本地企业。为了和这些企业进行竞争，跨国公司必然要表现出更有竞争力的态势。为此跨国公司会投入更多的资金、引进更先进的技术乃至更成熟富有竞争力的最终产品来和东道国本地企业进行市场竞争。再加上跨国公司惯用的宣传优势及在国际上已经经营多年的口碑，很容易在东道国市场上建立起比较优势，以站稳脚跟来增强下一阶段的竞争力。因此，在外商直接投资进入东道国之后的一个相对短的时期内必然会导致企业数量的增加与竞争的激烈，最终导致东道国市场集中度的下降，如图2-2所示。

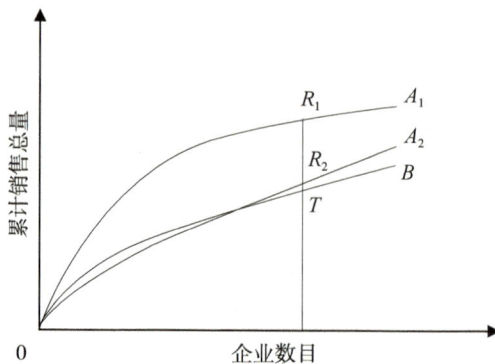

图2-2　外商直接投资对东道国市场集中度短期的影响

图 2-2 中，横轴为企业数目，纵轴为累计销售总量。其中，A_1 与 A_2 为东道国市场初始状态的市场集中度曲线，B 为跨国公司进入东道国市场之后的集中度曲线，A_1 曲线与 A_2 曲线的区别就在于，A_1 曲线描绘的是假设东道国市场处于寡头垄断或者垄断竞争状态[①]，主要市场份额由少数公司把持，而跨国公司进入东道国市场之后，其竞争力相较东道国本地垄断企业为低的状态；A_2 曲线则是在同等初始状态下，跨国公司的竞争力比东道国本地垄断企业更高的情况。由图 2-2 可以看出，无论跨国公司的竞争力相较于东道国企业是高还是低，都不会影响东道国市场集中度下降的结果。

第二阶段，跨国公司进入东道国市场之后，短期内会造成东道国市场集中度下降，但是这种情况无法持续。如果相较东道国企业各个方面均处于劣势的跨国公司必然会因为无法获利而不得不退出东道国市场。日韩手机企业纷纷从中国市场退出就是这种情形的最佳注脚。而能在东道国市场长期生存的跨国公司必然相较东道国企业具有一定的比较优势。经过一段时间的探索与竞争之后，跨国公司在东道国市场上相较东道国企业慢慢会显得更有竞争力。相比刚刚进入东道国市场的时候，产品产量日益增加，生产规模日益扩大，市场占有率亦日益上升。外商直接投资进入东道国之后，通常都会引起市场结构的变动，很多竞争力较弱的东道国企业纷纷以主动合作或者被动破产的方式离开市场。以跨国公司为竞争主体的垄断格局则会重新产生，如果在没有东道国政策限制的情况下，垄断程度往往更甚。

由此可见，外商直接投资的进入对东道国市场集中度的影响并非仅有短暂的即时影响，其影响具有长期和动态的特征。从第一阶段的市场集中度降低到第二阶段的市场集中度上升，市场都处在不断变化的过程中。因此，对此问题的分析一定要由点及面、由浅入深、去伪存真，才能得到一个整体全面的结论。

经济学者们研究发现，东道国市场集中度的提高与行业特征息息相关，市场规模效应越显著的行业，跨国公司的进入对东道国市场集中度的影响越高。其主要原因有三。第一，存在规模经济效应就意味着企业的竞争能力与其自身投资与生产规模呈正相关关系。对于携高资本高技术而来的跨国公司而言，这种行业自然更利于其发挥规模经济优势与东道国企业进行竞争。而对于中小规模企业来说，这种规模经济效应无疑是一个不可逾越的障碍。第

---

① 实际上，这也是大多数国家的真实状态，因此做出这个假设具有某种意义上的普遍性。

二，在市场化程度较高的行业中，优胜劣汰、弱肉强食是生存的法则。为了尽快占有东道国的国内市场，跨国公司经常采用并购的方式对当地竞争对手进行整合。整合的结果就是市场上厂商的数量逐渐减少，市场集中度不断上升。第三，规模效应要求有大量的资本作为支柱，从一开始就要求要源源不断地投入资本，许多发展中国家很难做到这点。然而对于跨国公司而言，资本从来不是问题。发展中国家由于无力承担规模效应的巨额资本投入而不得不引入外商直接投资。而外国资本进入东道国之后，由于政府对其依赖程度较高，很自然地就会占领当地市场，挤出东道国同行业企业，提高了市场集中度。

尽管如此，外商直接投资与东道国市场集中度之间并不仅仅存在单向影响的关系。虽然外商直接投资进入东道国市场会引起先下降后上升的市场集中度变动，但是东道国市场集中度同样也可以影响外商直接投资的进入。这种影响主要体现在高市场集中度的行业似乎更容易引致外商直接投资的进入。实证研究显示，无论发达国家还是新兴工业化国家都有这种情况的出现。这个发现多少有些出乎意料，毕竟按照正常逻辑，厂商在完全竞争市场上最容易生存，在寡占市场上竞争需要耗费更多的额外成本。对于这种情况的解释也是众说纷纭，而尼克博克（Knickerbocker, 1973）提出的寡占[①]反应论（Theory of Oligopolistic Reaction）可以较好地解释这种情形。该理论认为企业之所以决定在海外投资，所依据的并不仅仅是相对东道国企业的垄断优势[②]，而是由寡头之间相互依存、相互竞争的关系而决定的寡占反应。

之所以发生寡占反应，主要原因在于寡头跨国公司之间存在着相互依存、相互竞争的关系，这种微妙关系促使寡头跨国公司竞相向海外投资。首先，

---

① 寡占（Oligopoly），是指市场由少数几家厂商瓜分，他们所销售的是一种同质性的货品，或是一组异质性的货品，市场集中程度相当高的市场结构。寡占市场中厂商最少为两家，最多则视情形而定。只要厂商的家数少到令各厂商均感到彼此间存在着相当的依存性时，此种市场即属于寡占市场。寡占市场的特质有：a. 寡占厂商为数不多。b. 寡占厂商一方面对其货品价格均拥有相当的控制力，另一方面却又受到其竞争者反应决策之影响，故寡占厂商既非价格接纳者，也非价格决定者，而是价格寻觅者（Price Searcher）。c. 每一位寡占者皆试图增加其货品之市场占有率，为达成这个目的，他们通常并不轻易采用价格竞争手段，而是诉诸广告活动、品质差异化及服务等方面的竞争。d. 寡占者在相互依存与竞争的局势下，利害攸关，新厂商想进入寡占产业，势将遭遇相当严重之阻力，同时为保持产业内部的制衡作用，即使厂商想退出生产行列，也颇不容易。

② 因为尼克博克的寡占反应论主要是承袭海默（Hymer）的垄断优势理论，对其进行了补充和修正，因此在他的理论中没有涉及后来邓宁（Dunning）等人所提出的国际直接投资的其他影响因素。

不难推断第一个做出海外投资决定的跨国公司必然是因其自身竞争优势或是觊觎东道国市场而做出的决定。其对东道国的投资不可避免地改变了整个世界市场中原本的寡占均衡。先行进入东道国的跨国公司如果顺利生存下来，必然会建立针对其他跨国公司的进入壁垒。为了保持均衡，其他跨国公司即使并没有进入东道国的战略计划，也可能会采取跟随策略，以保持在国际竞争中的均势。其次，各个产业，尤其是制造业，大都具备普遍意义上的经济规模效应。一个跨国公司进入东道国市场就意味着可以更好地发挥规模经济效应，这就会增强其国际竞争力。如果竞争者不随之进入，就很可能在竞争中处于劣势。再次，假设东道国市场本是进口国，跨国公司进入之后，就可能在短期内变成进出口平衡甚至对外出口。

这对先行者的竞争对手产生两个不同的效应。其一为替代效应，也就是说东道国也许从大量进口转变成不再进口，这就意味着丢失了一个具有规模的市场。其二是竞争效应，如果东道国从原来的进口国变成出口国，就会同其他跨国公司在世界范围内进行竞争。这不仅意味着其他跨国公司除了会丢失原本的产品市场之外，还有可能在全球范围内丢失更大的市场。这就决定了一个垄断寡头进入一个新兴市场之后，其竞争者必然也要在短期内跟随其共同进入，以保持竞争中的均衡。然而，正如微观经济学的研究结果显示，寡头垄断或者垄断竞争中的市场容量都不是无限的，不同规模的市场内必然有一个最佳企业数量的限制。在即将或者已经达到市场容量限制的时候，寡头之间的竞争就会转向妥协和默契，使双方能共同达到一个获得最大利润的均衡点。

尼克博克的理论就是阐述了这样一个道理，在垄断寡头进入东道国市场之前，东道国市场的市场集中度与外资进入呈正相关关系。然而，在东道国的市场集中度到达一定程度之后，外资的进入就会减缓甚至停止。不难看出，尼氏理论的前提是假设国际资本流动主要是为了在国际市场竞争中保持均衡状态。当然，此观点的正确性有待进一步检验，然而，此观点对于外商直接投资的解释研究无疑具有重要的启示意义。

（3）外商直接投资对东道国市场集中度影响因素分析

影响外商直接投资对东道国市场集中度的因素主要有3个，外商直接投资的进入方式、东道国市场容量及跨国公司自身的竞争力。

①外商直接投资的进入方式

外商直接投资进入东道国主要有两种方式，新建投资（绿地投资）①及跨国购并。新建投资就是指外国资本进入东道国之后，投入拟建立项目的全部或者部分生产要素。而跨国并购是跨国合并与跨国收购的统称。② 按照联合国跨国公司研究中心的统计，近年来，跨国并购逐渐成为跨国公司所热衷的方式，并已经成为国际直接投资的主流承载方式。

外商直接投资进入东道国市场的方式不同决定了其绩效与风险都不相同。跨国公司选择何种方式进入东道国是由风险、不确定性、跨国公司企业文化、东道国政策等多种因素综合导致的结果。绿地投资通常从表面上来看是一个增加市场竞争者的过程，可能会促使东道国市场集中度下降。但必须要注意的是，一个拥有竞争优势的新成员对原来成员所具有的激励和威胁都非常大。虽然跨国公司的进入会让东道国国内企业投入更多的研发或者宣传费用，但是跨国公司与东道国企业之间的差距无法在短期内得到弥补。有理由相信，跨国公司进入东道国市场后对东道国本土企业的淘汰作用要大于激励作用。也就是说，随着跨国公司的进入，东道国市场竞争的激烈程度将会加大，对于无法适应这种变化的东道国企业，最终的结果往往就是退出市场。即使跨国公司选择绿地投资，最终的结果也很可能是提高了东道国的市场集中度。

虽然跨国并购已经成为国际直接投资的主要方式，但是并不意味着在所有国家都是如此。在发展中国家中，跨国并购似乎还不能成为国际直接投资的主要方式。发展中国家东道国资本市场不完善是其中最主要的问题，即使跨国公司想要并购东道国某个企业，它也无法按照国际财务标准操作。这就迫使跨国公司只能通过绿地投资或者合资的形式。

除此之外，东道国政府的态度也在很大程度上决定了跨国公司进入东道国的方式。很多国家尤其是发展中国家对外商直接投资的形式有严格限制，其对跨国公司的独资子公司心存戒备甚至持敌视态度，其政策也体现出了这种态度。与此同时，在东道国进行合作投资却得到了很多国家的青睐，纷纷

---

① 外国资本进入东道国市场的区分在前文已经做过定义，因此这里不再具体叙述外国资本进入东道国后的种种概念，这里仅就外商直接投资进入东道国的方式做出区分。

② 跨国合并指的是外国跨国公司与东道国本地企业之间的合并，二者是平等的关系。而跨国收购则是指跨国公司对东道国本地企业的收购，完成收购的行为后，东道国企业则成为跨国公司在东道国的分支机构。

给予合资企业税收及政策上的倾斜。这主要是因为东道国政府认为这种方式更有助于本国企业从中受益。这种结论虽然并未得到理论的肯定及证实，但得到了很多发展中东道国的一致认同。对于先行进入的跨国公司，进入东道国市场后大多都会形成某种程度上的垄断，提高市场集中度。跟随进入东道国市场的跨国公司所造成的效应很难判断。如果其与先行者合谋，很可能把持大多市场份额，加剧垄断；而如果二者进行激烈竞争的话，就有可能使得竞争激烈化，最终造成市场集中度的下降。但是市场集中度的提高才是跨国公司进入东道国造成市场结构变动的趋势。

资本跨国流动的开始阶段，跨国并购并不是主要方式，但是进入 20 世纪 90 年代之后，跨国并购变得越来越重要，已经成为资本跨国流动的主要方式。跨国公司选择跨国并购这一行为意味着在东道国市场上企业数目并不会增加，仅仅存在东道国企业的产权变动。与之同时，并没有新资本流入市场。对跨国公司来讲，这是一个成本与风险均较小的进入方式；对东道国来讲，跨国并购并不必然带来与生产和销售的增长，市场集中度短期内并不会出现明显变动。跨国并购在短期内对东道国市场集中度并没有明显影响不代表在更长的时间内依然如是。跨国公司并购的东道国企业的性质决定了跨国并购对东道国市场集中度存在何种影响。如果跨国公司并购的是东道国市场上富有竞争力的企业，二者之间会产生积极的互补效应，跨国公司的先进技术和雄厚资本与东道国企业的高市场占有率结合，会大大增强新公司的竞争力，提高市场集中度。[①] 如果跨国公司并购的是东道国市场竞争力偏弱的企业，那么就会促进跨国公司与东道国优势企业之间的竞争。市场集中度可能会因为竞争的激烈与东道国企业的成长而下降，我国的家电产业就是对这种情况最好的诠释。

②东道国市场容量

东道国市场容量指的是东道国对某种商品的潜在与现实需求规模。跨国公司做出是否进入东道国的选择，市场容量起着决定性的作用。当然不能排除跨国公司进入东道国仅是为了获得比较优势而不在其内部销售产品的可能。但如果东道国市场容量足够大有助于产生规模经济效应，会对跨国公司

---

① 以上分析是基于跨国公司并购东道国企业是善意的，即为了借助东道国企业原本的优势或者市场占有率而做出的并购决策。如果跨国公司的并购属于恶意行为，即为了减少市场上的竞争对手，并购东道国企业并不是为了企业发展。在这种情况下，市场集中度即使下降，但也和上文所讨论的内容存在本质不同。

产生更大的吸引力。

市场容量包含两部分内容，即对商品的潜在需求规模与现实需求规模。现实需求规模指的是具有购买力的需求，而潜在需求规模指的是具有购买意愿但是并不一定具有现实购买力的需求。这两种不同的需求对东道国市场集中度有着不同的影响。如果东道国具有较高的现实需求规模，则意味着跨国公司进入东道国之后释放的产能可以得到有效吸收。若东道国市场需求弹性较高，就会在不加剧竞争的情况下消化增加的产能。就是说跨国公司进入较高现实需求的市场对市场集中度的影响并不会太大。只有达到了东道国市场容量的上限以后，竞争才会加剧。

而如果东道国市场有较高的潜在需求规模，就要分情况进行讨论。如果潜在需求规模可以转化为现实需求，那么接下来的情形与上述分析类似，跨国公司的进入并不会对东道国市场集中度有很大影响。但是如果潜在需求由于居民收入或者国家政策等限制而无法转化为现实需求，那么原本处于均衡状态的东道国市场必然会因为跨国公司的进入而加剧竞争，从而使市场集中度上升。

从长期来看，无论以现实需求规模或者潜在需求规模来衡量市场规模，跨国公司的进入都会使得东道国市场集中度上升。

③跨国公司自身的竞争力

上述分析隐含着一个假设，即外商直接投资的载体——跨国公司总是相对东道国企业具有某些方面的竞争优势，但是这种假设并不能在东道国市场上一一进行验证。与此同时，实证研究发现很多并不具备明显优势的跨国公司进入他国市场。为了衡量外商直接投资对东道国市场集中度的影响，我们不能忽略跨国公司自身竞争力的作用。跨国公司与东道国本地企业之间相对竞争力的较量在很大程度上决定了外商直接投资对东道国市场集中度存在何种影响。

一般而言，跨国公司与东道国本土公司竞争力对比有 3 种情况。第 1 种情况是跨国公司相对东道国企业有着非常明显的优势，这在很多发展中国家中得到了体现。第 2 种情况是指抛开市场份额及市场接受能力而言，跨国公司与东道国企业之间并没有过大的差距，二者之间存在着激烈的竞争。发达国家之间的相互投资中，这种现象属于常态。第 3 种情况是指跨国公司进入东道国之后，竞争力逊于东道国企业而陷入苦苦挣扎的生存状态。当前，一些新兴工业化国家掀起一股海外投资浪潮，投资的目的地并不是它们具有比较优势的欠发达国家，而是难以取得竞争优势的发达国家。这就出现了刚刚描述的第 3 种情况。[①]

如果跨国公司比东道国企业具有明显的比较优势，其进入东道国市场就会依靠自身优势压倒原本占据较高市场份额的东道国寡头企业，进一步减少东道国市场竞争者的数量，提高市场集中度。

当跨国公司与东道国企业二者竞争力相当，难以区分强弱的时候，市场竞争就会因为外来强力竞争者的进入而加剧。东道国企业为了继续把持市场份额，跨国公司为了尽快占据更多市场份额以实现规模效应，就会纷纷加大竞争强度。这会抑制东道国市场集中度的上升甚至使集中度下降。

而当跨国公司竞争力甚至不如东道国企业的时候，会出现以下几种形式。其一是进入的跨国公司与当地的垄断寡头合作，以期在东道国市场中占据一定份额。这需要跨国公司付出高昂代价。其二是要依靠自身开发差异化产品，利用新的市场机会参与竞争。这种方式对跨国公司的技术与市场嗅觉都有颇高的要求，成功的概率并不高。这两种情况下，跨国公司的进入对东道国市场集中度的影响很小，甚至可以忽略不计。

很多因素都可以制约跨国公司对东道国市场集中度的影响，在一些发展中国家，上述 3 个因素甚至可能都不是主要影响因素。东道国政策，对外国资本的态度乃至腐败程度对市场集中度都可能存在决定性影响。但是，在忽略非市场因素的条件下，上述 3 个因素对市场集中度的影响最大，也是本书理论分析的基础所在。跨国公司进入东道国这一行为本身就已经意味着对东道国市场原本已达到的均衡的破坏。如果东道国市场发育成熟，集中度较高，跨国公司的进入大多会加剧竞争的激烈程度，降低市场集中度；与之相反，如果东道国市场尚处于初级阶段，集中度较低，那么跨国公司的进入就会加快优胜劣汰的过程，提高市场集中度。

（4）外商直接投资与东道国市场进入壁垒的理论分析

市场进入壁垒可以界定为一个市场已有厂商对意图进入该市场的厂商的阻止能力。更规范的表述是"允许已有企业赚取超正常利润，而该行为并不

[①]　发展中国家向发达国家投资主要的目的有二，一是利用投资的反外溢效应，利用发达国家的先进技术及丰富的研发人才资源，反而促进母国的技术进步；二是为了绕过东道国的贸易壁垒，将生产地设在发达国家就可以避免在出口过程中必要要经历的各种以工艺技术指标为名，阻碍出口为实的贸易壁垒。但是即使达到了这种目标，发展中国家在海外的直接投资通常都缺乏竞争力，生存条件比较恶劣。

会受到外来者的威胁的一切因素"。[1] 贝恩非正式地区分了构成市场进入壁垒的4种因素（Bain, 1956），正是这4种因素的存在使得市场已有企业可以在很大程度上避免受到其他企业进入的影响。这4种因素分别为规模经济、绝对成本优势、产品差别优势及资本要求。[2] 继贝恩之后，许多学者对进入壁垒进行了研究，设计了很多进入壁垒模型。最著名的进入壁垒模型是限制性定价模型。[3] 该模型的基本思想就是，在一定的约束条件下，市场上已有的企业可以维持一个低价以阻止外来意图进入者的进入。斯宾塞（Spence, 1979, 1981, 1983）与迪克西特（Dixit, 1980, 1984, 1986）对该模型进行了重新思考后提出，虽然产品市场竞争在短期中决定了市场的价格，但是在长期中，企业主要是通过生产能力的积累展开竞争。一种在位优势使得企业积累了大量的生产能力，实现了规模经济，阻止了其他厂商的进入。后来又有人对该模型重新进行了考察[4]，这些研究主要是建立在市场在位厂商与进入者之间信息不对称的基础之上。在已有的研究成果中，他们认为市场已有厂商之所以要制订低价并不是因为其生产能力的积累与规模效应，这种现象的出现是因为其试图向意图进入者传递自己具有较低边际成本的信息，从而使得意图进入者认为进入市场很难获益。其他学者沿着这几种思路进行扩展研究，并无太大突破。但是需要注意的是，几个模型的实证与规范含义相差甚远，只是从不同角度探讨同一问题。

既然国际直接投资的主要表现形式是跨国公司进入东道国市场，即一个

---

① 　Bain J., Barriers to New Competition, Cambridge, Mass.: Harvard University Press, 1956.

② 　规模经济：如果最小有效规模是行业需求的重要部分，那么由于市场容量有限导致了只能有少数企业存活于这个市场中。这正是企业可以获得超额利润而不会有竞争者进入威胁的原因所在。绝对成本优势：市场已有企业可能会拥有更先进的生产技术，这是通过研发及干中学所取得的优势。这些企业可能会积累资本从而使自己的生产成本更低，也可能会与原料供给者签订排他的契约，以阻止其他意图进入者可以获得相应的投入材料。产品差别优势：市场已有企业可能已经获得了某种创新的专利，这种专利会更进一步的增强其成本优势，或者建立起消费者对产品的更大的忠诚度，或者已经占据了市场上大部分容量。这些都可以避免新进入者。资本要求：鉴于市场上已经存在了强大竞争者，而进入者一般不可能由自身承担全部成本从而需要从其他来源进行融资。贷款人就要衡量是否在这一过程中存在巨大的风险。而这一风险的存在就会阻止大多数的意图进入者。

③ 　Sylos-Labini P., Oligopoly and Technical Progress, Cambridge, Mass.: Harvard University Press, 1962. Modigliani F., New Developments on the Oligopoly Front, Journal of Political Economy Volume 66, P215-232, 1958.

④ 　Milgrom P. and J. Roberts, Limit Pricing and Entry under Incomplete Information, Econometric Volume 50, P443-460, 1982.

外来者进入一个新市场的过程，这就意味着跨国公司必然要克服东道国市场的进入壁垒。跨国公司成功进入东道国市场之后，作为市场中已存在的厂商，反过来又会对东道国市场的进入壁垒产生影响。这就是外商直接投资的东道国进入壁垒效应。

　　产业组织理论中，某一个市场的进入壁垒与该行业的整体价格水平与平均成本的差额呈正相关关系，如图 2-3 所示。

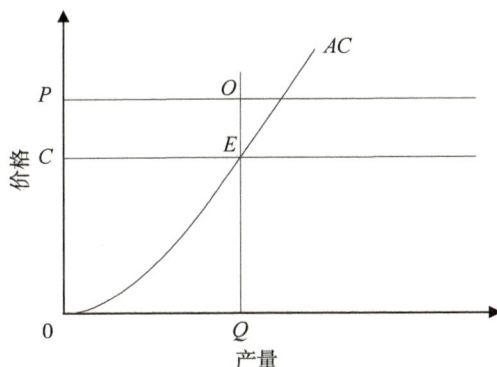

图 2-3　东道国进入壁垒图示

　　C 为东道国市场的平均成本，而 Q 为平均成本所决定的产量。P 为东道国市场垄断厂商所制订的价格。而在图 2-3 中价格高于成本的部分，就是由东道国市场进入壁垒所引致的。因为市场进入壁垒的存在，使得东道国市场不是一个完全竞争市场而是一个寡头垄断或者垄断竞争市场。市场价格是由市场在位厂商的边际收益与边际成本所决定的，在价格 P 下，市场上已有的垄断厂商可以获得超额利润。但是市场进入壁垒并不是一个可以保证市场均衡的充分必要条件，一旦市场上价格水平与平均成本之差超过了新进入跨国公司在达到规模经济效应之前所需要付出的成本，跨国公司就会因为进入东道国市场而获得收益，从而市场进入壁垒失效。

　　以上简要分析了东道国市场进入壁垒理论。在运用该理论进行分析之前，仍然需要考虑东道国市场进入壁垒存在与否的问题。如果存在，这种进入壁垒由哪些因素导致；对意图进入东道国市场的跨国公司来说，会产生哪些效用；如果不存在进入壁垒，而跨国公司进入东道国市场又会遇到阻力，这些阻力的构成、来源是什么，其与市场进入壁垒有何异同等一系列问题需要深入探讨。有学者认为，只要跨国公司意图进入东道国市场，那么无论东道国市场是否存在进入壁垒，最终跨国公司必定会进入东道国市场。[①]这种观点无疑有失偏颇，不是一个中立、谨慎的结论。对跨国公司来说，东道国市场进入壁垒就是市场在位厂商具有的使潜在竞争者处于竞争劣势的专用资产。换句话说，就是市场上已有厂商对意图进入企业的优势要素。这些优势要素可以分为经济要素及非经济要素两种。对于跨国公司来讲，大多数经济要素构成的进入壁垒都是可以突破的，如规模经济、市场份额、生产资料等。对于一些国家尤其是发展中的新兴工业化国家而言，非经济要素构成的进入壁垒才是对跨国公司的最大考验。非经济要素构成的进入壁垒主要包括东道国制订的产业政策、市场接受程度及一些对零部件的国产化要求等，跨国公司必须小心应对。虽然发达国家市场中也存在一些政策性因素，但自由竞争仍然受到鼓励。但必须注意的一点是，发达国家在位厂商均具有较大生产规模与先进生产技术，外来企业面对的市场竞争之激烈也是其他国家所无法比拟的。

（5）国际市场进入壁垒的特点

产业组织理论的研究范围主要集中于一国市场，而跨国公司同时活跃在不同国家的市场，这必然会与产业组织理论有所冲突。这就意味着跨国公司面对的东道国市场进入壁垒与产业组织理论所研究的市场进入壁垒之间存在差别。随着世界经济的融合及全球市场结构的进化，国际市场进入壁垒也表现出了一些新的特点。

①由于市场分割产生的市场进入壁垒

将研究范围扩展到整个世界，市场进入壁垒再也不仅仅是一国内部市场所具备的特征。随着经济全球化的发展，世界市场的一体化依然遥遥无期，而作为经济全球化附属品的区域经济一体化组织却如雨后春笋般发展了起来。[②]其中最为典型的当属欧洲联盟（EU）、北美自由贸易区（NAFTA）及东盟（ASEAN）等。除此之外，次区域经济一体化组织也很活跃。这相当于将整个世界市场分割为若干个区域市场。区域经济一体化组织具备一个共同的特点，即在成员国内部资本、劳动力及商品等要素大多可以自由流动。这赋予成员国诸多便利，但其负面效果表现为提升了非组织成员国进入市场的

① Richard E. Caves, Harold Crookell, Peter Killer J., The Imperfect Market for Technology Licenses, Oxford Bulletin of Economics & Statistics, Volume 45, P249-267, 1983.
② 具体分析见范跃进等著，《经济全球化与区域经济发展》，山东：山东人民出版社，2005。

门槛，人为提高了市场进入壁垒。从表面上看，这种市场进入壁垒更多针对以制成品为主的商品贸易，但是对非成员国跨国公司来说，这种壁垒对进入这个市场而言依然是巨大的障碍。而且，对贸易品进行限制却对资本品敞开大门的政策不可能存在，在阻碍了最终商品流动的同时，这种市场进入壁垒对生产资料的流动也产生了很大阻碍作用。尽管 WTO 制定了禁止贸易壁垒的相关政策，但是各个国家及区域组织从健康及工艺标准等角度对贸易品制定了更隐蔽、更难逾越的市场进入壁垒。如何确定这种市场进入壁垒的存在及如何规避这些壁垒，是当前世界经济中最重要的课题之一。

区域经济一体化组织大多由发达国家与发展中国家共同组成，这种构成结构意味着成员国之间的发展并不均衡。按照国际经济学中的比较优势理论或者要素禀赋理论，在完全竞争市场上，贸易及资本的流动方向必然是按照要素优势或者价格优势的分布来决定。为了达到区域内部的均衡发展，减小区域内部国家经济发展的差距，促进区域内部企业发展及考虑区域内部的经济安全，各一体化组织大多制定了行业或者市场限制政策。这些政策的主要目标对象就是跨国公司，这在很大程度上决定了跨国公司进入一体化组织内部市场的难度及可能性。

②跨国投资的沉淀成本[①] 壁垒

沉淀成本之所以可以构成市场进入壁垒是因为其本身具有很强的承诺价值。在企业进行大量投资形成沉淀成本的同时，这一行为也传递给其他市场竞争者一个很强的信号，即该企业很难将这些投资通过变卖或者转移收回。这个信号表达了该企业继续留在市场上进行竞争的决心。或者说，除了沉淀成本所具有的服务与生产销售等环节的实际效应，它还有一种向竞争对手展示自身决心的承诺效应。当潜在的竞争者观察到市场在位企业的这种行为，可能就会降低进入的规模或者选择不进入这个市场。

从另外一个角度来说，进入市场次序的不同使得先行企业可以在市场容量固定的前提下限制意图进入市场企业的投资水平。如果企业投资决策取决于市场已有企业的态度，后进入市场的企业很可能无法达到预期的规模效应

---

① 分析沉淀成本之前，需要先界定一下固定成本。固定成本可以定义为与生产规模无关的，并对于某个较短时间长度而言被锁住的成本。这个定义要求在一个"较短时间"的长度内。而沉淀成本则是指在一个较长的时间期限内，对企业而言，可以创造收益流，但是永远不可能收回的投资成本。二者的差别是程度问题而不是本质问题，有时二者可以换用，但有时则不能随便混淆。本书中将二者视为等同，即沉淀成本就等于固定成本。

水平。加上先进入企业本身在市场竞争中已经不断积累自身的生产能力与提高技术水平，最终的结果就会使得意图进入的企业的边际盈利减少，无法达到规模效应所要求的资本投入量。

相对于其他的非政策性进入壁垒，由沉淀成本形成的进入壁垒具有很大的威慑作用。但意图进入市场的厂商必须确信先行企业的沉淀成本是可置信的，如果不能确信这点，那么沉淀成本所导致的进入壁垒也就会随之失效。因此，先行企业选择沉淀成本投资是否具有意向中的效果还要取决于其行为的可置信程度。

国际市场本身是一个具有独特性质的不完全竞争市场，沉淀成本的性质也因为这种独特性质发生了某种改变。迪克西特（Dixit，1980）的研究表明，沉淀成本的进入壁垒价值并不能跨越国家，这也就意味着跨国公司在母国市场所进行的大规模沉淀成本投资对于东道国市场而言并没有太大的承诺效应。跨国公司意图进入东道国市场的时候，必然会导致东道国企业各种方式的抵抗。其中大量的沉淀成本就表明了它们竞争的行动和决心。如果跨国公司意图进入东道国市场，必须也要投入相当的沉淀成本与之竞争。当其认为在东道国市场所获得的收益很难弥补必须要投入的沉淀成本的时候，跨国公司就有可能选择不进入东道国市场。

③东道国市场规模壁垒

这种壁垒大多出现在一些规模较小但是具有某种特殊优势的东道国。[①]跨国公司没进入东道国之前，东道国市场上已经形成了某种垄断格局，市场达到了一个动态的均衡。市场在位企业已经找到适合自己生存的生产规模、可用技术并占据了相应的市场份额。意图进入他国的跨国公司往往都是凭借先进技术及更具规模效应的生产方式突破东道国的进入壁垒。但如果东道国并不具有足够的市场容量，跨国公司引以为傲的规模经济效应很可能无法实现。一旦出现这种情况，跨国公司就必须要在市场上与东道国本土企业进行非规模效应生产的竞争。虽然规模经济效应可以在竞争中慢慢实现，但如果东道国市场容量不支持跨国公司所需要的最小最优生产规模，跨国公司也无法找到通畅的渠道将商品出口，跨国公司在市场上与东道国企业竞争就不能

[①]　这是因为如果东道国具有较大规模的市场容量时，跨国公司通过自身的比较优势总是可以占据相应的市场份额，因此不会无法达到规模经济效应所要求的产量限制。而如果东道国市场规模较小而且并没有特殊的比较优势，也很难吸引外商直接投资的流入。所以这种市场进入壁垒基本针对的就是那种不具备大规模市场容量但是却拥有某种特殊比较优势的小型国家而言。

占据特别的优势，甚至只能在市场上苦苦挣扎。

④东道国自然条件壁垒

跨国公司向东道国投资的过程中，东道国特有的一些情况总会对其构成影响。这些影响本身并不是抵制外商直接投资的进入，但是从实际效果上来看，其确实阻碍了跨国公司进入东道国市场。

这种自然条件壁垒主要可以分为 3 个部分，即政治风险壁垒、宏观条件壁垒与微观条件壁垒。政治风险壁垒一般出现在一些不稳定的小规模国家中。这些国家政治动荡，无法制订长期性政策，朝令夕改的情况时而发生。这是构成东道国市场不稳定的主要因素。市场不稳定会对跨国公司已经签订的合同不构成有效保护，而且也会导致严重的市场动荡及经济风险。这是跨国公司进入东道国市场之前必须要仔细斟酌的问题。权衡利弊及成本核算等对于跨国公司来说，都是需要额外支付的成本，这种额外成本构成了市场进入壁垒。

宏观条件壁垒主要指东道国与跨国公司母国之间的文化差异及思维方式不同。当跨国公司进行跨区域投资时，经常会遇到这种情况。如果对相邻地区进行投资，由于地域毗邻，风俗相近，很少出现因文化差异与思维方式不同导致的问题。但是在跨区域投资的过程中，这就是不得不正视的障碍。文化是由一个国家主要民族在漫长的历史进程中由地理、社会组织及法律传统等多种因素共同作用形成的。不同地域的国家，由于文化背景不同，对相同事物可能有着不同的甚至截然相反的见解。如果跨国公司意图跨地区进入其他国家，首先必须考虑这些问题并拟定相应的解决办法，否则很可能引起不必要的误解和麻烦。不仅如此，文化的差异也可能会导致经营理念、管理思维及公司文化出现差别。如果跨国公司不能很好地解决这些冲突，理所当然地认为自己在东道国市场上具有无可替代的优势，最后的结果往往可能就是铩羽而归。[1]

此外，跨国公司引以为傲的某些管理手段及营销策略是否符合东道国本地需求与适应东道国客观环境也是需要考虑的问题。外商直接投资可以认为

---

[1] 2006 年年底，日本 NEC 手机公司宣布退出包括中国在内的所有日本海外的手机市场。这也是最后一家日本手机生产公司宣布退出中国市场，就是这种文化与思维壁垒的最好体现。在不做好市场调查及东道国产品适应改造的基础上，盲目信奉自己在日本手机市场的经验，导致了日本所有手机生产厂商均在中国大幅亏损以至于最终的退出。具体描述详见新浪网、人民网、《财经》杂志及《经济观察报》各期。

是海外生产要素与东道国国内生产要素在生产过程中的有机结合。二者必须相匹配才能发挥各自的最大作用。然而不同来源的生产资料在组合的开始阶段就有可能会因为地区差异而导致生产的非协调。对于跨国公司而言，解决这种非协调需要支付额外的成本与时间。这些都直接增加了跨国公司的管理成本，这种额外的成本自然也是阻止跨国公司进入东道国市场的进入壁垒的一部分。这就是所谓的微观条件壁垒。

（6）跨国公司的进入对东道国市场进入壁垒的影响

跨国公司进入东道国市场之前，东道国的市场进入壁垒必然会产生阻碍作用，这就是东道国市场进入壁垒对跨国公司的负面影响。当跨国公司进入东道国市场后，市场进入壁垒不仅对其不存在进一步的影响，反而还会阻挡其竞争对手进入东道国，这意味着市场进入壁垒对已进入市场的跨国公司具有保护作用。这就是所谓的市场进入壁垒对跨国公司的正面影响。以上讨论的是东道国市场进入壁垒对跨国公司的影响，一个更加值得思考的问题是跨国公司进入东道国市场后，是否会对东道国市场进入壁垒产生影响，如果产生影响，是怎样的影响。关于这个问题，学者们较为一致的观点是认为跨国公司进入东道国市场后，会利用自身的优势在竞争中取得领先，在获得竞争中的优势之后，跨国公司就会采取一些手段对竞争对手进行打压。这种行为也提高了东道国市场的进入壁垒。对其他意图进入东道国的跨国公司来说，无疑增加了进入成本。跨国公司的进入对东道国市场进入壁垒的影响主要体现在以下几个方面。

①提高东道国产业内平均技术水平，无形中提高市场进入壁垒

跨国公司之所以可以在市场竞争中占据优势，是因为跨国公司相对于东道国公司在规模效应、技术水平及投入资本上都具有一定的优势。在这些因素中，技术水平起着最大的作用。[①]为了巩固在东道国取得的市场竞争优势，跨国公司会刻意增强其在技术上的投入。这种投入除了帮助跨国公司赢得市场竞争，还存在两个副作用。第一个副作用是提升了东道国产业整体的技术水平，这是东道国希望得到的结果。尤其对于发展中国家来说，引入外商直接投资的最主要目的就是提高本国的技术水平；第二个副作用就是提高了东

---

① 这句话并不严谨，因为尤其在一些劳动力密集型或者资源密集型产业中，可能规模效应对成本的影响力更大一些，而在资本密集型产业中，投入资本量可能对于竞争的作用更大一些。但是在当前世界上的主流产业中，还是技术在竞争中起到的作用更大，因此本书对此做出粗略的判断，将技术水平视作影响竞争最大的因素。

道国市场进入壁垒。跨国公司提高了自身乃至于整个东道国市场的技术水平，对于尚未进入东道国的跨国公司来说，如果要进入东道国并在竞争中取得优势，就必须要采用更先进更有竞争力的技术才能达到既定目标。如果其他跨国公司不具备比先进入东道国的跨国公司更先进的技术，就可能因为技术水平的欠缺而无法进入东道国。

②跨国公司进入东道国市场后会控制产业上下游的生产与供给，限制其他外来者的进入

这种情形通常出现在发展中东道国市场中，发达国家对发展中国家的直接投资往往是垂直投资。[①] 之所以出现这种情况，一方面是因为东道国企业确实在技术水平上与跨国公司存在较大差距，但更主要的原因在于跨国公司刻意为之。跨国公司进入的同时会提高东道国企业的技术，这就意味着竞争对手竞争力的提高。跨国公司进入东道国市场并取得一定优势之后，就会努力控制东道国企业的生产，使之与自身的生产结构与销售链条相配合，并减少技术转移。在这种条件下，跨国公司的垂直投资会固化东道国的产业结构。

跨国公司的行为对东道国具有上述效应，而对尚未进入东道国的跨国公司则有着不同效应。东道国国内厂商的生产销售都是与先期进入的跨国公司相配合，很难具有更多的产出能力提供商品给新进入的跨国公司。并且不同跨国公司采用的技术也大多并不相同，东道国厂商为了向新进入的跨国公司提供产品还需要更改自己的生产技术，这都意味着生产成本的提高。先期进入的跨国公司在上游生产链条会有意无意的设置更多人为障碍，对于其他意图进入东道国的跨国公司而言，无疑强化了市场进入壁垒。相对于跨国公司对于上游产业的控制，跨国公司对下游厂商的控制可以说更加严苛。最典型的做法就是对下游厂商进行价格限制，即跨国公司对产品的销售价格制订严格的规定，诸如最高限价及最低价格等，下游厂商基本丧失了根据市场变化自行调整价格的权利。除了价格限制之外，跨国公司往往还要求下游厂商签订排他性协议，禁止其销售竞争对手的产品；划分区域进行销售，禁止不同区域的下游厂商跨区域销售等条款。从表面上来看，这是跨国公司在规范产销链条，但这种做法的实质体现了跨国公司对市场的控制。通过对上下游厂商的控制，跨国公司控制了市场，甚至控制了市场上竞争对手的数量及质量。当其他跨国公司意图进入东道国市

---

① 即发展中国家企业承担技术含量较低的工序或者产品，而发达国家跨国公司则承担附加值较高的工序或者产品加工以获得最大效用。

场时，这些条件都成了限制其发展的"门槛"。

③把握市场价格制订权，用价格控制竞争对手的进入

价格战略是市场竞争的主要手段之一，其效果只能在短期之内维持，但即使短期效果也足以使得企业在市场中占据一定的优势，有利于进一步的竞争行为。产业组织理论假设了刚性成本结构及产品特性，价格竞争是最有效的市场竞争手段。虽然有观点认为，市场上即使只有两家企业存在——即存在双头垄断竞争的情况，也足以构成完全的市场竞争。[①] 但这在极端假设的条件下才可以达成，在引入边际成本递增、重复竞争及产品差异化等现实条件后，垄断是不可避免的结果。当跨国公司进入东道国市场后，就要面临价格战略的问题。一般说来，跨国公司所采取的价格战略有以下几种。

第一，当跨国公司进入东道国市场取得了巨大优势且没有强劲竞争对手时，跨国公司通常会对自己的产品制订较高的价格以实现收益最大化，等市场接受度较高之后再慢慢降低价格。这也就是所谓的"撇脂定价"战略，也是跨国公司在没有竞争对手的前提下，从自身角度出发所制订的价格战略。

第二，如果跨国公司进入东道国市场，在市场上具有较高竞争力但是无法取得压倒性竞争优势，就会采取"渗透定价"的战略。也就是在进入市场的初期采取较低的价格，依靠价格优势在市场竞争中取得一定的领先地位，逼迫竞争对手不得不也采用同样的方式保持竞争均衡。

第三，当跨国公司进入东道国市场并取得一定市场份额后，如果东道国市场容量已经达到了饱和状态，为了防止其他跨国公司进入东道国市场，跨国公司就有可能采用限制性定价战略。在这种战略下，跨国公司将价格与产出确定在某一个水平上。随着竞争对手对其做出反应并达到均衡之后，东道国市场已经饱和无法容纳更多的厂商及商品。这就在无形之中构成了一种进入壁垒，如果还有其他厂商意图进入东道国市场，势必会面临更激烈的竞争及更残酷的环境，对很多竞争者而言都是难以接受的，这就起到了抑制竞争对手进入的作用。

上述 3 种方式，都是在跨国公司进入东道国市场并制定了与自身条件相匹配的价格战略之后，东道国产品市场价格所相应发生的变动。有些战略本身也许并没有设置市场进入壁垒的意图，但是最终效果却提高了东道国市场

① Blanchard, O., Price Asynchronization and Price Level Inertia, In Inflation Debt and Indexation, ed. R. Dombusch and M. Simonsen, Cambridge, Mass.: MIT Press, 1983.

的进入壁垒。

现实中，大多数跨国公司采用的是渗透定价战略。毕竟在市场竞争非常激烈的今天，占据绝对优势的情况已经很少见到，大多数跨国公司进入其他国家都会面临着各种激烈程度不等的竞争。而且跨国公司产销网络遍布世界，可以通过整体调配的方式统一核算成本收益，更加具备制订较低价格以取得竞争优势的能力。

④利用跨国公司自身软优势构筑新的市场进入壁垒

跨国公司的软优势指的是跨国公司利用自身的竞争优势使得市场竞争于己有利。其中最重要的竞争优势就是网络外部性[①]及品牌优势。网络外部性原本是随着信息产业的发展而总结概括出来的概念，然而随着这个概念含义的不断延伸，其早已超出了信息产业的藩篱，成为经济学中的一个重要概念。

在微观经济学中，网络外部性的影响日益显著，最明显的体现就在于其对市场进入壁垒的构筑起着重要作用。正如前文论及，跨国公司主要的竞争优势之一就是规模经济优势，而网络外部性恰恰与规模经济密切相关。因此，由网络外部性所构筑的市场进入壁垒就起着更大的阻碍作用。从另一个角度思考，这种进入壁垒实际上就是技术壁垒的不同表现形式。当跨国公司取得竞争优势之后，规模效应的实现导致市场占有率及消费者数量迅速提升。产品为消费者接受的范围越广，对消费者的影响力及效用就越大，这就是信息经济学中的网络正反馈效应。为了和其他竞争对手竞争或者阻止其他具有竞争优势的对手进入市场，跨国公司往往会采用一些专有技术或者利用竞争优势并购与击溃竞争对手等方式进一步提高市场占有率，从而更大规模地发挥网络外部性的作用，提高东道国的市场进入壁垒。

跨国公司另外一个软优势就是品牌优势。跨国公司除了资本、人才及技术等方面的优势之外，最重要的优势就是其品牌优势。很多跨国公司在进入东道国之前，其产品就已经有了很高的知名度及美誉度，这对于跨国公司的

---

① 信息产品存在着互联的内在需要，因为人们生产和使用它们的目的就是更好地收集和交流信息。这种需求的满足程度与网络的规模密切相关。只有一名用户的网络是毫无价值的。如果网络中只有少数用户，他们不仅要承担高昂的运营成本，而且只能与数量有限的人交流信息和使用经验。随着用户数量的增加，这种不利于规模经济的情况将不断得到改善，每名用户承担的成本将持续下降，同时信息和经验交流的范围得到扩大，所有用户都可能从网络规模的扩大中获得了更大的价值。此时，网络的价值呈几何级数增长。这种情况，即某种产品对一名用户的价值取决于使用该产品的其他用户的数量，在经济学中称为网络外部性（Network Externality），或称网络效应。

进入极为有利。跨国公司进入东道国后，往往利用广告战略突出显示产品品牌。由于跨国公司生产产品的质量不逊色于东道国本国厂商，而且又有巨额资金投入宣传，很容易造成消费者对跨国公司产品的需求偏好及忠诚度。消费者对跨国公司产品的认知也就在无形中构成了一种市场进入壁垒，排斥意图进入者进入东道国市场。

上面讨论的是跨国公司进入东道国已有产品市场的时候，品牌效应所构筑的市场进入壁垒。如果跨国公司开发了东道国原本并没有的商品，这种品牌效应则会变得更加强烈，属于一种先动优势的范畴。通常，一个产品发育成熟及被消费者接受是一个长期过程，或者说，消费者的消费偏好及忠诚度在某种程度上是时间 T 的函数。跨国公司作为第一个引入产品的厂商，必然会在一定时间内培养出消费者的忠诚度。如果其他厂商意欲进入东道国市场，那么就必然要付出相同甚至数倍于此的成本与时间。面对先入者所获取的市场份额及经济实力，很多实力并不强大的厂商可能就选择不进入这个市场。

2.3　市场结构对出口贸易结构的影响

2.3.1　市场结构对出口贸易的影响

关于市场结构[①]对出口贸易的影响存在着两种不同看法。通过实证与理论分析，有些学者认为东道国国内市场的竞争越激烈，市场集中度越低，出口贸易的绩效就越不明显。而另外一些学者持完全对立的观点，他们认为东道国市场内部竞争越激烈，市场集中度越高，这反而更能促进出口贸易绩效的显著性。为了深入研究外商直接投资的相关问题，本书需要对这两种针锋相对的看法加以简单的阐述。

2.3.1.1　市场结构与出口贸易之间的正相关理论

这种理论主要立足于熊彼特的创新理论。该理论认为国际贸易中的竞争优势主要体现在出口厂商的技术水平上，技术水平越高就代表着其具有更高的劳动生产率，就可以在相同产品质量的基础上将成本压缩得更低，或者在相同成本的基础上提供质量功能更好的产品。世界产品市场的竞争主要是

---

① 这里的市场结构的含义比较狭隘，特指东道国市场竞争的激烈程度，或者说东道国市场上市场集中度的大小。

技术的竞争，按照熊彼特的观点，技术的研发（Research and Development，R&D）具有明显的规模经济效应，即投入的越多，技术进步的水平也就越快；企业的规模越大，市场占有率越高，就会有能力也有意愿去动用更多的资金用于技术的研发。因此，东道国市场上市场集中度越高，竞争越少，市场上的厂商就越有动力去研究技术，提高自身产品的国际竞争力，增加出口。

这个领域的代表性研究者是怀特（White, 1974），他认为当同时具备 3 个条件时，国内厂商就可以在国内市场及国外市场上对某种产品实行价格歧视。这 3 个条件包括：第一，一国国内产品及国外产品之间是完全替代关系；第二，国外市场上该种产品的需求弹性要高于国内市场上同样商品的需求弹性；第三，该国存在进口贸易壁垒①。第 1 个条件决定了国内外市场上进行的是同种商品的竞争，如果这个条件缺失，就丧失了继续讨论这个问题的意义。第 2 个条件决定了该国国内市场的均衡是一种垄断均衡。因为只有当国内市场处于垄断状态而国际市场竞争更激烈的时候，国内市场产品的需求弹性才会低于国际市场上的产品需求弹性。第 3 个条件则说明了国内市场的垄断均衡是很难被外来者打破的，如果没有很高的市场进入壁垒，那么该国市场很快就会从垄断状态变为完全竞争状态。

国内厂商采取的价格歧视战略就是在国内市场上对商品索取高价格维持垄断利润，而在国际市场上则采取很低的价格来争夺市场，从而实现自身利益的最大化。在这种情况下，垄断性企业必然会比竞争性企业拥有更多的出口，因为其可以以更低廉的价格向国际市场提供产品。这种情况可以由图 2-4 所表示。

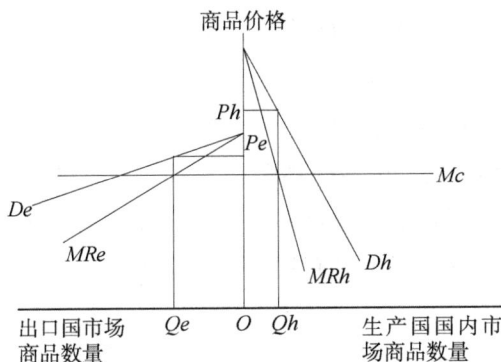

图 2-4　国际价格歧视

---

① 包括关税、运输成本及交易成本等。

国内企业在国内市场与国际市场面临着相同的边际成本。但是国内市场和国际市场面临的需求曲线与边际收益曲线不同。在不同的市场上企业都遵循着边际成本与边际收益共同决定产量与价格的准则。由于两个市场上的需求弹性不同造成了价格与商品销售数量的不同。当国内市场与国际市场处于分割状态时，国内市场上的垄断者出口数量就多于在竞争条件下厂商的出口数量。①

2.3.1.2 市场结构与出口贸易之间的负相关理论

与怀特等人观点不同，认为市场结构与出口贸易之间存在正相关关系的学者是从市场的竞争效应角度来思考问题。他们认为，处于垄断市场上的厂商通常都不具有积极进行技术开发的动机，垄断的市场状态及市场进入壁垒已经可以保证他们的收益。如果市场集中度下降，国内市场竞争激化，这种条件就会促使市场内部的企业积极进行技术的研发，并对国内产业的发展产生静态和动态的外部性。而国内的竞争一样可以拓展至国际市场的竞争，由于国内激烈竞争而发展起来的厂商在国际市场上自然也会有其特有的竞争优势，从而扩大出口数量。

市场结构与出口贸易正相关理论主要起源于波特（Porter, 1980, 1984, 1988, 1990）的竞争理论。波特提出产业竞争的 5 种作用力及著名的价值链分析方法，创立了分析国际竞争力来源的"国家竞争优势四因素模型"。之前的经济理论对于国家竞争优势的来源有着不同的说法，没有统一的理论框架。波特的工作就是将各个不同派别的观点融合在一个理论框架之内，对国际竞争力的来源给出一个合理完整的解释。

波特认为，对于一国国内市场的企业，其市场竞争能力在很大程度上由该国国内市场经济环境所决定。其中最主要的 4 个因素就是生产要素、需求要素、相关和支持产业与企业组织、战略及竞争状态。在国际竞争中可以取得优势的企业，其国内的因素必然会在这 4 个方面对其产生积极影响。因此，这 4 个因素就是国际竞争力最重要的来源。波特对很多发达国家都进行了相关研究得出结论，在市场上具有很强竞争优势的厂商，在同行业内部大多存

---

① 在国际经济学中，这种行为也叫作导致国际价格歧视的持续性倾销，通常为 WTO 组织或者进口国所禁止。如果面临禁止的情况下，国内垄断企业只有两种选择，或者停止向外国出口，只在国内市场上获取垄断利润，或者继续出口，但是在国内下调价格，以同样的价格在国内外市场上进行销售。由于这已经超出了本书所要讨论问题的范畴，因此在这种情况下企业应该做出何种选择我们暂时不予以讨论。

在着强劲的竞争对手，即使要求企业必须有规模优势的行业也不例外。按照传统的理论，如果行业要求只有具有规模优势的企业才能更好地在市场上生存，那么市场上存在的激烈竞争就会对企业的发展产生负面效应。而实际的情况为什么会与理论不一致呢？波特认为，在当今经济全球化的时代，企业面临的是来自国内与国际双方面的竞争，因此行业要求的规模效应也应当将国内市场和国际市场结合起来考虑。如果两个市场叠加在一起已经形成了行业所要求的规模效应的话，国内市场激烈的竞争不但不会影响企业的发展，还会促进企业进行技术的改造与创新，并进一步探寻提升竞争优势的路径。

国内市场的激烈竞争也有助于企业提升国际市场上的竞争力。国际贸易理论认为，出现国际商品流动的主要原因就是国家之间存在着比较优势的差异。对于发展中国家来说，比较优势体现在其拥有储量丰富的自然资源与价格低廉的劳动力成本。但是对于这些国家的本土企业来说，即使其拥有这些优势，也很难在国际市场竞争中获得优势。当发达国家跨国公司进入这些国家之后，如果本土企业没有其他的竞争优势，难免会被淘汰出局。为了求得生存，企业会采用各种方式提高自己技术能力以求在竞争中取得优势，这会对企业的技术研发产生很强的推动作用。对于大多数国家尤其发展中国家而言，国内竞争的激烈程度与之国内与国际竞争力呈显著的正相关关系。

波特提出的这个具有先见性的理论成为理论界研究的热点问题，众多学者都沿着波特所阐述的理论，将其具体化、模型化，用来分析各个国家和地区内部的企业竞争力问题并取得了丰硕的成果。

2.3.1.3　新贸易理论的观点 [1]

传统的国际贸易理论（包括李嘉图的比较优势理论及赫克歇尔－俄林－萨缪尔森模型在内）对于第二次世界大战之后国际贸易的发展已经缺乏足够的解释能力。虽然传统理论在逻辑和形式上无懈可击，但其假设条件完全不符合现实，为了更好地解释现实问题，第二次世界大战后出现了新国际贸易理论。但其后三四十年，新理论很难在整体上对国际贸易进行规范说明，也无法从根本上动摇古典贸易理论。为了取得突破性进展，20 世纪80 年代以来，很多经济学家开始运用产业组织理论和市场结构理论来解释

---

[1]　这部分观点大多由赫尔普曼与克鲁格曼的著作《市场结构和对外贸易》所得来。

国际贸易，使用不完全竞争、规模报酬递增及相异产品等概念构建经济模型来对国际贸易的产生、发展加以阐述。他们所做的主要工作是建立自己的理论模型，将各种不同的其他模型融合其中，试图从整体上对国际贸易进行新的阐述。

赫尔普曼和克鲁格曼认为，只有在完全竞争和规模报酬不变的条件下，传统贸易理论才能完全解释国际贸易，然而对于要素禀赋没有明显差异的国家之间的贸易，传统理论则缺乏解释力。这个时候，"规模经济就成了引起专业化和国际贸易的重要原因"[①]。正是在不完全竞争的条件下，由于规模经济的存在，"对于用相似要素比例生产的属于同一产业的相异产品，即使各国之间的嗜好、技术和要素禀赋都相同，也会产生国家间相异产品的产业内贸易"[②]。之后，二人还得出结论认为，"就贸易量而言，在有相异产品的世界经济和标准的赫克歇尔－俄林世界经济之间存在着根本的区别。当经济中只有无异产品时，国家相对规模对贸易量没有独立的影响，相异产品贸易的存在引出了贸易量同国家相对规模的主要联系。于是，在给定国家相对规模时，就如同在无异产品的情形一样，相对要素禀赋的差异越大，贸易量就越大；然而，这里国家大小越相似，贸易量也就越大"[③]。这个分析框架实际上并没有就国内市场结构和产品的异同对国际贸易的影响做出详尽的分析，只是指出了国家规模对于国际贸易会产生怎样的影响。但是从另一个角度来说，国家规模本身就是市场结构的一个重要组成部分。因此，二人的分析方法和分析结论对后来的研究仍然具有很强的指导性。

2.3.2   市场结构对出口贸易结构的影响

可以认为，一国的竞争优势与其出口贸易结构息息相关，而竞争优势在很大程度上又是由国内外市场结构所决定的，二者之间存在着一种因果关系。发达国家与发展中国家无论从竞争优势还是从出口商品结构方面都存在着较大的差异。本书主要着眼于讨论中国出口贸易结构问题，因此将重点放在发展中国家所面临的情况。

---

① 　[以]埃尔赫南·赫尔普曼，[美]保罗·R·克鲁格曼，《市场结构和对外贸易》，上海：上海三联书店，1993，第 7 页。
② 　同上书，第 8 页。
③ 　同上书，第 198–199 页。

2.3.2.1　国外市场结构对出口国出口贸易结构的影响

对于出口贸易来说，出口对象国的市场结构也直接影响着本国出口贸易的结构，因此首先需要对国外市场结构对本国出口贸易结构的影响做简单评述。这需要先做出一个较为贴近现实的假定，即本国市场处于一种寡占状态。如果本国市场处于完全竞争状态，无论外国厂商具有怎样的竞争优势，可能也只是在无限大的市场中占据更多的份额，不会改变市场的结构与状态。而当本国市场处于绝对垄断的情况下，外国厂商根本不可能进入本国市场，更遑论对本国市场会造成影响。

（1）出口市场为竞争性市场结构

产业组织理论对于市场结构的分析通常都是局限在一个封闭经济体内部，企业的进出对于整个市场的影响也是封闭的。当将市场由封闭状态变成开放状态之后，情况就出现变化。这个部分假设出口国面对竞争性的出口市场，判断这种性质的市场对出口国的出口贸易结构会产生怎样的影响。由于发展中国家出口商品的构成以初级产品为主，这种假设是符合事实的。

由于出口市场为竞争性市场，可以断定本国出口厂商也无法改变出口对象国的市场结构，只能是价格的接受者。然而出口国本身是寡占市场，存在着难以逾越的进入壁垒。即使有其他外来厂商的进入，仍然会保持寡占市场结构。这样出口国企业就可以在本国市场内部和世界市场上采取差别定价的方式来获取最大利润。出口国市场商品价格高于世界市场价格，并且二者差额要大于外部商品进入所需要花费成本，外部商品就会向出口国回流，这就会迫使出口国减少出口，并降低国内市场商品价格。如果情况相反的话，就会促使出口国出口商品数量进一步增加，国内商品价格也可能会随之增加。

以上分析基于仅存在商品贸易的假设，如果资本也可以跨国流动，则会出现不同的情况。出口国国内的寡占市场结构决定了厂商会获得垄断利润，这会吸引外部厂商进入，从而降低市场集中度。如果市场在位厂商无法阻止新厂商进入，面对着竞争性的国际市场结构，无法通过调整出口商品价格来弥补内部市场竞争加剧带来的损失，就只能通过加大出口产品数量，增加海外市场收益以弥补损失。由此可以判断，当出口国国内市场处于寡占结构，而海外出口市场属于竞争性市场时，外商直接投资进入出口国，厂商会做出增加出口的决定，以维持收入水平。竞争性市场结构并不多见，只有发展中国家具有竞争力的行业诸如劳动和资源密集型的产品市场才较为接近这个结构。观察进入发展中国家劳动密集型行业的外商直接投资，不难发现其主要目的是利用东道国在国际贸易中的比较优势，如低成本劳动力或者自然资源，对初级产品进行再加工后出口至国际市场以获取较高利润。由此可以认为无论出口国本国市场是竞争性市场结构还是寡占市场结构，如果世界产品市场属于竞争性市场结构，外商直接投资的进入都会增加产品出口。

与此同时，我们必须注意到这样一个事实。虽然外商直接投资进入会增加出口国产品出口的数量，但是由于劳动力密集型行业中的技术所能带来的竞争优势并不大。外商直接投资所带来的出口增加主要是以其他厂商的出口下降为代价的。对这个结论不能做出过于乐观的估计。

（2）出口市场为寡占市场结构

发达国家出口商品所面临的海外市场结构与国内类似，大多为寡占市场结构。因此，从寡占市场出口到另外一个寡占市场，就会有其固有的特点。虽然发展中国家这种情况很少，由于这种方式在国际贸易中所占据的比例最大，我们也要对其加以简要说明。与传统产业组织理论分析不同的是，两个寡占市场不处于一国之内，因此国际寡头竞争和国内寡头竞争不能一概而论。二者的主要区别就在于国际寡头竞争的市场相互分割，厂商可以针对不同的市场做出不同的决策以保证自己的收益最大化。

寡占市场的厂商都希望在限制其他厂商进入的情况下，进入另外的寡占市场以获取更多的利润。在两个寡占市场规模及厂商规模比较接近的情况下，我们可以借用囚徒困境的图形来说明两个市场上厂商的最终选择结果（图2-5）。

		B 市场企业	
		出口	不出口
A 市场企业	出口	（500，500）	（900，300）
	不出口	（300，900）	（700，700）

图2-5　两市场寡头博弈的囚徒困境

　　两个市场上的寡头厂商都面临着两种不同的选择，向对方市场出口与不向对方市场出口。在这个战略博弈中，最终的纳什均衡是（出口，出口），而两个市场上的厂商都只能向对方出口，从而获得相对较低的收益。

　　两个市场的厂商最终都会选择向对方出口，最后的结果就是两个寡占市场的市场集中度会同时下降。由于假定两个市场的容量和消费者偏好类似，在没有任何厂商具有特殊的竞争优势时，可以粗略地认为两个市场的厂商在另一个市场所能占据的市场份额大致相当。如前所述，在一个新增进入者的寡占市场中，厂商数量的增加会增加市场内部厂商的出口，站在出口国的角度，就增加了出口的数量。需要注意的是，由于不同厂商出口类似产品，即产品差异不大，出口增长只是量的增长，对不同国家的出口贸易结构并没有太大影响。

　　而对于包括中国及东亚四小龙等在内的新兴工业化国家来说，虽然随着时间的推移，这些国家的出口贸易结构都得到了较大的提升，但由于市场容量较小或消费购买力偏低等条件的限制，技术含量较高的出口商品仍然无法和其他发达国家同类产品相抗衡。因此在这些国家中，同类产品相互出口的产业内贸易的情况较少，无法纳入这个分析框架之内。

2.3.2.2　企业规模对出口贸易结构的影响

　　企业规模大小最初并没有受到经济学家的关注，经济学研究总是将企业规模视为已知，并且对市场也没有过多的影响。但在现实情况中，企业规模是一个无法被忽略的重要因素。不同生产规模的厂商在面临着市场变动时会采取不同的应对措施，单纯运用古典经济学的分析方法忽略企业规模并不符合客观实际。

　　新贸易理论出现后，企业规模对于贸易的影响才开始受到广泛关注。理论分析主要可以从生产成本及贸易成本两个方面进行。生产成本对于出口贸易的影响显而易见。产品质量相近时，价格就成了决定最终竞争结果的因素。价格越低，越有可能在国际竞争中获取优势，占据更大的市场份额。企业规模和生产成本主要是通过规模经济 ① 及范围经济 ② 等因素而联系在

---

① 在投入增加的同时，产出增加的比例超过投入增加的比例，单位产品的平均成本随产量的增加而降低，即规模收益（或规模报酬）递增；反之，产出增加的比例小于投入增加的比例，单位产品的平均成本随产量的增加而上升，即规模收益（或规模报酬）递减；当规模收益递增时，称作规模经济，规模收益递减时称作规模不经济（Diseconomies of Scale）。按照生产要素在企业

一起的。一旦企业实现了规模经济与范围经济，就会大幅度降低生产成本，从而在产品价格上具有竞争优势。不严格地说来，企业规模和生产成本之间呈负相关关系。交易成本与企业规模之间则无法总结出确切关系。不同规模厂商需要支付的交易成本，无论从构成上还是影响上都有着很大的区别，需要予以具体分析。

（1）生产成本与出口贸易结构

为了更简要地说明问题，本书做出一个假设，企业规模的扩大仍然是在规模报酬递增的阶段下进行。在企业规模类似的情况下，边际成本较低的厂商更容易将产品出口，企业的边际成本会随着企业规模的扩大而降低。在市场容量有限的情况下，厂商产生了规模效应从而扩大了生产规模市场占有率，则其他厂商的市场占有率就会相应下降，如图2-6所示。

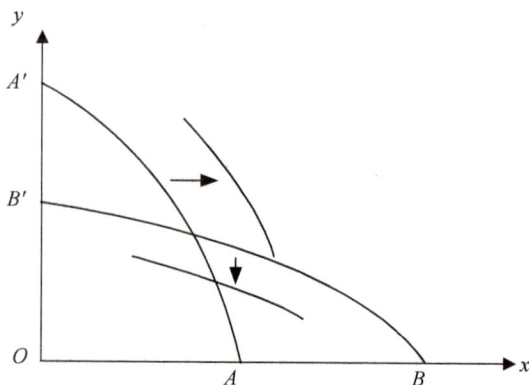

图2-6　反应曲线与对外出口

（续上页）

的集中程度和投入产出量的大小，可以把规模经济分为3个层次：第1个层次是单一产品的规模经济，指大批量生产同一产品而有可能使用专业化设备和专业技术工人所产生的规模效益；第2个层次是工厂水平上的规模经济，这种规模经济主要是因为大批量生产能够采用更先进的工艺，更大型、更专业化的设备，实现标准化、专业化和简单化作业，从而大量减少单位产品的设备投资，大量节约原材料和能源；第3个层次是多工厂水平（企业水平）上的规模经济，指生产同样产品的若干生产线（或工厂），或处于生产工艺过程不同阶段的工厂联合在一个经营实体（企业）所产生的规模效益。

② 范围经济是指一个企业同时生产多种产品相对分别生产这些产品所形成的经济性。用公式表达为：$TC(Q_x, Q_y) < TC(Q_x) + TC(Q_y)$，其中 $TC(Q_i)$ 为企业生产 i 产品的成本。范围经济的度量公式：范围经济节约率 $s = (TC(Q_x) + TC(Q_y) - TC(Q_x, Q_y) / TC(Q_x, Q_y)$。

当 A 厂商产生规模效应从而反应曲线 AA' 向外扩张之后，代表其他厂商的反应曲线 BB' 就会向内收缩。这种情况在各个寡占市场上都会出现，当这种结果出现的时候，产生规模效应的厂商就会增加总产量，并且出口增加，挤占其他厂商原本占据的市场份额。

需要注意的是，无论厂商处于哪个层次上的规模经济，都要在一个较大的范围内使用更先进的技术或工艺才能降低成本，提高生产效率。这就出现一个问题，如果一个行业扩大了规模，是否一定就会存在上面所说的规模效应。这个问题取决于该行业的特征。技术密集型行业中，这种规模效应无疑存在。而在劳动密集型行业中，这种规模效应是否存在值得怀疑。劳动密集型行业的特征决定了其竞争优势在于劳动力价格，企业规模和劳动力价格之间并不存在明显的相关关系。如果厂商采用先进技术替代劳动，这个行业本身的特征也会发生变化，而且这种额外投入也不为普通厂商所接受。

由此可得结论：厂商的规模经济效应对于降低成本、增强市场竞争力而言意义重大，但这种规模效应对于不同国家的出口贸易结构存在的影响却不同。规模效应对于发达国家的出口贸易结构会起到巩固和提高的作用，对于发展中国家，尤其是比较优势劳动密集型产业的发展中国家，规模效应对其出口贸易结构则有可能不会有太大影响。

（2）交易成本与出口贸易结构

上面所做的分析遵循古典经济理论的思路，将现实中存在的许多条件都排除在外，其结论与现实情况可能并不相符。在被忽略的种种条件中，交易成本对结果的影响可能最大，将交易成本考虑在内的分析结果可能截然相反。生产成本、交易成本及其他成本都是影响厂商市场竞争力的重要因素。单纯考虑生产成本而忽略交易成本不能得到符合现实的结果。

新制度经济学认为，忽视交易成本的存在，企业的规模将无限制扩大。在厂商内部进行生产资料分配比市场对生产资料的分配往往更迅速、合理。企业之所以存在就是为了要节约在市场上的交易成本。但企业对市场的代替也是有规模限制的，企业对市场的替代虽然节省了部分交易成本，但企业内部的运行机制也决定了企业在经营过程中会产生额外的交易成本，这个成本限制了企业的最大规模。当超过了企业最优规模，企业对市场的代替会变得更加无效率。

交易成本的大小会影响一国出口商品的数量及结构，因此首先要分析交易成本主要是由哪些因素所决定。这些因素在决定交易成本大小的同时，也决定企业规模对国际贸易所产生的影响。科斯定理的大概表述是，当交易成本为零或者交易成本很小的情况时，市场会自动将资源配置到最优状态。从中我们可以看到，交易成本影响最大同时也受其影响最大的因素就是市场。市场发展的越成熟、越完善，交易成本相应也就越小，反之亦然。对于发达国家而言，其市场发育时间较早，具有较健全的制度，在市场交易的过程中出现非经济摩擦的概率也较低。但对于发展中国家，情况就有所不同。这些国家市场发展初期处于一个较为封闭的状态，与成熟的发达市场相比有很大差距。经济发展初期，这些国家与外界经济往来很少，虽然市场发展存在很多问题但并不会集中爆发。当利用本国的竞争优势取得快速发展后，这些国家市场不成熟不完善的弱点就会暴露。为了克服这种市场不成熟不完善所支付的成本就是交易成本，其与市场发育完善程度呈负相关关系。

　　企业规模之所以和交易成本有关系，是因为不同规模的企业克服交易成本带来负面影响的能力不同。企业规模越大，其抗风险能力及发展能力就越强，在市场交易的过程中具有一定优势。这部分交易成本与企业规模呈负相关关系。[①] 根据帕蒂班德拉（Patibandla, 1995）的研究得出的结论，在印度市场上，小型企业等待支付的时间通常都要高达半年到 2 年，而大企业却很少遇到类似的情况。小规模企业所受到的这种待遇反过来更加制约了其在该市场内的健康发展，陷入恶性循环。除此之外，小规模企业在资本运用、产品宣传及技术研发等方面都与大规模企业存在差距。除非有创新产品等推动，小规模企业很难在市场上与大规模企业展开竞争。

　　由于在国内市场上与大规模企业竞争的困难，在产品出口障碍较小的条件下，小规模企业更愿意选择产品出口以规避国内市场上的高交易成本，这种出口激励对大规模企业则较小。因此可认为小规模企业更具有产品出口的倾向。

　　前文仅仅考虑了国内市场上的交易成本而忽略了其他方面可能存在的交易成本。现实条件比上面的分析要复杂得多，其中被忽略的最重要的部分就

---

① 企业市场竞争实力和企业规模之间的关系，随着时代进步与科技的发达，其相关关系已经由正相关转向不确定。对于当前世界上很多科技企业来说，虽然其规模不大，但是由于其拥有核心技术，就可以在市场上占据相对较高的份额，而且也不必过于担心交易成本等问题。但是这些企业往往集中在发达国家的高科技产业中。对于发展中国家的企业来说，这类企业相对而言较少，因此本书不做过多的区分。

是出口企业在出口市场上所遇到的交易成本。[①] 出口企业必然要衡量在两个市场上的得失，只有在出口所节省的国内市场交易成本大于出口需要额外支付交易成本的基础上，企业才会选择实际出口。

企业规模对出口市场交易成本的影响同样巨大，这种影响主要体现在 3 个方面：企业规模经济、风险规避及可获得资源。企业在贸易竞争中的商品价格，主要由企业生产成本决定，规模效应就是降低企业生产成本的最有效途径。不考虑交易成本时可以认为在市场发育不完善的国家中，规模较小的企业可能有着更高的出口偏好。在考虑出口交易成本时，规模较小企业在没有其他竞争力的前提下，生产规模无法与大规模企业抗衡。这导致了生产成本要高于大规模企业，无法更快的在海外市场扩张。从出口规模经济角度来说，规模较大企业比规模较小企业更具竞争力。

风险通常是与不确定性、利润这两个概念相关联，三者之间互呈正相关关系。也就是说不确定性越高，其所面临的风险也就越高，但是未来的收益也可能越高。[②] 企业行为的选择大多基于对风险的判断，将利润和不确定性放在次要的位置。因为企业行为选择是基于自身风险承受能力的，在考虑收益的同时必须要承担选择错误所带来的后果。对于不同规模的企业来说，承担风险的能力不同。较大规模的企业有较多的积累和经验，对于风险的感知和承受能力都胜过较小规模的企业，而且大规模企业所承担的业务无论数量还是范围都要高于小规模企业，即使做了错误的决策，其损失也可以从其他方面的收益得到弥补。相比之下，一个错误的决定就可能导致小规模企业的破产，这种风险对小规模企业来说非常致命。开拓海外市场所面临的风险更甚于国内市场，无论是销售渠道、品牌的认知度还是市场占有率等都具有极大的不确定性，企业选择出口面临着极大风险，规模较大企业比规模较小企

---

① 出口企业所要面临的出口市场交易成本主要包括：a. 出口信息的获得。企业在出口之前，必须先了解国外市场的有关信息及可以通过哪些渠道进入这些市场，这些信息的获得需要付出成本。b. 市场障碍。市场障碍是企业出口所面临的主要障碍，它包括许多方面，如建立与国外市场的联系、适应国外不同的销售方式、改进产品使其适应国外购买者需要、满足国外的邮购服务需求等，这些服务的提供不仅要求企业在产品的生产上有所改进，而且还要为在国外市场上销售进行特别的销售、管理和培训投资等。c. 本国和外国政府的有关法律和政策。从某种程度上说，某些本国和外国政府的有关法律政策也是一个障碍，如本国对代理出口和自营出口的一系列规定，国外对进口产品的特别规格和质量要求等，出口企业要适应这些规定，也必须付出一定的成本。d. 其他运行成本。企业要实现出口，还必须付出另外的一些运行成本，如通信成本、运输成本、劳动成本及有关出口文件报送、审批等。

② 详见 [美] 弗兰克·H·奈特，《风险、不确定性与利润》，北京，商务印书馆，2006。

业更有承受风险的能力。

可获得资源主要指企业对外出口过程中，需要了解的市场需求情况及对产品的特殊要求等信息资源。对生产企业而言，企业产品的需求信息及消费者的偏好是最重要的信息。对这些信息的获得需要付出较高的成本。对于资金并不充裕的小规模企业来说，在国内市场上就已经处于劣势，对于陌生的境外市场，收集到相关情报需要花费更高的成本，可能无法承受。大规模企业通常都具有较高的资金流，也有较多的闲置资源可以用来收集相关情报。虽然信息收集的成本逐步降低，但企业规模差别造成的信息不对称仍然非常严重。规模较大的企业更容易收集到相关市场信息，在不同市场实施产品差别化的战略，从而拥有较高的出口积极性。

综上所述，在不考虑交易成本的情况下，规模较小的企业应该具有更高的出口倾向，把交易成本引入分析之后，结论马上变得模糊起来。至少在单纯考虑交易成本的情况下，规模较大的企业反而更有出口倾向。综合分析判断，出口海外市场所要面临风险带来的交易成本更大，这使得企业成本的增加要高于因为出口所带来的规模效应导致的成本降低，企业规模和出口数量应呈正相关关系。

上面的讨论主要集中于国内厂商规模对出口的影响，并没有考虑外国公司进入对本国出口会有怎样的效应。进入发展中东道国的企业有两种，一种是以发达国家跨国公司为主的大规模企业，还有一种是以同为发展中国家与新兴工业化国家为主的规模较小的企业。这两种不同类型的企业进入东道国对于贸易结构存在的影响也不同。如果跨国公司进入东道国具有比较优势的行业，则出口数量会增加，而进入东道国不具有比较优势的行业的话，对出口数量的增长则不会有太多的帮助。

如果东道国具有比较优势行业技术含量不高但竞争较为激烈，产品在国际市场上具有较强竞争优势。跨国公司进入之后在东道国市场上并不具备竞争优势。这时，跨国公司具有较高的出口倾向。虽然发达国家跨国公司可能凭借资金优势占据一定东道国市场份额，但由于产品具有国际竞争力比较优势，其必然将部分产品出口以获得更高的规模经济效应。进入东道国具有比较优势行业的跨国公司，无论来自发达国家还是非发达国家，最终都会增加东道国的出口数量。虽然出口数量的增长也是东道国乐于见到的，但东道国比较优势行业的外国投资并不会改变东道国的出口贸易结构，反而对东道国的出口贸易结构有较强的固化作用。对于希望提高出口贸易结构的东道国来说，这种外商直接投资并没有太大作用。如果跨国公司进入东道国不具比较优势的行业，跨国公司的目的就不是将产品出口，产品的目标是东道国本国市场。这些跨国公司都不具有太高出口倾向。这种情况下，不同类型的跨国公司对东道国出口贸易结构就有了不同的影响。如果跨国公司来自发达国家，这种投资只是全球化生产链条上的一个环节，其产品在供应东道国市场的同时也要出口至其他市场。这些公司对国际市场上商品需求和消费者偏好都有所了解，出口交易成本对这些跨国公司影响不大。这种类型的出口不仅增加东道国出口数量，也会提高东道国出口贸易结构。来自于非发达国家的跨国公司不具备这些优势，其面临着与东道国本土企业相同的出口交易成本，不会有很高的出口积极性，对东道国出口贸易结构的提升也非常有限（表2-1）。

表 2-1　进入不同行业跨国公司对东道国贸易结构的提升作用

来自	进入行业	
	具有贸易竞争优势行业	不具有贸易竞争优势行业
发达国家	不明显	明显
发展中国家	不明显	不明显

根据上述分析，只有进入东道国不具有竞争优势的发达国家跨国公司才能对东道国出口贸易结构提升有较明显作用，以其他类型进入东道国的跨国公司对出口贸易结构提升并没有明显作用。

第3章 外商直接投资对贸易结构的间接影响

3.1 溢出效应的理论综述

3.1.1 外商直接投资技术溢出效应的研究背景

关于外商直接投资对东道国的技术溢出效应研究已经有了丰硕的成果，从现有文献来看，对这个问题的研究有两种界定范围。一些学者在研究技术溢出效应时，将技术溢出的范围囊括了东道国的各个方面，这是从外商直接投资对东道国宏观经济影响角度进行分析的。这种分析主要研究东道国经济发展水平如何受到跨国公司影响，即认定技术溢出效应可以直接影响东道国的资本、税收、就业、对外贸易及国际收支等。另一种观点则在肯定技术溢出效应对东道国整体经济发展影响的同时提出这种影响是一个相对长期的过程，很难在短期内研究出技术溢出效应从哪些方面真正影响东道国经济增长，哪些方面则与之关系不大，这也是本书所持观点。基于此，本章主要研究技术溢出效应对东道国行业层面的影响，继而分析技术溢出效应如何进一步导致东道国出口结构发生变化。由于这是一个非直接影响的过程，本书因此称其为外商直接投资对贸易结构的间接影响。[①]

对外商直接投资技术溢出效应的研究始于学者们的争论。在研究外商直接投资对东道国经济影响的过程中，有观点认为外商直接投资和跨国公司向东道国投资的过程对东道国会有一个明显的技术转移及技术扩散的效应；与之针锋相对的观点认为这种效应非常小以至于可以忽略不计。研究这个问题之前，先要厘清其中概念和理论的逻辑关系，这具有重要意义。

第一，发达国家与发展中国家存在着技术差距，这是毋是技术溢出或者

---

① 按照科库和布鲁姆斯特姆的研究（Kokko 和 Blomstrom, 2001），其将外商直接投资对东道国宏观经济的影响又称为"外商直接投资对东道国的直接影响"，而将外商直接投资对东道国企业的技术溢出效应称为"外商直接投资对东道国的间接影响"。本章标题就是受到了这两位教授的启发。

技术转移存在的基础假设。发达国家对发展中国家在技术上的领先是全方位的，包括研发、生产、管理技术及企业组织等，各方差距的汇总使得发达国家与发展中国家之间存在着很难逾越的技术鸿沟。

第二，技术在世界范围内的扩散是一个很宽泛的概念，为什么一定要研究技术转移与技术溢出？为什么技术不能作为一种简单的商品在世界范围内进行买卖？在早期的研究中，这个问题被很多学者提出过。要解释这个问题，就必须要借助于制度经济学中的信息不对称原理。作为一种看不见摸不着的事物，技术这种商品的出售者和购买者对技术本身的价值判断很难达到一致，尤其技术的使用者必须要在使用该技术一段时间之后才能对其做出客观的评价，然而购买者很难与出售者达成先使用后购买的协议。由于无法对技术做出客观评价，因此技术在市场上很难进行公平对等的交易。在世界范围内，以贸易方式进行的技术交易是很少的，大多数技术的跨国转移以跨国公司作为载体，以直接投资作为行为方式。

第三，作为理性的经济个体，跨国公司本身要参与到东道国的市场竞争中。出于利益最大化的考虑，跨国公司不愿也不可能仅仅把自己视为技术提供者。跨国公司与东道国市场内部的企业之间更多的是一种竞争关系而不是合作关系。而生产技术作为竞争优势的主要因素之一，跨国公司更不会甘愿其被竞争对手所了解和掌握。市场竞争的残酷也决定了跨国公司必须要将技术掌握在自己的手中而不是与东道国企业进行合作。

第四，即使考虑到跨国公司将技术引进东道国市场，也不意味着这种技术引进对东道国会产生明显的技术溢出效应。毕竟技术的所有权及使用权都由跨国公司控制，使用的范围、使用的方式等都无法由东道国控制。从东道国自身发展的角度来说，单纯从技术溢出效应的角度来衡量，外商直接投资对东道国是利大于弊还是弊大于利尚无定论，无法一言蔽之。

第五，世界各国的经济发达程度、技术水平的高低、居民消费的意愿、市场的容量等均存在着较大差异，外商直接投资的进入对各个东道国到底存在怎样的影响并没有定论。毕竟，我们不能认为外商直接投资进入美国和进入泰国会产生同样的效果。

正是基于理论界的众说纷纭，当前的研究热点仍然集中在外商直接投资进入东道国后对东道国整体技术水平到底有何影响。其中最令人感兴趣的领域就是跨国公司进入发展中东道国之后，在利用较东道国先进的生产技术进行生产与市场竞争的过程中，东道国本国企业是否可以通过观察、模仿及人员流动等方式提高自身的技术水平，增强市场竞争能力。这也就是外商直接投资技术溢出效应的意义所在。排除了世界经济自由化的影响因素之后，东道国政府允许外商直接投资进入当然也是为了本国可以从中获得某种利益。跨国公司占据了东道国市场并获得正收益之后，东道国政府不可能容忍跨国公司获得资本跨国流动所产生的全部利益，东道国自身也必须从中获取收益。东道国所获收益的主要表现形式就是东道国本土企业生产效率的提高。

3.1.2　技术溢出效应的概念与分类

按照通常的分类方法，技术溢出效应主要分为 4 类：第 1 类是行业内溢出效应（Intra-Industry Effect）；第 2 类是行业间溢出效应（Inter-Industry Effect）；第 3 类是人员流动溢出效应（Spillover with People Movement）；第 4 类是研究与开发溢出效应（Research and Development Effect）。

3.1.2.1　行业内溢出效应

行业内溢出效应指的是跨国公司进入东道国市场后，由于市场竞争中的均衡被打破，东道国本土企业必须调整自己的行为，使用更先进的技术以继续保持市场竞争力。短期内，本土企业很难通过自身的投资与研发得到足以与跨国公司相抗衡的技术。跨国公司进入东道国市场后，东道国本土企业通常采用模仿或学习的手段掌握与跨国公司相近的技术，以维持市场地位。跨国公司打破竞争格局后，东道国本土企业首先面临的问题就是竞争的加剧。跨国公司在东道国市场上原有的份额微乎其微，为了取得竞争优势，必然要用先进的技术和大规模的资本。一旦跨国公司在东道国市场上达成目的，占有了一定优势，东道国本企业为了保护自身已经占据的市场份额及在未来的市场上进行有效竞争，必须加大技术的研究和开发投入，提高企业的生产效率。这就是外商直接投资的竞争效应。由于技术的开发及应用是一个系统而长期的过程不可能一蹴而就，为了在短期竞争之中不至于落后于对手，东道国本土企业对跨国公司先进技术的学习和模仿是一个必经过程。通过这个手段，企业可以提高劳动生产率，增强竞争优势。这就是外商直接投资的示范效应。由于这种生产效率的提高主要是在竞争和模仿中起作用的，因此行业内溢出效应通常也被称为竞争与示范效应。

3.1.2.2　行业间溢出效应

跨国公司进入东道国后，由于不可能将所有环节的生产、销售及售后服务等工作均放置在母国进行,因而必然要与东道国其他行业的企业进行合作。一般而言,这种合作是在某个行业产业链的上下游之间进行的,因此行业间溢出效应也可以称为"上下游关联效应"。在这种效应中,主要的参与者是跨国公司在东道国的分支机构,东道国的上游供应商、下游销售商及消费者。对于上游供应商,这种行业间溢出效应主要体现在以下几方面。首先,跨国公司在生产过程中必须要遵循母公司制定的技术标准、生产方式、产品质量要求等。但东道国上游企业往往不能完全满足跨国公司的这种要求。为了自身的利益,跨国公司需要帮助上游企业进行技术改造以满足跨国公司对上游产品品质的需求。其次,为了提高上游供应商的生产水平,更好的与其产品相配套,跨国公司必须将生产厂商所应当了解和掌握的技术转移给上游供应商。在上游供应商生产的过程中,为了避免生产过程中无法控制的情况,跨国公司对供应商的生产质量进行严格的要求与把关。再次,跨国公司在整个世界范围内拥有一个完整的运转体系,上游供应商的生产管理体系要与跨国公司的企业文化相匹配,否则二者很难做到有效的合作。这要求已经进入东道国市场的跨国公司必须对东道国内的上游供应商进行培训和管理体系的改造。最后,大多数产业中都存在着规模效应,上游供应商的产量越大,客户越多,最终供应中间品的价格就会越低,也越有利于跨国公司的利益。基于生产成本方面的考虑,在特定范围内,跨国公司亦会积极帮助上游供应商寻找更多的合作伙伴与供应客户以扩大其生产规模,产生规模效应。在上述几方面作用下,跨国公司进入东道国市场会给上游供应厂商带来综合提高,这就是跨国公司对上游供应商所产生的行业间溢出效应。

对于下游厂商①,跨国公司进入东道国市场也会对其产生溢出效应。但这种效应与对上游供应商产生的效应存在一定的区别,主要体现在以下几方面。首先,跨国公司对上游厂商的要求是合作性的。只要上游供应商符合标准,跨国公司出于自身的利益考虑总会积极与之进行合作。然而,如果跨国公司的产品在东道国市场上具有较高的竞争力,跨国公司往往会对下游厂商

---

① 跨国公司在各个行业之间的分布是非常广泛的,从能源行业、农业、制造业乃至零售业都有很多具有一定规模的跨国公司的存在。但是在本书中讨论的跨国公司对东道国产生的溢出效应以制造业为主,因为制造业上承供应商,下接零售商,会最大限度对东道国经济产生积极影响。因此这里讨论的上游、下游厂商就是有意义的,否则对于零售业跨国公司来说,它们是没有下游厂商的;而对于农业、能源行业的跨国公司来说,他们一般也没有上游厂商。在后文中对此不再加以详细区分。

提出苛刻条件，要求下游厂商达到某种要求而不是帮助其满足这种要求。其次，如果跨国公司的要求实在难以依靠下游厂商自身的努力达成，才会进行必要的辅导与帮助。因此下游厂商与上游供应商的境遇不完全相同，跨国公司对下游厂商通常是要求而非合作，这是一种产业链效应。

从跨国公司的角度来说，它们通常对客户的态度最好，毕竟在市场营销学中，客户至上是一个基本原则。但与良好态度不同的是，跨国公司往往仅对客户的一些基础疑问做出回答或者对一些应用问题给予积极的响应。通常并不会将真正具有垄断性的技术转移给客户。跨国公司客户所获得的技术远远不如上下游厂商所能获得的。基于这点考虑，本书认为跨国公司在东道国市场上对其客户所具有的溢出效应可以忽略不计。

3.1.2.3　人员流动溢出效应

人员流动溢出效应也可以称作劳动力溢出效应，主要指的是跨国公司在东道国的人员更替所导致的东道国技术、管理水平的提高。人力资本的稀缺性决定跨国公司在东道国的分支机构的各个岗位不可能均由母公司指派，在东道国本土大量招募相关人是各个跨国公司所忠实执行的战略。但是对于一些东道国尤其是发展中东道国而言，本土所培养的人才很难达到跨国公司可以立即使用的水平。通常跨国公司需要对本土招募的人才进行培训及增加其他方面的人力资本投资。较本土企业而言，外资企业在东道国招聘人才通常具有优势。除了薪酬方面的竞争力之外，人才培训及良好的发展前景也具有决定性的作用。

经过培训的员工在工作能力与管理才能等方面都有较大提高，当这些员工离开跨国公司就职于东道国本土企业时，在不经意间就会将这些能力运用于企业运行的各个环节。这在微观层面上会提高企业的市场竞争力，在宏观层面上会提高东道国整体的技术水平。很多发展经济学学者认为，就外商直接投资对东道国的溢出效应而言，该层面上的溢出效应往往对东道国益处最大，对东道国的国际竞争力与技术水平都会有很大的提升。毕竟这些人才的培育在一定程度上是依靠外商直接投资的进入，单单凭借东道国的教育体系及知识水平，培养出具有这种素质的人才具有较高的难度。

3.1.2.4　研究与开发溢出效应

研究与开发溢出效应是指由于跨国公司进入东道国市场后进行技术研究与开发所导致东道国整体技术水平提高的效应。由于每个国家的市场都有其独特的需求及特点，跨国公司生产的商品不可能在各个市场上都获得相似的需求偏好，需要针对东道国的具体情况对产品进行适应性改造。[①] 商品的改造主要涉及的是技术的发明与更新，这个过程会通过其他渠道对东道国整体技术水平产生影响。此外，很多发展中国家科学技术水平与发达国家之间的差距已经日渐缩小，但相关科技人员的薪酬水平与发达国家则有着较大差距。基于成本等方面的原因，跨国公司也更愿意将一部分研究开发活动转移至东道国进行。研究的基础当然要首先从母国或者母公司引进先进技术，然后再进一步开发适合于东道国的技术，以加强市场竞争力。这种研发效率高于东道国本地公司的效率，技术溢出效应就容易出现。

3.1.3　技术溢出效应的研究回顾

不同的经济学家对技术溢出效应的研究有着不同的视角和方法。就研究国际贸易的学者们来看，他们更愿意将跨国公司看作技术的提供者，如果从这个角度分析，技术转移和商品贸易之间并没有什么明显的区别，只存在有形商品与无形商品的区别而已。产业经济学的学者们从案例着手，从产业及公司的角度对技术在世界范围内的流动模式进行研究。发展经济学家则通常对发达国家向发展中国家技术转移的合理性及适用性进行分析，并进一步研究发展中国家在技术转移过程中，整体经济状况会有怎样的反应。无论从哪个角度进行分析，学者们大多承认随着跨国公司在世界范围的扩张，其对于东道国的经济必然会有一定的促进作用，这个作用的大小主要取决于跨国公司在东道国所产生的技术溢出效应的范围和程度。

3.1.3.1　关于技术溢出效应的前期研究

凯夫斯（Caves, 1974）首先提出了外商直接投资的技术外溢效应，被理论界公认为是该研究领域的先行者。他率先使用了一个简单的计量模型研究澳大利亚及加拿大国家内部所存在的外商直接投资技术溢出效应。随着凯夫斯的研究，很多经济学家对技术溢出效应进行了实证和理论研究，对发达国家与发展中国家进行了相关的分析。他们的研究思路与研究方法虽然已经有

[①]　在这个方面，最终商品生产商表现得最为明显。因为它们是面向东道国最终消费者的，因此不可能要求消费者改变偏好来适应本公司的产品，因此进入每个东道国都必须进行市场适应性改造。比如麦当劳、肯德基等快餐跨国公司，就必须针对各个国家的不同市场进行新产品的开发与改造，否则很难赢得东道国消费者的青睐。

了长足发展，但在核心思想上都属于凯夫斯观点的延续。因此，关于技术溢出效应早期的研究主要集中于对某个时期的某个国家而言，外商直接投资是否存在技术溢出效应。判断是否存在的标准很简单，就是从时间和总量上进行分析，是否在跨国公司进入东道国后短时间内就发生了明显的溢出效应，如果没有即时产生溢出效应，是否会在将来一定时段内产生；如果可以确定产生了溢出效应，那么是否存在增量效应[①]。为了判断这些指标，学者们通常都会建立一个基础模型，用这个模型对特定国家的特定时段内的种种数据进行检验，用计量检验的结果来判断外商直接投资溢出效应是否存在。

考察外商直接投资技术溢出效应主要有两种模型。

（1）人均劳动生产率模型

第一种方法是由凯夫斯于 1974 年提出的。当外商直接投资进入东道国后，将整个产业的劳动生产率变化与跨国公司在市场中的参与程度联系起来，用计量模型检验国内企业的劳动生产率是否与跨国公司的进入呈正相关关系。凯夫斯认为，外商直接投资的技术溢出效应主要可以体现在 3 个方面，包括可分配效率（Allocative Efficiency）、技术效率（Technical Efficiency）及技术转移（Technology Transfer）。[②]针对溢出效应的检验，凯夫斯建立了"人均劳动生产率模型"，其基本形式如下：

$$LP = \alpha_0 + \alpha_1 FDI + \alpha_2 \frac{K}{L} + \alpha_3 LQ + e。 \qquad （3-1）$$

在这个模型中，被解释变量 LP 为人均工业增加值，即企业的工业增加

---

① 增量效应（Incremental Effect）并不仅仅存在于外商直接投资技术溢出效应中，其是泛指经济活动单位"从无到有"或者说"从少到多"带来的规模扩张和速度提高，或指与给定或已知的条件相比，在新条件下的总结果（如收入、费用或收益）的变化量。研究技术溢出效应中的增量效应就是考察外商直接投资进入东道国后，是否会对东道国的产出及技术等有一个量的增长。

② 分配效率指的是这样一种溢出效应，在外商直接投资进入东道国市场前，东道国市场处于一种垄断均衡的状态，而且这种市场也具有较高的进入壁垒，东道国本土意图进入该市场的竞争者面临着很大的困难。而跨国公司携着资本、技术及人力资本等方面的优势强行进入之后，就会加剧市场上的竞争程度。竞争程度的加剧会在某种程度上增加资源分配的效率，虽然对原来市场上已经存在的垄断厂商而言可能会有净福利损失，但是对于东道国整个市场则是净福利的增加，整个行业都会从中受益。技术效率指的是上文曾经分析过的竞争与示范效应。由于跨国公司进入东道国市场，利用自身技术优势取得了竞争的优势，为了弥补这种技术上的缺口，东道国本土的企业必须也要加快自己的研发脚步，通过自身的技术探索及对跨国公司先进技术的模仿，在整体上提高东道国整个行业的技术水平。技术转移则很好理解，跨国公司在东道国的分支企业之所以可以取得竞争上的某种优势，来源于母公司的技术是很重要的一个因素。而分支企业掌握了这些技术后，本国企业通过上述种种渠道与方式也会取得技术上的进入，从而提高东道国整个行业的技术水平。

值与企业职工总数之比。外商直接投资不是传统意义上的外商直接投资，而是指外商直接投资在行业总资产中的比重，K/L 为资本劳动比率，LQ 为东道国本国企业劳动力质量。在这个模型中，如果回归结果可以得到 $\alpha_1 > 0$，就可以认定外商直接投资对东道国具有确实的技术溢出效应。由于外商直接投资的可分配效率溢出效应很难得到标准量化的形式，后来的学者普遍认为技术效率溢出效应与技术转移溢出效应可以更好地反映外商直接投资溢出效应的实质，而人均工业增加值可以较好地表述这两种效应，因此这个经济指标也被后来的研究者所普遍采用。

布鲁姆斯特姆（Blomstrom, 1986）尝试对人均工业增加值这一指标进行修正。他认为外商直接投资的技术溢出效应主要表现为整个行业劳动生产率的提高。如果使用产值增加来表述效率提高，并不能很恰当的得出分析结论。为了更精确地描述技术溢出效应，必须引入企业生产效率这个指标。布鲁姆斯特姆所修正的指标主要由两部分数据构成，即行业人均劳动生产率最高的企业与行业中平均人均劳动生产率之差比上人均劳动生产率最高企业的劳动生产率。这个指标最终反映了一个行业内部企业劳动生产率差距的变化。虽然布鲁姆斯特姆对被解释变量进行了修正，但是修正后的变量仍然承袭了凯夫斯的思想，只是在技术手段上更为严谨。

对于被解释变量的选择，学术界基本达成共识。与其相比，解释变量的选择不仅更为重要而且存在争议。研究外商直接投资对东道国的技术溢出效应，首先需要确定在东道国生产率的提高中，哪些部分由外商直接投资的进入催生。大多数学者就该问题达成共识，认为外商直接投资在行业内部的参与程度是关键所在。然而，参与程度是一个抽象概念，无法直接描述，必须引入其他的变量。学术界正是在此产生分歧。一般来说有 3 种意见：第一，用跨国公司所在东道国的分支企业销售收入来表示；第二，用跨国公司所在东道国分支企业拥有的资产来表示；第三，用跨国公司所在东道国分支企业中雇用的员工数量来表示。事实上，这 3 种变量或多或少都存在缺陷。就三者之间的权衡而言，后两者的实用程度无疑更好一点。毕竟，由于跨国公司内部定价机制及进出口等不确定因素的存在，销售收入这个变量无法准确表达跨国公司在东道国行业内部的参与程度。除此之外，对于其他解释变量的选取并没有遭遇太多的分歧，相关的研究模型包括诸如"人均资本量""劳动力质量"及"跨国公司分支企业研发资金"等。

（2）柯布－道格拉斯生产函数模型

第二种方法就是采用柯布－道格拉斯函数的变形来探讨外商直接投资技术溢出效应是否存在。柯布－道格拉斯函数的传统形式为：

$$Y = AL^{\alpha}K^{\beta}, \tag{3-2}$$

两边取对数，得：

$$\ln Y = \gamma + \alpha \ln L + \beta \ln K + A。 \tag{3-3}$$

在柯布－道格拉斯函数中，Y 为产出、L 为劳动力、K 为资本。A 主要表示的是与劳动生产率相关的因素。在研究技术溢出效应的过程中，这个 A 就是我们要分析的变量。因此，很多学者将 A 假定为一个关于外商直接投资的等式，再将该等式带回柯布－道格拉斯函数的变形中，最后得到研究溢出效应的最终等式：

$$\ln Y = \gamma + \alpha \ln L + \beta \ln K + \eta FDI + e。 \tag{3-4}$$

3.1.3.2　关于外商直接投资技术溢出效应的近期研究

外商直接投资技术溢出效应的早期研究主要集中于什么是技术溢出效应及技术溢出效应是否存在的问题上。在研究展开之后，学者们开始思考与之相关的其他问题。是什么因素导致了技术溢出效应，又有哪些因素制约或者促进技术溢出效应的发生，而具备了这些因素后，又是怎么样的一种作用机制推动了技术溢出效应真实存在。

之所以要研究推动技术溢出效应的因素与机制，主要原因在于学者们在研究技术溢出效应时，即使使用相同的原始模型，对不同国家进行的实证研究也得出了不同的结论。暂时不考虑模型的有效性，这种不同结论的出现可能由东道国政治经济因素差异而导致。外商直接投资进入不同的东道国后，不同的微观和宏观因素都使得技术溢出效应的作用机制发生了变化。

（1）影响技术溢出效应的因素分析

对于这个问题的分析，学者们已经取得了很大的进展并达成了某种程度上的一致。外商直接投资进入东道国后将受到各种因素的影响。学者们将这些可以对外商直接投资技术溢出效应产生影响的因素在 3 个层面上进行了分析，分别为宏观层面、行业层面及微观企业层面。

①宏观层面因素的影响

宏观层面主要指的是东道国对外商直接投资的态度及依此做出的政治决策，大多与一国开放程度有关。一国对国内市场的保护程度、对贸易所设置的壁垒、对外商直接投资参与本国市场竞争的允许程度等无不关系到技术溢出效应最终的作用。

布鲁姆斯特姆和泊松（Blomstrom and Persson, 1983）借助于有效保护率 [①] 这一概念，以墨西哥为例，对外商直接投资所产生的技术溢出效应进行了检验。最终结果是有效保护率对外商直接投资进入后的国内生产率没有任何影响。这个结论的政策意义就是如果政府设置关税的目的不仅仅是为了保护本国行业及企业的利益，还包括意图获得外商直接投资并从中获取先进技术，那么，很可能目的无法达成。后来又有学者对印度尼西亚的数据进行了类似的研究，最终结论与布鲁姆斯特姆所得出的结论类似，都认为有效保护率对外商直接投资的技术溢出效应并没有明显的影响。

关税的有效保护率并不能代表所有保护性政策的影响，在当前 WTO 的框架下，关税所能起到的各种作用已经日趋式微。各种非关税贸易壁垒则已经成为一国保护国内市场的主流手段。哈代德和哈里森（Haddad and Harrison, 1993）在研究摩洛哥制造业的论文中，加入了关税与非关税壁垒的解释变量。实证分析的结果证明，二者对溢出效应都没有显著的影响。不仅如此，政府所制定的这些保护措施反而会阻碍东道国本地企业与跨国公司之间生产率差距的缩小。

很多东道国尤其一些发展中东道国都对外商直接投资制定了详尽的控制措施，限制跨国公司进入某些行业甚至禁止进入。这种限制对外商直接投资的技术溢出效应无疑产生了显著影响。那这种影响究竟如何？学者们的研究均表明，只有在跨国公司参与程度较高的行业中才会产生较明显的技术溢出效应。依照这些学者的研究成果可以得出结论，一国政府所制定的限制外商直接投资政策的严格程度与技术溢出效应成反比。

②行业层面因素的影响

在研究分析外商直接投资技术溢出效应时，很多学者对东道国行业技术水平加以特别注意。这是可以理解的。东道国之所以积极引进外商直接投资主要就是为了借鉴其先进技术以提高本国同行业及相关行业的劳动生产率。因此跨国公司东道国同行业的技术水平是一个非常重要的变量。技术溢出效

① 所谓有效保护率是指征收关税后使受保护行业每单位最终产品附加价值增加的百分比。所谓附加价值是最终产品价格减去用来生产该产品的进口投入品成本。如最终产品 A 在不征收关税时的单位产品的附加价值为 V，征收关税后的附加价值增加到 V'，那么附加价值的增加率，也就是有效保护率 $G = (V' - V) / V$。

应是一种被动效应而非东道国主动追求的结果。跨国公司所带来的先进技术其并不会主动普及进而促进行业生产率的提高。东道国该行业是否可以获得希望中的技术溢出效应在很大程度上由行业原因的技术水平决定。

迄今为止，关于东道国行业技术水平对于技术溢出效应的影响问题存在着不同的看法。有学者认为，跨国公司所引进的技术如果要引起东道国行业整体的技术水平提高，那么这种技术必须与东道国技术水平相匹配。或者说跨国公司所使用的技术如果对技术、资本要求均较高，可能在技术水平较低的东道国内无法形成可测的技术溢出效应。也有学者研究指出，跨国公司与东道国同行业技术水平差距越大越有利于技术在东道国的扩散和传播。两种观点针锋相对，在使用葡萄牙的数据对该问题进行新的验证之后，最终得出结论认为，当东道国本土企业与跨国公司的技术差距处于 50% ～ 80% 时，可以计算出较高的技术溢出效应。也就是说本土企业与跨国公司之间技术差距处在某个范围内时，外商直接投资技术溢出效应最大（Flores, Lisboan 和 Santos, 2000）。

除了行业技术能力之外，影响外商直接投资技术溢出效应的行业要素还包括行业特征及行业竞争能力等。行业特征主要指的是外商直接投资进入的行业要素密集度。有学者使用英国的数据进行实证分析，最终认为外商直接投资进入劳动密集型行业所产生的技术溢出效应不明显。因为劳动密集型行业中主要是利用劳动力进行生产，技术对生产率的提高不可能一蹴而就，外国资本进入之后即使生产率高于东道国本土企业，也很难提高东道国同行业企业的生产率（Driffield 和 Maxmnuday, 2001）。艾肯和哈里森（Aitken 和 Harrison, 1999）在对委内瑞拉的研究中采用了外资进入行业的企业规模作为分析要素。最终结果认为外商直接投资的进入对东道国的所有企业都有负面影响，在小规模企业中这种负面效应更加明显。虽然这个结论并不具备普适性，但至少表明外商直接投资对东道国企业存在负面影响，尤其小规模的企业受影响更严重，这给之后的研究提供了一种别致的思路。

③企业微观层面因素的影响

政策层面因素与行业层面因素对外商直接投资技术溢出效应都产生了重要影响。除此之外，企业自身的因素也不可忽略。这里所指企业既包括跨国公司也包括东道国本土企业。不同企业对于技术溢出效应的影响因素也大不相同。跨国公司进入东道国市场的目的是在新的市场竞争中获益，因此其技术水平、面临的竞争激烈程度及进入市场之后的地位都会对技术溢出效应有较大影响。东道国本土企业在跨国公司进入的过程中主要扮演的是竞争者及技术吸收者的角色，自身竞争能力及技术能力则显得更为重要。

　　跨国公司相对于东道国企业的技术能力决定了技术溢出效应是否存在及存在程度。当跨国公司具有更先进技术时，东道国市场上往往会具有比较明显的技术溢出效应；如果跨国公司与东道国企业二者之间技术相差不显著，则不会有明显的技术溢出效应的发生；如果跨国公司的劳动生产率低于东道国本土企业劳动生产率，往往会有负向的技术溢出效应发生（Haskel, Pereira 和 Slaughter, 2002）。

　　技术溢出效应对东道国企业的影响程度取决于东道国企业自身的技术能力。在跨国公司进入东道国市场并有了技术溢出的先决条件之后，技术溢出效应影响程度的大小就要由东道国本土企业的技术能力所决定。如果企业本身所掌握的技术能力可以消化吸收外来的先进技术，就会产生明显的技术溢出效应；如果东道国本土企业无法完全吸收掌握这种先进技术，可能不但无法提高自身的劳动生产率，还会被动的扩大与跨国公司之间的技术差距，从而在市场竞争上更加居于劣势。这是从东道国本土企业自身的角度而非从整个行业的角度来考虑。由于跨国公司进入东道国之后，整个行业的劳动生产率一般都会提高，如果将整个行业作为研究对象，就会得出技术溢出效应明显的结论，可是如果只是将东道国本土企业作为研究对象，就会从劳动生产率是否提高的观察中得出更客观的结论。基于此，有学者认为，在研发水平较高的行业中，跨国公司的进入会使得内外资企业拉开更大的差距（Barrios, 2000）。也有学者通过研究英国制造业数据，得出了与跨国公司存在较大差距的国内企业往往受益较多的结论（Haskel, Pereira 和 Slaughter, 2002）。从客观的角度评述，对发展中国家来说，外商直接投资带来的与本国发展水平差距较大的先进技术，难以真正为本土企业所用。因此本书更支持前一种说法。

　　（2）影响技术溢出效应的机制分析

　　前文曾经谈及，在利用不同时段不同国家的数据来验证外商直接投资技术溢出效应是否存在及存在的程度这个议题上，学术界仍然无法得到一致的结论。由于研究使用的模型都基于同样的根基，理论与方法论都没有太大的冲突。因此可以暂时不思考方法论的问题，仅就为什么有的国家存在明显的技术溢出效应，而其他国家则无法观察到类似的效应这一问题进行分析。外商直接投资对东道国技术溢出效应主要通过竞争与示范两个渠道发生作用。因此，技术溢出效应实证问题争论的出现，会不会与竞争和示范效应在不同国家依赖不同的作用机制有关呢？学者们对这个问题也进行了分析和讨论。

王和布鲁姆斯特姆（Wang 和 Blomstrom, 1992）构建了一个简单的理论模型分析技术溢出效应的机制问题。他们认为，外商直接投资的技术溢出效应具有一种自我强化的作用，因为技术水平在很大程度上决定企业在市场中的竞争地位。跨国公司的技术优势对于东道国本土企业构成了一种威胁，加速了东道国本土企业对技术研究的投入，提高自己的技术水平。这种提高反过来对跨国公司又产生了竞争压力，迫使跨国公司加快自己的研发投入或者从母公司引进更加先进的技术，对东道国本土企业造成更大的压力。这是一个循环及自我强化的过程，表明了技术溢出效应可以进一步得到放大。

总体而言，外商直接投资技术溢出效应的研究并没有太多的成果，虽然这包括竞争与示范两个方面的内容，但是大多数研究从竞争的角度出发。这是一个很好理解的问题。毕竟示范本身就是一个广义和模糊的词汇，没有人可以清楚地定义出到底哪些技术是通过学习和模仿而得到的，哪些技术则是通过企业自身研发而得到的。很多时候，技术进步涉及知识产权，本土企业往往讳莫如深，这些都加大了示范效应研究的难度。此外，示范效应和竞争效应之间也没有清楚的界线。技术溢出效应由两方面的效应综合引发，无法清楚界定的问题自然也无法清楚地加以分析和研究。因此，也有学者认为，技术溢出效应往往由竞争机制主导（Blomstrom 和 Kokko, 2001）。

3.1.3.3　关于东道国学习能力的研究

探讨了技术溢出效应研究之后，我们还必须要思考另一个与之息息相关的问题，即东道国本身学习能力对技术溢出效应的影响。技术溢出效应的最终结果是导致了东道国生产效率的提高。或者说，生产效率的提高才是衡量一国内部技术溢出效应的最终指标。生产效率的提高在多大程度上由外商直接投资所导致，则与东道国的学习能力有直接的关系。首先提出东道国学习能力的是科恩与列文绍（Cohen 和 Levinthal, 1989），他们提出企业的研发投入会增强自身吸收外来技术的能力，这种能力的提高反过来又会加快外来技术投入的速度。后来学者们对这一观点进行了深入分析，试图解释外商直接投资技术溢出效应会在多大程度上受到东道国吸收学习能力的影响。这些研究涵盖了众多领域，如 R&D、人力资本、市场开发程度、知识产权保护等。如果说之前的理论主要是从投资母国或者跨国公司的角度进行探讨，那么，这些研究主要是从东道国的角度来考虑外商直接投资的技术溢出效应，基本集中在以下几个方面：从技术角度考虑的吸收与学习能力、人力资本在吸收与学习外来技术中的作用及其他一些因素。

（1）从技术角度考虑的吸收与学习能力

对于东道国吸收外来技术以促进本国技术进步这个问题，在学术界有着不同的看法。基于新增长理论的观点，一些学者认为，随着跨国公司的发展速度及技术在世界范围内流动的加快，技术溢出的速度与投资母国和东道国之间的技术能力差距成正比。也就是说，如果在外商直接投资进入东道国之前，投资母国的技术与东道国的技术差距越大，在投资进入东道国之后所能产生的技术溢出效应可能就会越强，东道国就有可能利用其后发优势实现大幅度的追赶。这也就是所谓的技术趋同效应（Barro 和 Marin, 1995）。然而，很多进行实证研究的学者并不赞同这一结论。实证研究表明，在跨国公司的技术水平远远超过东道国国内技术水平的情况下，技术溢出效应是难以观察到的。

两种不同结论的出现并不是因为研究方法或者思路不一致，其根源在于对知识产品性质的不同认识。由罗默（Romer, 1986）所开创的新增长理论认为，知识是非竞争性的、带有公共物品性质的产品。知识的创建需要耗费大量的人力物力，但是知识一旦被创造出来，对知识的模仿及学习的成本很低。将知识的这种性质推广至整个世界范围来看，就意味着投资母国将新技术带进东道国，东道国模仿和学习这种技术所需要的成本是非常低廉的，与之相对比的是创造或者发明这种技术却需要投入大量的成本。正是由于这种成本差异导致了东道国与投资母国最后存在一种技术收敛的现象。将这种理论用于研究外商直接投资技术溢出效应，就会得出母国与东道国技术差异越大，技术溢出效应越明显的结论。

新增长理论的这种观点受到了很多学者的质疑。这些学者指出，新增长理论所依赖的前提假设是错误的。对于知识产品来说，其模仿成本可能确实低于研发成本，但这并不能得出投资母国与东道国之间技术差距与溢出效应成正比的结论。知识和技术都是逐渐积累和循序渐进的过程，新技术和知识建立在过去的技术和知识的基础之上。忽略这个因素必然会得出错误的结论。新增长理论恰恰没有认识到这个因素的重要作用。知识积累的过程不但有助于开发出新的成果，而且会增强企业乃至整个行业的学习和模仿其他先进技术的能力。因此国家间技术差距与技术溢出效应之间并不是一种正比的关系。

如果东道国和投资母国之间技术差距过大，即使投资国向东道国转移了先进技术，也很可能会由于东道国本身技术水平过低导致无法吸收这种先进技术。国家间的技术收敛应该是一种条件收敛而不是绝对收敛。收敛的主要条件之一是两国技术差距必须要保证技术落后国家可以有效学习吸收技术先进国家所提供的技术（Verspangen，1992）。

这种观点与一些学者实证分析所得到的结果可以相互验证。如果投资母国与东道国技术差距保持在一定范围内，技术的转移在东道国会造成最大限度的生产率提高，也就是说会产生较高的技术溢出效应。但是如果二者技术差距过大，投资国所引进的先进技术无法为东道国本土企业消化和吸收，这时反而可能对东道国的整体技术水平不会有太大的帮助，很难观察溢出效应的高低。

（2）人力资本对东道国吸收和学习知识的影响

长久以来，主流经济学理论一直认为资本与劳动之间存在着一种不平衡的状态，而资本对劳动的雇佣是最优的企业制度安排。然而，这种理论已经不再适合于当前流行的企业制度。资本对劳动的优势并不是绝对的，这种优势会随着经济的发展、专有知识在企业中的作用的增大及人力资本优势的发挥而逐渐地遭到削弱甚至发生逆转。此外，还要考虑到资本市场的发展使得筹措资本越来越容易，而人力资本的重要性使企业中对人才的重视程度经常会强于物质资本。因此，现实情况是古典经济学假设的偏离，物质资本性质是同一的，仍然显示出一定的通用性，而人力资本的专用性却在逐步加强。

人力资本的概念最早由舒尔茨（Shultze，1960）提出。他认为，全面的资本概念应当包括人和物两个方面，即人力资本和物质资本。人力资本包括量和质两方面。社会从事有用工作的人数、劳动时间等是量化的人力资本，代表该社会具有一定质量人力资本的数量；而人的技艺、知识、熟练程度与其他类似影响人类从事生产性工作能力的要素，则是质的方面。对人力资本而言，舒尔茨更加强调后者，认为它是人力资本概念的内涵。在此基础上提出，所谓人力资本是凝结在劳动者身上的知识、技能及其所表现出来的能力，它对生产起促进作用，是生产增长的主要因素，也是具有经济价值的一种资本。其后，贝克尔（Becker，1987）、萨罗（Thurow，1970）等人对人力资本的概念进行了更深入的研究，其思路与舒尔茨一脉相承。本书不进一步对他们的研究成果加以阐述。

尽管人力资本理论强调了对人的投资，但对投资过程中起作用的各种因素没有确切的阐述。物质资本在增长理论中相对而言占用比较重要的地位，但随着经济的发展，经济增长方式发生了很大的变动，被古典增长理论所忽略的种种因素如知识、思想、管理理念等变得越来越重要。因此，卢卡斯（Lucas, 1988）、罗默（Romer, 1990）等人在新增长理论中对人力资本进行了全新的剖析。他们认为人力资本与技术进步之间是一种相互替代的关系，对于资本的边际报酬递减的约束会由于人力资本因素的引入而得到降低。在他们看来，即使没有明显的技术进步，一个经济体也会因为人力资本的积累而导致长期人均增长。

基于新增长理论的模型，伯伦斯坦因（Borensztein, 1998）使用从工业化国家向发展中国家进行直接投资 20 年来的数据建立了一个关于外商直接投资对东道国经济增长率影响的回归方程：

$$g = c_0 + c_1 FDI + c_2 FDI \times H + c_3 H + c_4 Y_0 + c_5 A。 \hspace{2cm} （3-5）$$

其中，g 是经济增长率，FDI 为外商直接投资，H 为人力资本存量，Y_0 为初始人均产值，A 为影响经济发展的其他变量。计量结果显示外商直接投资作为引进专有技术的桥梁，相对国内投资而言对东道国的经济增长起着更重要的作用。然而，这个结果建立在东道国具有最低限度的人力资本储存量的前提下。人力资本储存量决定了东道国是否可以充分吸收掌握跨国公司所转移的技术。在模型中，回归结果表示为回归项 $FDI \times H$ 的系数 c_2 远远高于回归项 FDI 的系数 c_1。

科勒（Keller, 1996）发展了迪克西特与斯蒂格里茨（Dixit 和 Stiglitz, 1977）的模型，对东亚和南美发展中国家的增长进行了探讨。科勒之所以开展该项研究，是因为东亚与南美的发展中国家都实施了外向型政策发展本国经济，但是最终结果却有着很大区别。除了所谓"出口替代"与"进口替代"等传统理论的分析外，科勒认为还有其他的原因可以解释这个问题。他的研究结果表明，两个地区之所以会出现发展速度的不同主要在于人力资本积累的差距。相对于南美洲国家来说，东亚地区国家更注重教育的投入，在人力资本积累速度上也要高于南美洲国家，这些举动最终导致了经济发展速度的不同。

我们可以借助内生技术增长理论来探讨其政策含义。一个国家如果要达到某种速度的经济增长，人力资本存量非常关键。而要突破人力资本存量的界限，从而摆脱人力资本存量与低经济增长率二者的恶性循环，发展中国家必须通过更开放的政策，利用技术溢出效应在尽可能短的时间内缩短与发达国家之间的差距。

在伯伦斯坦因之后，很多学者从人力资本结构、国家对外开放政策及人力资本存量临界值等方面继续进行该议题的研究。大多数研究结果认为东道国人力资本对于技术的学习和吸收存在着非常重要的影响。

（3）影响吸收与学习的其他因素

伯伦斯坦因从一个新的角度分析了外商直接投资对东道国经济增长及其学习和吸收技术的能力有什么影响，激发了其他学者的研究热情。既然人力资本对于这个问题有重要的影响，那么除人力资本之外，是否还有其他因素与东道国吸收与学习外来技术相关呢？针对这个问题的理论研究大多承袭了伯伦斯坦因的思路，突破了以往研究外商直接投资溢出效应的藩篱，从多个角度研究影响东道国对外来技术吸收和学习的因素。这些研究主要是从金融市场完善程度、产业关联程度、无形资产保护程度等几个方面来着手，突破了传统研究的桎梏，让理论得以更加靠近现实。

在技术的国际转移过程中，东道国企业购买及跨国公司的技术转让是一个必要环节，东道国本地企业是否可以有效率地学习与吸收则是由另外一些因素所决定的。其中，东道国的金融市场完善程度是重要条件。在技术转移的前期和后期，技术学习和转让都必须借助于东道国的金融市场。在技术转移前期，作为转让技术的费用，东道国本土企业必须先支出一笔不菲的资金，其中包括谈判费用、购买费用及添置设备等的费用。由于知识的外部性，跨国公司转让技术需要一笔很高的转让费用，东道国国内企业一般不愿也无力承担所有支出，需要从市场上筹措一部分资金。此时，东道国企业是否可以在有效时间内从国内金融市场上筹措到资金，主要取决于东道国本土金融市场的完善程度。在技术转移后期，由于技术的掌握及本地化改造等都需要大量资本作为支持，东道国本土企业仍然需要在本国金融市场上获得足够的支持。通常而言，所需资本很少得到国家层面的支持，而由企业一己之力承担也并不妥当。根据戈麦斯和林辛克（Hermes 和 Lensink, 2000）对 67 个发展中国家的研究，之所以亚洲和美洲国家在技术的学习和吸收方面要好于非洲国家，一个主要原因就是因为亚洲和美洲国家具备较为完善的金融市场，这个条件很好地促进了技术的学习及扩散。非洲国家政治局面的不稳定所导致的金融市场建设不完善严重阻碍了对技术的学习和吸收。

东道国产业关联效应对技术的学习和吸收也起着重要作用。意大利地区之所以可以形成完善的制造业环境，主要就是因为当地存在良好的产业关联结构。基于这种结构对地区经济发展及技术进步影响的深远性，可以将这种由于上下游企业的关联效应导致知识技术吸收和学习加速的效应称为"聚集效应"（Barrel 和 Pain, 1999）。

无形知识产权的保护在很大程度上也影响着东道国企业对知识技术吸收和学习的效率。东道国对知识产权保护的得当会吸引跨国公司引进高技术产品和先进技术，对东道国进行技术投资。如果东道国对知识产权保护不力，相应地，跨国公司会减少技术的引进及投资。现阶段西方发达国家对我国的知识产权保护颇有微词，抛开其保护自身利益的观点而从我国经济发展及技术发展的角度来看，健全这方面的立法和强化保护措施仍然是非常必要的。

除此之外，一些学者还从其他方面出发进行了细致谨慎的研究，其中包括了东道国市场开放程度、政府政策、行政效率等因素。大多数的经济政治因素或多或少具有一定程度的影响。随着新增长理论的发展，对这个领域的研究已经进入到了一个崭新的阶段。然而研究方法和理论框架的缺失使得大多数研究都局限于使用经典模型对某些国家进行实证分析。由于变量选取的不同及概念界定的模糊，研究结果之间也存在较大的差别。如何克服这些缺陷是未来努力的方向。

3.2　技术溢出效应对东道国的影响

3.2.1　技术溢出效应对东道国比较优势的影响

技术溢出效应对东道国比较优势的影响由众多因素决定，主要包括东道国在国际贸易中原本的比较优势、东道国自身的技术水平、东道国就业程度及东道国创新的能力等。下面将就这些因素一一进行探讨。

3.2.1.1　东道国原本的比较优势

按照大卫·李嘉图的比较优势理论，一国在国际贸易中的地位由本国比较优势决定。具有不同比较优势的国家技术水平的变动对其比较优势产生不同的影响。

对那些以资本和技术密集型产品为比较优势的国家而言，技术水平的提高会加强自身的比较优势。对资本密集型产品而言，技术水平的提高意味着在投入等量资本的前提下，会生产出更多的商品，即劳动生产率的提高。劳动生产率的提高就会在投入不变的情况下，降低生产商品的成本。该国商品在国际竞争中就会有价格优势，从而提高了该国的比较优势。对于技术密集型产品来说，技术水平的提高自然就会增加该国在国际贸易中的竞争优势。

对以资本密集和技术密集型产品为比较优势的发达国家而言，技术水平的提高会增强本国竞争力与国际竞争中的比较优势。然而，对于发展中国家来说，是否可以得到相同的结论并无定论。以劳动密集型产品为比较优势的大多数发展中国家①，技术水平的提高很可能并不能必然带来竞争力增强的结果。从长期来看，作为劳动和资本的结合方式，技术受劳动和资本各自稀缺程度的影响。当技术的价格上升时，市场上必然会采用更多的劳动来替代技术以节省成本，而当劳动的价格上升时，市场也要采取类似的手段，以技术替代劳动。

在某种技术水平下，劳动和技术可以说是相互替代的。在技术水平并不高的情况下，劳动对于技术的替代较易发生，但这种替代的发生并非随心所欲、没有任何限制。劳动替代型技术要求生产者对于知识的积累达到一定程度，之后随着知识积累的不断增长，技术方可对劳动进行替代。在一定知识积累的前提下，劳动力价格上升以后，在该国市场上就可以观察到产业和知识同时升级的情况。这只是在封闭市场内部进行的理论推导，如果把限制条件改为开放经济，国内市场上对于劳动和技术的使用比例就不再只由技术和劳动的价格所决定，还要将外来资本进入导致东道国市场条件变动等因素考虑进来。

一般来说，依靠东道国自身的技术能力，劳动生产率即使提高也不会发生质的变化。如果跨国公司更快地提高东道国劳动生产率，则会对东道国产业特征产生影响。即使跨国公司有可能推动东道国的比较优势从劳动密集型向资本或者技术密集型的转变，这种转变也不能肯定说是有利的。对于东道国来讲，这种转变会提高国家整体的劳动生产率，但是，这种性质的转变很可能会令东道国丧失在国际竞争中的竞争优势。也就是说原本只需要在国内市场上承受的转变成本，在拓展到开放条件的条件下会被成倍放大。

对于外商直接投资所产生的技术溢出效应，要具体情况具体分析，不能一概而论。在有些情况下，这种溢出效应对于东道国在国际贸易中的比较优

---

① 发展中国家主要以劳动密集型产品和资源密集型产品为主要的国际贸易比较优势，而对于资源密集型产品而言，由于当前国际上对于资源产品处于一个供不应求的阶段，虽然技术水平提高有助于劳动生产率的提高，但是在国际竞争中，这种技术水平的提高并不会对整体的供求有太大的影响，因此在下文中不做具体的分析。

势具有正面作用。但在另外一些情况下，这种技术溢出效应却具有负面作用。

3.2.1.2　东道国自身的技术水平

一国的劳动生产率通常是指国内所有生产厂商劳动生产率的加权平均数。当跨国公司进入东道国市场后，东道国国内劳动生产率会有一定的提升。但这种数量上的增长并不是东道国政府吸引外商直接投资希望得到的最终效应。政府所希望的往往是跨国公司的进入导致东道国本土企业劳动生产率的提高。因此，采用东道国国内厂商劳动生产率的变动更能反映外商直接投资的技术溢出效应。也就是说，跨国公司进入东道国是否真实的促使东道国本土企业劳动生产率提高。要解决这个问题，首先要回答东道国本土企业自身的技术水平在外商直接投资进入的过程中是否得到了提高。

先进技术进入东道国后对于东道国劳动生产率是否存在明显的促进作用？对于这个问题，东道国本国的初始技术水平是一个重要的因素。毕竟东道国本身的技术水平对吸收外来技术而言至关重要，其强度与本国技术和外来技术的差距密切相关。当二者之间差距不大时，本国企业通过对外来技术的学习和模仿会加快本国技术水平的提高。这就是一种非零和博弈，东道国本国企业和跨国公司都会在这种投资过程中获得受益，二者的分歧仅仅存在于利益的分配上。当二者差距过大时，东道国企业无法学习和模仿外来技术，这时携带先进技术的跨国公司进入东道国市场会提升整个东道国的劳动生产率，而东道国本土企业却无法从跨国公司的进入中获得对自己有益的技术，这就是一种零和博弈，外国公司所得和东道国公司所失相当，二者之间存在着一种非此即彼的强竞争关系。如果跨国公司引进技术和东道国本土企业所采用的技术水平相仿，对于东道国国内企业来说在技术层面上可能不会有太多的帮助。因此，在跨国公司进入东道国市场后，是否可以对东道国市场的劳动生产率有提高作用，一个重要因素就是东道国市场技术与跨国公司引进技术之间的差距。这个差距过大或者过小都会导致跨国公司的进入对于东道国市场劳动生产率没有太大作用，只有处于一个合理的区间之内，跨国公司的进入才能对于东道国市场上的劳动生产率起到促进作用，在不改变东道国比较优势性质的情况下，增强东道国在国际贸易中的竞争比较优势。

3.2.1.3　东道国的人力资本开发情况

在以劳动密集型产品为比较优势的发展中国家中，劳动力价格与质量是衡量国际贸易竞争能力的主要标准。跨国公司进入东道国后对该国人力资本开发的影响程度就成为影响该国国际贸易比较优势的主要因素之一。

外商直接投资的技术溢出效应包括了对人力资本开发过程中的直接和间接两方面的作用。首先，跨国公司的日常经营是为了技术的引进、设备的正常运行及经营理念与方针的贯彻，因此跨国公司必须要对其雇员进行培训，以期培养出所需要的符合其经营理念及技术要求的人才。很多跨国公司都将培训部门作为最重要的部门之一。其次，为了在东道国获得长远利益及给东道国展示完美形象，跨国公司都愿意对东道国的生产企业、供应企业及销售企业等生产链条的合作伙伴加以技术培训和支持。再次，跨国公司的人力资本开发方式也可以对东道国企业起到示范作用，东道国企业通过模仿可以促进人力资本水平的提高。

外商直接投资对东道国的人力资本开发具有重要影响，反过来东道国人力资本水平对外商直接投资的技术溢出效应也具有重要影响。

首先，人力资本的数量与吸收外商直接投资的数量成正比。在传统的国际资本流动模型中，由于发达国家的人均资本要高于发展中国家，按照边际收益递减规律，发展中国家的资本边际产出率要高于发达国家。在这种情况下，应该出现的情况是发达国家向发展中国家进行投资，且二者人均资本差距与跨国公司获取的利益成正比。但是事实往往与之相反，当前国际经济中存在很多发展中国家向发达国家投资的现象，经济发展较差的发展中国家反而很难得到跨国公司的青睐。之所以会出现这种与传统理论背道而驰的现象，一个重要因素就是人力资本的差距。发达国家与发展中国家在生产中投入的劳动并不是同质劳动，发达国家投入的劳动往往比发展中国家在生产中投入的劳动更有效率，这种效率上的差距在很大程度上可以弥补两国之间工资率的差距，基于此，资本收益率的差距也不再如表面上所显示的那么显著。而由于人力资本和外部效应的原因，通过正规教育所积累的生产率增长使得单位时间内的产量增长大于单位时间内资本的增长，这会更进一步弥补国家间资本收益率的差距。由此可知，人力资源水平的差距是导致国家间资本边际产出率不同的主要原因，资本必然会流向人力资源水平更高的国家。

其次，人力资源的质量和结构也影响着外来先进技术的吸收。一个国家的技术进步主要可以通过两个途径，一是自我研发，一是从外国引进先进技术。自主研发对国家经济发展有着巨大的正面效应，但需要极大投入作为支持。缩小与发达国家技术差距的最佳方法就是对外来技术的学习和模仿。决定是否具有有效学习和模仿这种先进技术的能力的关键是高质量的人力资源。如果自身条件决定了东道国只能学习和模仿一些相对简单的技术，这时即使引进了更先进的技术却无法为我所用，最终也不可能得到令人满意的结果。

因此，如果希望外商直接投资的技术溢出效应对东道国的国际贸易比较优势发挥正面作用，一定数量和质量的人力资源是必需的。反过来说，如果东道国确实具备了相当数量和质量的人力资源，外商直接投资就会对东道国的国际贸易比较优势存在正面影响。

3.2.1.4　东道国的就业状况

外商直接投资和东道国就业之间存在着息息相关的紧密联系。通常来说，外商直接投资的进入会带动东道国就业的增长，而东道国提供的数量稳定且价格低廉的劳动力也可以促使外商直接投资进入东道国。对于以劳动密集型产业为国际贸易比较优势的发展中国家而言，这一点尤其重要。当东道国存在大量无法正常就业的劳动力时，虽然劳动力的价格可以压低，但是这会加剧东道国市场需求的萎缩，东道国市场容量的减少必然会降低跨国公司进入东道国市场的欲望。如果东道国可用劳动力供不应求，这不仅会迅速提高跨国公司的雇佣成本，而且也会降低跨国公司进入东道国市场的欲望。因此，稳定的就业状况对于跨国公司的进入及外商直接投资技术溢出效应有着重大影响，进而影响东道国在国际贸易中的比较优势。

对于大多数发展中国家来说，劳动力供给通常超出市场需求。很多以劳动密集型产品为主要贸易品的跨国公司都愿意进入这些发展中国家以低廉的劳动力价格来压低成本，从而获取利益的最大化。跨国公司的进入将改善东道国的就业情况。通常外商直接投资对于东道国就业状况会有两方面的影响。由于跨国公司属于新进入东道国市场的企业，且不可能从母国雇佣所有必需人才，因此必然会在东道国市场上创造新的就业机会。与此同时，由于跨国公司具有一定的竞争优势，必然会造成对东道国同行业企业的冲击。当这些企业无法抵挡冲击而退出市场竞争时，势必会造成一部分劳动者失业。这两个作用是相互抵消的。然而，从相关地区的发展经验来看，外商直接投资的流入对东道国就业的创造通常要大于对就业的冲击，其不仅可以直接从东道国市场上吸收新的劳动力，而且还会加速产业整合，衍生出更大的劳动力需求。此外，大量资本的进入必然会对基础设施的建设提出更高的要求，其副产品就是加快了城市化进程，要求更多的劳动力的投入。在这几种效应的综合影响下，可以粗略地认为外商直接投资的进入会给东道国的就业带来某种意义上的乘数效应。

对于类似于中国这种存在较多富裕劳动力的发展中国家来说，外商直接投资的进入会促进其就业的增长，而更合理的就业结构反过来也会促进更多跨国公司的进入。这种相互推动发展的过程增强了东道国在国际贸易中的比较优势。

3.2.1.5　东道国的创新能力

东道国最关心的是外商直接投资的技术溢出效应能否提高本国企业的劳动生产率，而且意不在跨国公司带来的为国内公司所用的先进技术，而在于本国企业自主创新能力的提高。只有这样，才能从根本上提高东道国长期发展的能力，才能帮助东道国获得更大的国际贸易竞争优势。

外商直接投资对东道国创新能力的增强主要是有两方面的原因。一个原因是从外商直接投资的主体跨国公司角度来说，另一个原因是从外国投资的接受方即东道国角度来说。

（1）从跨国公司角度分析

通常跨国公司相对于东道国本国的企业都会具备某些比较优势。[1] 这种比较优势集中体现为跨国公司拥有的更为先进的技术。这是导致技术溢出效应的重要原因。对于一些发展中东道国来讲，借助所谓的"后发优势"[2] 可让技术溢出得以实现。这种"后发优势"的实现依赖于以下几个因素。

首先，后发优势的实现取决于跨国公司带入东道国技术的先进性。如果跨国公司将核心技术引进东道国，那东道国就会通过竞争、学习和模仿等手段提高自身的创新能力。作为独立经济个体的跨国公司会预防这种现象的发生。出于对自己竞争优势的保护及考虑到知识产权问题，很多跨国公司对具

---

① 当前世界上也存在着一些知识寻求型的外商直接投资，这种投资的目的并不是为了在东道国市场获益，其目的是为了接近先进的技术研发机构以推动母国技术水平的提高。但是这种投资数额不多，所占比重很低，因此这里并不考虑这部分外商直接投资。

② 但是也有学者认为，发展中国家模仿发达国家的技术容易，但是模仿发达国家的制度则存在多种困难。但是这种模仿是提高国家经济实力的必经之路。当前发展中国家倾向于模仿发达国家的技术和管理而不去模仿发达国家的制度，这样落后国家虽然可以在短期内使经济获得快速的增长，但是会强化制度模仿的惰性，因此制度和经济发展之间不能匹配，最严重会导致发展中国家长期发展严重滞后。所以，从整体经济发展来看，发展中国家有一种"后发劣势"。为了克服这种"后发劣势"，发展中国家应该由难而易，先期进行难度较高的制度建设和学习，之后在进行技术的学习和模仿，这样才能克服后发劣势（杨小凯，2001）。由于本书仅从经济角度分析问题，因此并不对制度问题做过多的分析。

有竞争优势的高端技术及核心技术进行程度不一的封锁。东道国企业想获得这些技术，就必须要花费数额巨大的资金，甚至可能没有任何渠道。虽然从理论上分析跨国公司的进入对东道国技术创新能力会有很大提升，但是这种效应还是要结合现实加以分析。

其次，跨国公司进入东道国的方式不同也会对东道国创新能力的培养存在不同影响。21 世纪之前，流入发展中国家的外商直接投资囿于东道国政府的政策，大多以合资或者合作形式出现。进入 21 世纪以后，随着各国开放程度的增强与政策的逐步放开，外商直接投资方式越来越多地采取了外资独资或外国资本掌握控制权的形式。这种进入方式的变化对于技术溢出的东道国创新效应产生了新的影响。这种影响是双方面的。一方面，独资公司更注重知识产权的保护，为了在与东道国本土企业的竞争中获得优势，跨国公司往往会从母国引进更多的高端技术与核心技术，使得东道国企业与其差距呈扩大趋势；另一方面，虽然更多先进技术的引进提高了跨国公司分支机构的劳动生产率，但对于东道国企业来说，由于很难有渠道接触到这些先进技术，而且核心技术的应用对企业自身的要求也较高。因此，两方面的限制都导致跨国公司生产率的提高不具有普遍性，技术溢出受到了跨国公司进入东道国方式的局限。这种倾向独资的进入方式不仅限制了技术转移的外溢程度，同时也对于人员流动、管理和经营的学习等方面附加了许多主动或者被动的限制。

最后，跨国公司与东道国企业之间的竞争也极大影响了东道国的创新能力。上面两点因素主要都是从跨国公司本身的因素来考虑。跨国公司进入东道国市场的目的并不是所谓的技术溢出而是自身的利益最大化，其必然带来东道国市场的竞争激烈程度的上升。正如前文反复提及的，跨国公司相对于东道国企业总是具有某种竞争优势，因此在市场竞争加剧之后，结果往往是跨国公司占据了更多的市场份额。在市场容量并无显著增加的情况下，跨国公司占据了较大市场份额就意味着东道国国内企业市场份额的缩减。而发展中国家往往没有成熟的产品市场，市场竞争程度更接近于完全竞争的状态，市场上充斥着大量相似的厂商。最终竞争的结果会使得很多东道国企业经营状况不佳，走向破产。在技术创新方面，激烈竞争也很可能使东道国一些本来具有一定创新能力的企业放弃对技术创新的投入转而依赖跨国公司提供的技术，这会加大对跨国公司的依附程度，削弱东道国本土企业的创新能力。

因此，仅就跨国公司对东道国创新能力的培养而言，具有两个不同方向影响的综合效应。最终结果到底会对东道国创新能力具有哪个方向的影响无法一言概之，需要结合东道国的具体情况加以具体分析。就我国情况来看，外商直接投资的进入对我国创新能力似乎更具有负面影响。

（2）从东道国角度分析

正如前文一再强调的，外商直接投资技术溢出效应存在与否在很大程度上取决于东道国自身的各种条件，对于技术创新这一东道国最希望达到的目的更是如此。东道国创新能力在很大程度上是东道国内部的问题，然而，在世界经济一体化进程迅速的今天，这种能力已经越来越受到外商直接投资的影响。如果希望外商直接投资对东道国创新能力起到正面的推动作用，东道国自身必须要具备一些基本的条件。只有具备了这些条件，东道国才能更好地吸收外来先进技术，推动本国的自主创新能力。下面将就这些基本条件进行概述。

①是否具备完善的金融市场环境

从发达国家发展的经验来看，技术的发展与经济发展是相辅相成、不可分割的。虽然说技术的发展并不完全由经济利益驱动，其中亦包含着技术人员和科学家们对事业的热爱等主观因素，但不可否认的是，技术进步大大推动了经济的发展，而经济的发展反过来又推动了技术的升级换代。这个因果关系就隐含着一种假设，即技术的开发人员和掌握大量资本的企业家或者金融家之间有着一种相互依靠的关系。资本是逐利的，而高额的利润率却也代表了足够高的风险，所以技术研发的高投入并不意味着必然会带来高回报。因此，东道国需要一个健全完善的金融市场将对高风险高收益偏好的资本与需要大量资金投入的技术很好地结合起来。如果不存在这种金融市场，资本无处寻找具有高额回报率的投资项目，而技术研发也无法取得充足的资金支持。

②是否有足够的决心对知识产权进行保护

当代新兴工业化国家，尤其是以东亚国家为代表的出口导向型国家几乎都是从对外国先进技术的学习和模仿起步的。在经济发展面前，其他因素都可以被放置在次要位置。这些国家在其快速发展过程中对知识产权的保护并没有太过在意。如果跨国公司在此时进入该国，且东道国企业有机会以较低成本接触并模仿到跨国公司的先进技术，企业的自主创新意识就会大大降低，企业技术发展将会严重依赖于跨国公司。如果跨国公司停止向东道国转移先进技术，东道国整体的技术水平将停滞不前。从另一个方面思考，如果东道国对知识产权保护不力，出于对自身技术的保护，跨国公司很可能也会选择将不具有竞争力的技术引进东道国。这个恶性循环会自我强化，对东道国自身创新能力的培养极其不利。

③市场竞争是否充分

技术进步的动力主要来自于对利益的追逐及市场竞争的压力，这两方面的压力都迫使企业取得市场竞争优势。竞争是通过市场进行传导的，竞争压力展现的越充分，就意味着市场机制越成熟，经济个体进行技术创新的动力也就越大。反过来，如果市场上的企业可以依靠其他非经济手段取得竞争优势，作为理性人，其必然会选择加强对那些非经济手段的诉求，而不是加大对技术的创新力度。

④是否具备较好的研发基础

较好的研发基础主要包括适当的研发投入及一定数量的合格研发人员。这些都是对外国先进技术学习和模仿的必要条件，也直接关系到学习到跨国公司的先进技术后是否会对东道国的研究及创新能力有正面的作用。如果研发基础不够牢固，即使能学到跨国公司的先进技术，也无法起到提高东道国创新能力的作用。

以上论及的并不是影响东道国自主创新能力的全部因素，但是基本涵盖了最主要的部分。如果东道国能认识到这些因素的重要性并有针对性地加以改善，对东道国创新能力必然会有较大的促进作用。

3.2.2　技术溢出效应对东道国出口商品竞争力的影响

传统的外商直接投资技术溢出效应理论大多是从外商直接投资对东道国国内的技术水平及管理技术等方面进行研究和论述的。对于技术溢出效应对东道国出口商品到底有哪些方面的影响则很少见。可能学者们将这种影响视为一种内生的机制而不去详细考虑，究其根本，技术溢出效应对东道国自身的技术水平等各个方面都有影响，而东道国出口商品结构毫无疑问与之有着千丝万缕的关系，但毕竟二者不能等同，外商直接投资技术溢出效应对东道国出口商品结构在不同方面也有着不同的影响。因此，本节主要论述技术溢出效应对东道国出口商品结构到底存在哪些方面的影响，笔者认为应该从 3 个方面对其进行分析。

3.2.2.1　提高东道国出口行业企业的技术水平

这点与外商直接投资技术溢出效应的含义一致。外商直接投资进入东道国之后，为了在市场竞争中获得一定的优势，必须要从投资母国引进大量的资金与先进的技术。引入大量资金主要是为了尽早形成规模优势，降低生产成本，而引入先进技术是为了在东道国市场上获得较高的劳动生产率，从另外一个方面降低生产成本。因此可以看出外商直接投资进入东道国所做的各种工作与引进的各种生产资料，最根本的目的就是提高生产效率，以利于在东道国市场竞争中获得优势。

按照科库和布鲁姆斯特姆（Kokko 和 Blomstrom, 1996）的理论，即使是那些为了在东道国市场竞争过程中占据有利地位的跨国公司行为，也不可能为跨国公司带来其所期望的所有利益。那些不能为跨国公司独占而被东道国本土企业所分享的剩余收益 [①]，就是前文所说的外商直接投资技术溢出效应。按照通常的研究分类方法，可以将技术溢出效应的研究分为行业内技术溢出效应与行业间技术溢出效应。通常，认为行业内技术溢出效应要比行业间技术溢出效应对东道国的影响更大。

可以做一个合理的假设，即东道国主要出口行业内外商直接投资进入越多，东道国就可以获得越明显的技术溢出效应，这对东道国企业的技术、劳动生产率等都有正面的影响。在东道国出口行业中的外商直接投资又可以分为两种，一种是外商直接投资所生产的产品与东道国国内企业所生产的产品是竞争性的，另外一种则是二者生产出口的商品是互补性的。虽然按照行业内外商直接投资技术溢出效应的标准判断，两种情况下，外商直接投资的进入对东道国同行业厂商都应该存在正的技术溢出效应，但是二者效应的大小应该不同。如果二者之间存在一种竞争的关系，跨国公司必然会更加小心谨慎，尽可能以保证自己的技术不被东道国厂商所学习获得。东道国国内厂商如果想要获得技术溢出的收益，就必须要花费更多的金钱与时间，从而使得技术溢出效应的周期长，成效较低。国内企业与跨国公司之间是互补的关系，为了自身利益，跨国公司甚至可能会主动向国内同行业企业转移适合的先进技术以利于自身的收益最大化。这样国内企业就会很快从外商直接投资进入

[①]　按照科库和布鲁姆斯特姆在 1996 年的说法，外商直接投资的技术溢出效应主要是体现在劳动生产率方面的进步。但是在本书中所界定的技术溢出效应的范围要更加宽泛一些，因此将包括劳动生差率进步等各个方面的进步统称为收益。

东道国的过程中获得利益。

技术本身只是人类知识的载体，而东道国企业的目的也并不是单纯地获得更新的技术或者知识，其获得技术的目的是要提高自身的劳动生产率。尤其对于主要商品都是面对海外市场的厂商就更是如此，毕竟其无时无刻都面临全世界同类产品的竞争。巨大的压力使得各个厂商在商品质量、价格及各个细节部分都全心全力投入。在外商直接投资进入本国的过程中获得劳动生产率提高，这是所有企业都盼望得到的。很多出口导向型发展中国家纷纷制订优惠政策以吸引外商直接投资，但是对跨国公司产品销售加以限制，要求外资企业所生产的产品部分甚至全部出口。这种情况的背后有着很多因素，其中不可忽视的一点就是为了利用外商直接投资给东道国带来的技术溢出效应，提高本国出口行业厂商的劳动生产率，以增强在国际市场上产品的竞争力。

3.2.2.2　跨过西方发达国家所设置的非关税壁垒 [①]

作为最有效保护国内产业的手段之一，关税这个最普遍的保护措施被各国所广泛采用，但是其危害性也被人们所共知。20 世纪末，越来越多的国家加入了 WTO 组织，该组织章程明确要求各国降低贸易关税，削弱关税在国际贸易中的阻碍作用。当前发达国家平均关税率已经降低到了 10% 以下，发展中国家的平均关税率虽然高于发达国家，但是也已经低于 20%。可以说在当前世界经济中，关税的作用已经越来越小了。然而，关税的减让不代表保护主义的削减，为了应对关税减让所造成的后果，很多国家尤其是发达国家普遍采用了其他手段来阻碍贸易的自由运行，这种除了关税之外的其他贸易保护手段就称为非关税壁垒。

各个国家出口商品或多或少都会受到非关税壁垒的影响。为了跨越这个障碍，各个出口厂商需要付出很多额外的努力。对于发展中国家生产厂商来

[①] 非关税壁垒（Nontariff Barriers）是指关税以外的各种限制进口的措施。非关税壁垒可以分为直接的和间接的两大类。直接的非关税壁垒措施也称直接的数量限制，是由进口国直接对进口商品的数量或金额加以限制，或迫使出口国直接限制商品的出口。这类措施有：进口配额制、许可证制、"自动"出口限制等。间接的非关税壁垒措施是对进口商品制定严格的条例或规定，间接地限制商品进口，如进口押金制、最低进口限价、苛刻复杂的技术标准等。非关税壁垒是一些发达国家限制商品进口和争夺市场的重要手段。最初，非关税壁垒仅作为限制进口的防御性措施，后来往往用来作为同其他国家进行贸易谈判，迫使对方让步的手段。这些国家还经常利用非关税壁垒来对发展中国家实行贸易歧视。在本书中，不是说外商直接投资可以帮助东道国出口企业跨越所有的非关税壁垒，主要指的是可以帮助东道国出口企业跨越技术及行业标准所构成的贸易壁垒。

说，这种非关税壁垒可能会由于发达国家直接投资的进入而得到缓解。非关税壁垒的表现形式本身只是一种技术或者标准，并不具备阻碍正常商品进入的作用，只是发达国家为了保护国内不具备国际竞争力的产业，利用较高的技术标准将发展中国家的商品拒之门外的手段。发展中国家如果要达到这种标准可能比较吃力，因为将已经成型的产品额外做出改动，对于一些以劳动密集型产品出口为主的发展中国家来说，需要承担的成本与风险过于巨大。然而，发达国家国内生产厂商也必须遵循这些技术与标准的制约，其商品在技术含量或者符合标准方面可能要优于发展中国家的同类产品。如果发达国家生产厂商向发展中国家进行投资，通常不会刻意降低产品的质量与标准，毕竟这关系到跨国公司的声誉等众多因素。发展中国家生产厂商这时可以在近距离观察与模仿跨国公司生产产品所需要的技术和标准。即使在跨国公司并非自愿的情况下，技术空间距离的缩小对发展中国家生产厂商模仿学习跨国公司先进的生产技术与产品标准仍然有很大帮助。这也是技术溢出效应对东道国出口产品另一个方面的提高。

3.2.2.3 熟悉国际市场竞争模式和机制

在研究条件由封闭经济改为开放经济的过程中，经济学分析范式只是增加了几个关乎其他国家的要素，这远远不够。暂时抛开国别产品质量的差异，假设二者销售商品是同质的，但各国消费者对商品偏好不同，这样两种商品的销售必然会出现很大差别。我们可以将这种结果视为竞争模式和机制所决定的。

一国出口的商品除了要受到进口国政策等宏观方面因素的制约外，还受到进口国市场消费者消费偏好及对商品特殊需求的限制。对于很多发展中国家来说，当市场得到一定发展但并非成熟的时候，市场竞争主要是以价格竞争为主，即市场竞争的焦点在于价格比拼。消费者对于商品也少有特殊偏好。这种市场竞争模式、机制和发达国家市场竞争模式、机制存在着很大的差异。发达国家的市场是一个被细化的市场，已脱离了单纯的价格竞争，消费者看重的也不再是单纯的价格高低，商品的品质及具有的独特因素才是决定竞争结果的主要因素。然而，对于一些发展中国家来说，在商品出口的初期无法完全理解和意识到这点，即使意识到了，未经过成熟市场洗礼的发展中国家也无法应对这种与国内市场完全不同的竞争机制与模式。很多发展中国家的出口商品在发达国家只能在市场最低端展开竞争而无法更进一步。

　　发展中国家想要单纯依靠自身力量培养对这种市场竞争模式和机制的了解需要相当长的一段时间。而在日新月异的国际市场竞争中，市场并不会给予足够的时间让彼此适应。资本的跨国移动则会在某种程度上缩短时间，较快地提高投资东道国的市场竞争能力。通常来说，所有外国产品 ① 在刚刚进入另外一个国家市场时，总会面临着诸多的不适应。相对于发展中国家企业，发达国家的企业适应性无疑会更强一些，接受过成熟市场洗礼的发达国家跨国公司对各种市场可能存在的问题都会有更多的了解，经验也必然更加丰富。很多跨国公司会将在发达国家市场竞争中常用的手段应用在发展中国家市场，在发展中国家市场竞争中占据某种程度的优势。虽然在国内市场竞争中处于劣势，但发展中国家市场本土企业对于这种手段的学习和模仿却有助于其在国际市场环境中更快地适应进口国市场竞争的模式和机制，从而会更快在进口国市场确立自己的地位，以进一步参与竞争环节。

---

①　这里所说的产品包括两部分，一部分是指发展中国家进入发达国家市场的产品，一部分指的是发达国家进入发展中国家的产品。但是在本书中的论述还要包括发达国家向发展中国家市场投资设厂或并购所生产的产品，主要目的是为了利用外商直接投资技术溢出效应解释如何帮助发展中东道国厂商适应国际市场竞争模式和机制。虽然二者存在很多不同，但是在解释这个问题上存在的那些差异并不会起到颠覆作用，因此暂时予以等同。

第4章　对我国的实证分析

4.1　流入我国外商直接投资的整体分析

4.1.1　流入我国外商直接投资的整体回顾

4.1.1.1　整体情况概述

从 1978 年我国制定改革开放政策之后，流入我国的外商直接投资如表 4-1 所示。

表 4-1　流入我国外商直接投资总体回顾

年度	合同利用外资金额[①]（亿美元）	实际利用外资金额（亿美元）	实际利用外资同比增长（%）	GDP（亿元）	GDP 同比增长（%）[②]
1979—1984	97.50	41.04	—	—	—
1985	63.33	19.56	—	9016.0	13.5
1986	33.30	22.44	14.7	10 275.2	8.9
1987	37.09	23.14	3.1	12 058.6	11.6
1988	52.97	31.94	38.0	15 042.8	11.3
1989	56.00	33.92	6.2	16 992.3	4.1
1990	65.96	34.87	2.8	18 667.8	3.8
1991	119.77	43.66	25.2	21 781.5	9.2
1992	581.24	110.08	152.1	26 923.5	14.2
1993	1114.36	275.15	150.0	35 333.9	13.5
1994	826.80	337.67	22.7	48 197.9	12.7
1995	912.82	375.21	11.1	60 793.7	10.5
1996	732.76	417.26	11.2	71 176.6	9.6

---

① 在中国统计年鉴中，从 2007 年开始就不再公布合同利用外资金额。

② 由于人民币汇改之后币值浮动过大，也为了与官方统计统一口径，因此 GDP 同比增长采用利用不变价格计算的 GDP 进行重新计算。

续表

年度	合同利用外资金额①（亿美元）	实际利用外资金额（亿美元）	实际利用外资同比增长（%）	GDP（亿元）	GDP 同比增长（%）②
1997	510.03	452.57	8.5	78 973.0	9.5
1998	521.02	454.63	0.5	84 402.3	9.7
1999	412.23	403.19	−11.3	89 677.1	7.1
2000	623.80	407.15	1.0	99 214.6	8.0
2001	691.95	468.78	15.1	109 655.2	8.3
2002	827.68	527.43	12.5	120 332.7	9.1
2003	1150.69	535.05	1.4	135 822.8	10.0
2004	1534.79	606.30	13.3	159 878.3	10.1
2005	1890.65	603.25	−0.5	184 937.4	11.3
2006	1937.27	630.21	4.7	216 314.4	12.7
2007	—	747.68	18.6	265 810.3	14.2
2008	—	923.95	23.6	314 045.4	9.6
2009	—	900.33	−2.6	340 902.8	9.2
2010	—	1057.35	17.4	401 512.8	10.4
2011	—	1160.11	9.7	473 104.0	9.3
2012	—	1117.16	−3.7	518 942.1	7.7
2013	—	1175.86	5.25	568 845.0	7.7

资料来源：商务部网站、各期中国统计年鉴。

注：表中"—"代表数据不可得或者无法计算，以下皆为如此，不在另行注解。

从表 4-1 的数据可以绘制出更为直观的趋势图（图 4-1），可以看出，我国的外商直接投资流入可以分为 4 个阶段。

第一阶段：1979—1991 年

改革开放初期，中国市场从封闭逐渐走向开放，与国际市场更为接近并相互融合。但出于政治经济制度巨大差异的考虑，西方国家对于向中国投资保持着非常审慎的态度，投资增长异常缓慢。此外，如果注意到初始基数很小的前提，就可以知道这个阶段我国引入外资的工作进展并不乐观。1983—1991 年，实际利用外资金额平均值仅为 25.88 亿美元，远远无法满足我国对外国资金的实际需求。

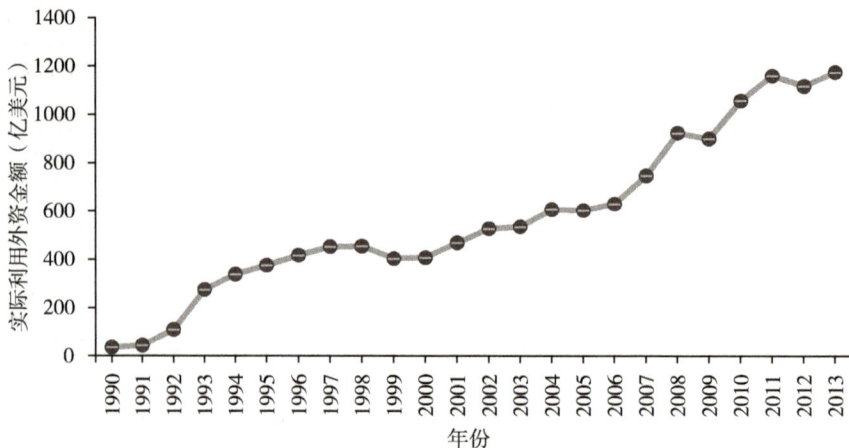

图 4-1　1990—2013 年实际利用外资金额

第二阶段：1992—1998 年

从 1992 年开始，情况对比第一阶段有了很大改变。合同外资金额从 1991 年的 119.77 亿美元急速增长到 1992 年的 581.24 亿美元；实际利用外资金额也从 1991 年的 43.66 亿美元增加到 1992 年的 110.08 亿美元。同比增长达到了 150% 以上。从此以后，每年基本都保持了较为稳定的增幅。这主要得益于我国对外国投资的渴求及政策支持。邓小平南方谈话及我国社会主义市场经济转轨的决定都从根本上解开了对外经济合作的桎梏。尤其外经贸部（现商务部）在 1992 年的《关于举办中外股份有限公司有关问题的通知》更是坚定了外国资本对进入中国市场的信心。正因为此，1992 年和 1993 年外商直接投资井喷似的增长就可以理解了。

第三阶段：1999—2008 年

根据 1999 年的统计资料，引进外资的合同数目、合同外资金额及实际利用外资金额均有较大幅度的下降，这可以看作是我国引进外资的一个拐点，也是第三阶段的起点。

之所以出现这种现象，必然有着其自身原因。第一，受到我国经济周期[①]的影响。经过近 10 年的高速增长，经济发展动力已经开始不足，按照传

---

① 近来理论界对经济周期又有了新的研究进展，很多学者都认为古典经济学中的经济周期理论是错误的。但是这种观点与本书的关系并不大，而且也非定论，因此这里仍然借鉴经济周期理论的内容进行说明。

统经济周期理论，低谷必然随之而来。中国 GDP 增长率从 20 世纪 90 年代前半期的 10% 左右猛降到 1999 年的 7.1%。经济周期的低谷时期，为了规避可能出现的市场风险，投资数量必然下降，而相较本土投资者更希望规避风险的外国投资者当然也要遵循这个规律。第二，我国经济体制问题。与成熟发达国家相比，中国利率的非市场化及金融市场的不稳定都决定了我国的经济发展水平与发达国家存在较大差距。1999 年我国银行利率仅为 3% 左右，大大低于同期国际市场利率，资本的逐利性决定了投资者更倾向于选择预期收益更高的地区而不是进入我国市场。同期，我国金融体制改革尚未深入，经济体中存在数额庞大且难以统计的不良资产，这代表了金融市场健康程度不高及抵御风险能力的不足。面对这种市场状况，度过了投资冲动阶段的外国资本就会恢复理性，采取观望的态度甚至离开市场。第三，外国资本流入速度的减缓。自 1994 年以来，我国新批合同外资金额大幅度下降，项目储备减少，这意味着外资进入中国的路径在不断缩窄。在上述几个因素的共同作用下，外国资本流入从 1999 年开始就出现了大幅度下降。

但是，从 2000 年开始，流入我国的外资速度重新开始出现了快速增长。这种增长的背景非常复杂，既有内部因素，也有外部因素。内部因素包括：我国经济的逐渐复苏、配套相关政策法规的制订、市场经济制度进一步完善、劳动力质量提高及金融机构呆坏账削减等。外部因素则包括：我国成为 WTO 成员、世界各发达国家更为重视中国市场等。总而言之，经过 1999 年的短期停滞，外资进入我国重新回归高速增长轨道。

第四阶段：2009 年至今

从 2009 年至今，虽然只有短短 6 年，但是外资流入我国却经历了巨大的变动。2009 年外资流入我国出现了 2.7% 的下降，这一方面可以视为 2008 年外资急速增长的修正，但另一方面也是全球经济疲软的一个具体表现。从 2008 年开始的美国次贷危机，迅速波及欧洲并引发了欧债危机，继而传播到全世界。因此在这一背景下，我国外资流入的净下降也就变得可以理解。

随着 2009 年美国经济强劲复苏，我国宣布 4 万亿元投资计划，这些内外因素共同作用下，外资流入数量迅速反弹，这个势头一直保持到 2012 年才重新掉头向下。2012 年外资流入下降的因素也比较复杂，但外部因素更为重要，全球增长低迷，欧债危机一直缠绵难愈，美国财政悬崖导致全球信心不足等问题都让资本流动更为谨慎。而中国国内经济泡沫迹象也开始越来越明显，外资也开始表现出较高的短期化和逐利化倾向。但无论如何，中国外资流入下降3.4%，同期世界范围内外资量下降18%，亚洲下降9.5%。因此中国的外资下降数据非但不能证明中国经济的摇摇欲坠，反而是中国竞争力更强的具体表现。2013年，数据便重新抬头，就是最好的证明。

4.1.1.2   流入我国外国资本的特征

从外国资本流入我国的总量与速度来看，有着如下特征。

（1）外国资本流入的规模不断扩大

自从外商直接投资开始成规模进入我国以来，无论项目数、合同外资金额还是实际使用外资金额，各方面的规模都在不断扩大。虽然在3个阶段中间或有一些波动起伏，但是从总体趋势来看，规模持续扩大是没有争议的。

（2）外国资本流入的速度保持高速增长

从1986年到2013年，我国实际利用外资金额的年平均增长率为19.66%，远远高于国际平均水平，而且也超过了同期我国其他主要经济指标的增长速度。但如果从2000年，也就是进入21世纪以后计算同一指标，则只有8.26%。这一方面是由于该阶段国际经济与中国国内经济都出现了一些波动，另一方面也是由于中国吸引外资从无到有，基数由小到大，继续保持两位数以上的增长已经不大可能。更为重要的是，这一指标不断与我国经济增长率趋同，说明经济指标内在仍然存在某种难以分割的联系。总而言之，当国际经济环境转好、政治经济体制改革取得进一步进展之后，我国吸引外国资本的能力仍然有进一步扩大的潜质。

（3）使用资金方式以直接投资为主

中国吸收外商投资可以分为直接投资方式和其他投资方式。采用最多的直接投资方式是中外合资经营企业[①]、中外合作经营企业[②]、外商独资经营

---

① 中外合资经营企业亦称股权式合营企业。它是外国公司、企业和其他经济组织或个人同中国的公司、企业或其他经济组织在中国境内共同投资举办的企业。其特点是合营各方共同投资、共同经营，按各自的出资比例共担风险、共负盈亏。各方出资折算成一定的出资比例，外国合营者的出资比例一般不低于25%。

② 中外合作经营企业亦称契约式合营企业。它是由外国公司、企业和其他经济组织或个人同中国的公司、企业或其他经济组织在中国境内共同投资或提供合作条件举办的企业。各方的权利和义务，在各方签订的合同中确定。举办中外合作经营企业一般由外国合作者提供全部或大部分资金，中方提供土地，厂房，可利用的设备、设施，有的也提供一定量的资金。

企业 ①、外商投资股份制公司 ② 和合作开发 ③。其他投资方式包括对外发行股票、国际租赁、补偿贸易、加工装配等。改革开放初期，外资流入的主要方式是对外借款。进入 20 世纪 90 年代，外商直接投资无论从数量上还是规模上都有着高速的发展。外国资本的流入结构发生了巨大的变化。外商直接投资已经成为我国利用外资的主要方式。2013 年外国资本进入我国的方式如表 4-2 所示。

表 4-2　2013 年外商投资方式统计

利用外资方式	新设外商投资企业数			实际使用外资金额		
	2013 年累计（个）	2012 年同期（个）	增长率（%）	2013 年累计（亿美元）	2012 年同期（亿美元）	增长率（%）
总计	22 773	24 25	−8.63	1187.21	1132.94	4.79
一、外商直接投资	22 773	24 925	−8.63	1175.86	1117.16	5.25
中外合资企业	4476	4355	2.78	237.72	217.06	9.52
中外合作企业	142	166	−14.46	19.44	23.08	−15.76
外资企业	18 125	20 352	−10.94	895.89	861.32	4.01
外商投资股份制	30	52	−42.31	22.81	15.70	45.28
合作开发	0	0	0	0	0	0
其他	0	0	0	0	0	0
二、外商其他投资	0	0	0	11.34	15.78	−28.12
对外发行股票	0	0	0	3.26	7.27	−55.17
国际租赁	0	0	0	0	0	0

---

① 外商独资企业指外国的公司、企业、其他经济组织或者个人，依照我国法律在中国境内设立的全部资本由外国投资者投资的企业。根据《外资企业法》的规定，设立外资企业必须有利于我国国民经济的发展，并应至少符合下列一项条件，即采用国际先进技术和设备的；产品全部或者大部分出口的。外资企业的组织形式一般为有限责任公司。

② 外国的公司、企业和其他经济组织及个人，可与中国的公司、企业或其他经济组织在中国境内共同举办外商投资股份有限公司。股份公司的全部资本以等额股份构成，股东以其所认购的股份对公司承担责任，公司以全部财产对公司债务承担责任，中外股东共同持有公司股份。其中外国股东购买并持有的股份占公司注册资本的 25% 以上。股份公司可以发起方式或募集方式设立，现有的外商投资有限责任公司也可申请改制为股份有限公司。符合条件的外商投资企业还可以申请发行 A、B 股和在境外上市。

③ 合作开发是海上和陆上石油合作勘探开发的简称。它是目前国际上在自然资源领域广泛使用的一种经济合作方式，其最大的特点是高风险、高投入、高收益。合作开发一般分为 3 个阶段，即勘探、开发和生产阶段。合作开发比较以上 3 种方式，所占比重很小。

续表

利用外资方式	新设外商投资企业数			实际使用外资金额		
	2013年累计（个）	2012年同期（个）	增长率（%）	2013年累计（亿美元）	2012年同期（亿美元）	增长率（%）
补偿贸易	0	0	0	0	0.95	-100.00
加工装配	0	0	0	8.08	7.56	6.98

资料来源：商务部外资统计。

由表4-2可以看出，外商独资企业及中外合资企业成为2013年我国外国资本进入的主要方式。其他投资方式零散分布，甚至可以忽略不计。就商务部对外商直接投资的定义，外商独资企业、中外合资企业及其他投资方式中的一部分都属于外商直接投资的范畴。外商直接投资成为我国当前使用外国资本的主要方式毫无争议。

（4）我国利用外国投资占据世界投资总额的比例不断上升

自从我国确定了对外开放的改革方针之后，在政策引导与政府大力支持的作用下，我国利用外商直接投资占世界范围全部外商直接投资的比例也在不断攀升。改革开放初期，外国对华直接投资规模很小，在世界范围内也几乎没有任何影响力，该比例在1980—1985年累计仅仅只有1.44%。20世纪90年代后，这个比例有了明显的提高。1994—1999年，我国吸引外资总量占世界外资流入总量的7.4%。由于1997年亚洲金融危机的爆发，其后一段时间外国资本对东亚地区经济发展的信心受到严重影响，我国的外资流入量则出现了明显的下降。但进入21世纪之后，世界经济展露出强劲的复苏势头，外资流入重新恢复了快速增长，2012年流入我国的外资总量已经达到世界总量的9.1%，这一数据足以证明我国对于外资的吸引力。根据表4-3的数据我们可以看出，中国对外投资实际上也体现出迅猛增长的态势，但由于这部分内容和本书关系不大，因此不多加赘述。

表 4-3　2011—2013 年按地区的外商直接投资流量表 [①]

单位：10 亿美元

地区	FDI 流入			FDI 流出		
	2011 年	2012 年	2013 年	2011 年	2012 年	2013 年
世界	1700	1330	1452	1712	1347	1411
发达国家	880	517	566	1216	853	857
欧盟	490	216	246	585	238	250
北美洲	263	204	250	439	422	381
发展中国家	725	729	778	423	440	454
非洲	48	55	57	7	12	12
亚洲	431	415	426	304	302	326
东亚与东南亚	333	334	347	270	274	293
南亚	44	32	36	13	9	2
西亚	53	48	44	22	19	31
拉丁美洲与加勒比地区	244	256	292	111	124	115
大洋洲	2	3	3	1	2	1
转型经济体	95	84	108	73	54	99
中国	124	121	124	69	88	108
世界 FDI 流量中各地区（国家）所占比例（%）						
发达国家	51.8	38.8	39.0	71.0	63.3	60.8
欧盟	28.8	16.2	17.0	34.2	17.7	17.8
北美洲	15.5	15.3	17.2	34.2	17.7	17.8
发展中国家	42.6	54.8	53.6	24.7	32.7	32.2
非洲	2.8	4.1	3.9	0.4	0.9	0.9
亚洲	25.3	31.2	29.4	17.8	22.4	23.1
东亚与东南亚	19.6	25.1	23.9	15.8	20.3	20.7
南亚	2.6	2.4	2.4	0.8	0.7	0.2
西亚	3.1	3.6	3.0	1.3	1.4	2.2
拉丁美洲与加勒比地区	14.3	19.2	20.1	6.5	9.2	8.1
大洋洲	0.1	0.2	0.2	0.1	0.1	0.1
转型经济体	5.6	6.3	7.4	4.3	4.0	7.0
中国	7.3	9.1	8.5	4.0	6.5	7.7

资料来源：《世界投资报告 2014》、2014 年中国外资统计、商务部外资统计。

[①] 为了计算方便，所有数据均对小数点之后的数据进行了四舍五入，对最终结果并不会产生颠覆性影响。

4.1.2   流入我国外商直接投资的主要来源地

4.1.2.1   整体情况概述

2013 年对我国接受外国投资最多的 10 个国家（地区）如表 4-4 所示。

表 4-4   2013 年对华投资居前 10 位的国家（地区）情况

国家（地区）	企业数（个）	比重（%）	实际使用外资金额（亿美元）	比重（%）
总计	22 819	85.41	12 391 120	86.70
中国香港	12 014	52.65	7 339 667	59.23
新加坡	731	3.20	722 872	5.85
日本	943	4.13	705 817	5.70
英属维尔京群岛	501	2.20	615 858	4.97
韩国	1371	6.01	305 421	2.46
美国	1061	4.65	281 987	2.28
中国台湾	2017	8.84	208 771	1.68
德国	373	1.63	207 844	1.68
萨摩亚	393	1.72	185 807	1.50
开曼群岛	87	0.38	166 825	1.35

数据来源：商务部外资统计。

由表 4-4 可以看出，2013 年流入我国的外国资本，其来源地主要由三部分组成：华人经济圈[①]；西方发达国家[②]；免税港[③]。这三部分分别占实际使用外资金额的 66.76%、12.12% 及 8.82%。三者之和占实际使用外资金额的 86.7%。由此可见，认为 2004 年流入中国的外国资本主要来源于这三部分是有根据的。而这一比例的柱形图如图 4-2 所示。

---

① 包括中国香港、中国台湾、新加坡。
② 包括韩国、日本、美国、德国。需要注意的是，按照现在的标准，新加坡也可以算作是发达国家，但是由于新加坡也属于华人集中地，为了更清楚地分类，本书将新加坡归结到华人经济圈的范围中。
③ 包括维尔京群岛、萨摩亚、开曼群岛等。

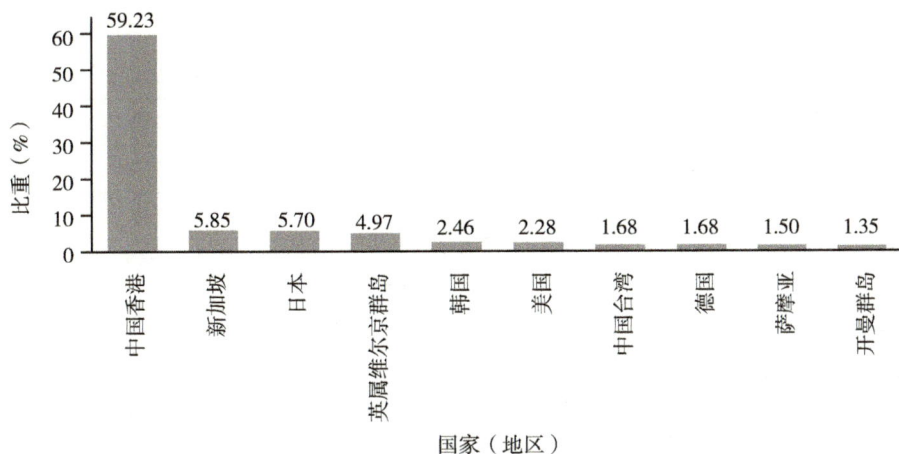

图 4-2　2013 年中国实际使用外资金额比重居前 10 位的国家（地区）

如果按照地域分类，外商直接投资来源地主要集中在亚洲、欧洲及美洲。亚洲主要国家（地区）包括中国香港、韩国、日本、中国台湾、新加坡、萨摩亚①；美洲主要国家（地区）包括英属维尔京群岛、美国、开曼群岛；欧洲主要国家包括德国等。按照表 4-4 的统计，对我国投资排名居前 10 位的国家（地区）中，亚洲国家（地区）向中国投资占中国吸引外资总量的 76.42%，美洲主要国家（地区）向中国投资占中国吸引外资总量的 8.60%，欧洲主要国家（地区）向中国投资占中国吸引外资总量的 1.68%。

但是，仅从某个年度的数据来分析外资主要来源，难免会有失偏颇。如果要了解我国吸引外资主要来源的演变过程，就要利用时间序列数据或者累计数据进行分析，这才是比较合理的手段。

表 4-5 所示为截至 2013 年流入我国的外资来源各国累计使用金额占总额的比重。图 4-3 所示为截至 2013 年各国（地区）累计投资占总额的比重。

表 4-5　截至 2013 年各国（地区）累计实际使用金额占总额的比重

国家（地区）	实际使用金额（亿美元）	占总额的比重（%）
中国香港	6656.70	45.07

---

① 萨摩亚按照地理分类属于大洋洲所属，为农业国，资源少、市场小、经济发展缓慢，被联合国列为最不发达国家之一。但是为了分类的方便，而且大洋洲与亚洲之间经济关系日益密切，因此将其归到亚洲。

国家（地区）	实际使用金额（亿美元）	占总额的比重（%）
英属维尔京群岛	1355.60	9.18
日本	943.04	6.39
美国	730.10	4.94
新加坡	664.90	4.50
中国台湾	591.34	4.00
韩国	559.46	3.79
开曼群岛	274.73	1.86
德国	218.40	1.48
萨摩亚	217.86	1.48

资料来源：商务部外资统计。

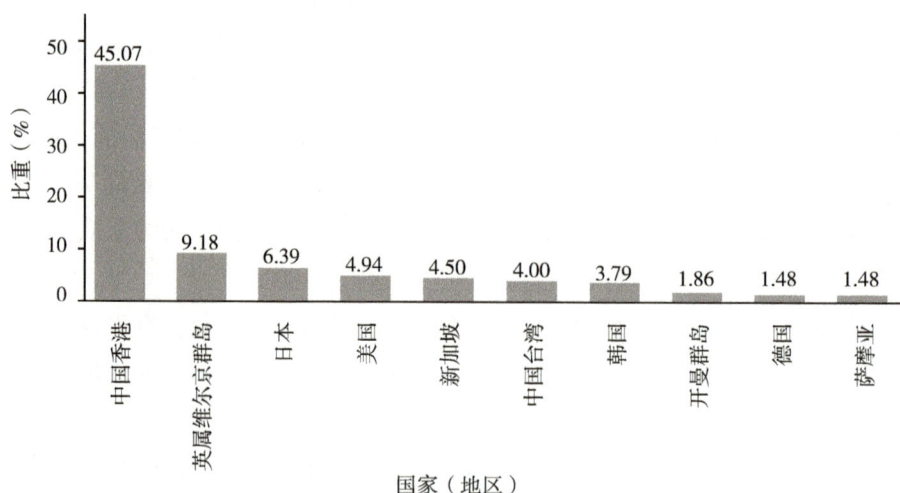

图 4-3　截至 2013 年各国（地区）累计投资占总额的比重

4.1.2.2　流入我国外商直接投资来源地的特征

从上文分析的流入我国的外国资本来源地的统计中，可以总结出如下特征。

（1）来源于华人经济圈的直接投资比例逐渐下降，但是仍然占据绝对优势

从数据统计中可以看出，流入我国的外国资本有很大一部分来自于发展中国家。在改革开放初期，来自发展中国家的资金比例一度高达 80% 以上。

直至 1993 年，这个比例才开始逐渐降低。此处所指的发展中国家主要包括
两部分，一部分是中国香港、澳门及台湾等一些以华人聚居地区，另一部分
则是自由港国家（地区）。尽管从 20 世纪 90 年代中期，从这些国家（地区）
流入我国的资本比例开始下降，但即使在 2013 年，从发展中国家流入我国
的资本量仍然占据绝对优势。尤其华人经济圈的对华投资仍然处于主导地位。
地缘优势、同种同文、相关国家（地区）对中国大陆的经济依赖等诸多要素
都直接导致这一结果。

　　有一点需要特别注意，由华人经济圈流入的直接投资主体大多为中小企
业。这与传统理论研究得出的结论不一致。按照传统理论，只有具有所有权
优势、区位优势及内部化优势（Dunning, 1981）的企业，才会选择对外直接
投资来突破贸易壁垒。但是我们难以验证，更无法相信来自华人经济圈的中
小企业具备这 3 种优势。通过对相关投资主体的分析，我们可以得出结论，
这些企业都是为了利用中国大陆的劳动力价格优势及早期对外国资本的宽松
管制，才将高劳动密集、高污染、低附加值的加工制造企业从海外转移到中
国大陆。这些企业的进入虽然增加了我国的外资统计量及出口贸易量，但对
于我国的市场结构与技术水平的提升非但没有太大益处，还对我国环境及财
政等方面造成了相当的负面影响。值得庆幸的是，进入 21 世纪以来，我国
中央政府和地方政府都已经意识到了这一问题，对华人经济圈的外来投资已
经加以甄别和筛选。但是巨大的存量，及中国庞大内地需求市场的存在，都
让相关资本不会轻易放弃进入中国的机会。

　　（2）来自发达国家[①]资本流入速度加快

　　全球范围内国际直接投资流量的 80% 以上都来自于发达国家，而依据
我国情况统计的数字与之正好相反，来自于华人经济圈的投资占我国引进资
本的大部分份额。正如前文所述，这些资本对我国的经济发展虽然有一定的
推动作用，但同时也带来了诸多弊病。我国当前的政策已经改为限制一些以
加工出口为主，高污染、高能耗的中小外商投资企业，加大力度引入发达国
家大型跨国公司的投资。

　　20 世纪 90 年代之前，由于经济体制不同及对我国的经济政策没有信心

---

① 本处所说的发达国家是指 1982 年国际货币基金组织年度报告中所列举的 21 个市场经济工业化
国家，包括：美国、日本、德国、英国、法国、意大利、加拿大、爱尔兰、西班牙、新西兰、
奥地利、芬兰、澳大利亚、荷兰、比利时、卢森堡、丹麦、挪威、瑞典、瑞士及冰岛。为了不
造成前后不一致及混淆，其他已经列入发达国家行列的如新加坡、韩国等全部计入发展中国家。

等原因，发达国家对我国的投资力度很小，虽然占我国引入外资的比例并不低，但是考虑到我国吸引外资数额的基数不高，真实流入我国的发达投资数额很少。20 世纪 90 年代后，由于我国经济增长速度保持稳定的高速增长，对外开放的政策方针也没有改变和动摇。为了在经济快速增长中获益，发达国家跨国公司纷纷加大了对华投资的力度，从 1993 年开始，其从发达国家流入我国的资本一直保持着稳步上升的趋势。这一趋势一直维持到 2008 年，美国次贷危机和欧洲欧债危机次第爆发，严重影响了发达国家海外投资的积极性。但到 2012 年，这一影响基本已经消除，外资又开始不断寻找在各个市场的获利机会，就目前我国经济发展的现状来看，在未来可预期的很长时间，外资流入我国的速度将会保持稳定增长。

（3）资本来源日趋多样化

截至 20 世纪 90 年代，流入我国的外资主要来源于华人经济圈、美日等少数国家，我国对外资的过度依赖及外资来源的单一对我国经济发展有着较大的制约作用。随着我国政府开始重视这一问题，以及我国正式成为 WTO 成员等因素的影响，对中国进行投资的国家数量逐渐增多。迄今为止，已经有近 200 个国家和地区对我国进行投资活动。

外资来源的多元化对我国的经济发展及产业结构优化有着重要的意义和作用。首先，它可以拓宽我国吸引外国资本的范围，避免了吸收外国资本过于单一来源对我国经济政治所造成的威胁；其次，可以提高我国在国际经济贸易中的谈判地位，由于其他国家在我国具有切身相关的经济利益，与我国进行经济谈判时，就不会求全责备，吹毛求疵；再次，帮助我国更好的理解国际经济运行环境，融入世界经济发展。

（4）外商直接投资的真实性问题

所谓"真实性问题"相当的具有中国特色，这一问题在近年来得到了政府和学术界越来越多的重视和研究。外资进入我国之后，有 3 种消化渠道：实业投资[①]、购买商品、将外汇兑换成人民币并进行非实业投资。3 种渠道中，都有相当一部分的资本并不真正为外国投资者所控制，而是由国内投资者所掌握。这种回流资本主要包括以下方面的原因：第一，一些国内资本想要享

---

① 主要指的是并购。所谓并购，是兼并和收购的合并称呼。兼并是指一家企业彻底的融入另一家企业，往往体现为一家法人实体的消失。而收购则仅仅是指企业控制权的转移。由于两种方式对于一国市场的影响非常类似，因此不做更多的区分。

有针对外资的优惠政策，因此需要披上外资的外衣来实现这一目的；第二，很多非法收入有着洗钱的需求，通过回流资本的方式可以较为简单的实现这一目标；第三，国内对于一些企业投资有着明确的限制，为了规避这一限制，很多企业采用回流资本的方式来逃避监管。

据世界银行研究，1992 年这种回流资本占流入我国外国资本的 25%左右。也有一些学者估计了一个较低的数字，但是也达到了 10%以上。由于这种回流资本往往非常介意自己身份的真实性问题，因此想要彻底统计几乎是不可能的。而且随着近些年我国房地产市场、金融市场等投资品市场的发达，而我国监管政策的缺失，都会令回流资本的数量进一步扩大。此外，进入我国的外资数额极其庞大，即使采用最为保守的 10%回流资本比例，那也是一个触目惊心的数字。我国的双顺差的一个直接原因就可以认为是回流资本。

由于回流资本数额很难统计，而且计算出精确的回流资本量也不会对我国吸引外资的政策与效果产生颠覆性的影响。因此，本书仅指出这个问题的存在，并不针对回流资本进行更深入的探讨与区别。

4.1.3　流入我国外商直接投资的地区分类

4.1.3.1　整体情况概述

外资政策从诞生之日起，就有着显著的地域特征。我国区域性外资政策可以分为 4 个明显的不同阶段：第一阶段，1979—1983 年，即经济特区阶段。这个阶段的主要特征就是利用东南沿海地区的区位优势吸引来自香港地区的投资，中央政府给予了极大的政策性支持。这个阶段的主要目的就是吸引外资，增加出口。第二阶段，1984—1991 年，即沿海开放带阶段。这个阶段是在肯定了经济特区取得成绩的同时，明确了进一步扩大开放与加快利用外资的战略方针。在这一阶段，中国沿海地区基本全部对外开放，形成了以沿海开放城市为中心的沿海经济开放带。第三阶段，1992—1999 年，即边境内陆城市开放阶段。以邓小平南方谈话为契机，中国的改革开放进入了一个新的局面，中央政府决定进一步扩大开放范围，形成全国范围内的开放格局。第四阶段，2000 年至今，即中西部地区开放阶段。在支持东部沿海城市的对外开放之后，国家开始将重心转移向中西部内陆地区及东北老工业基地地区，以促进中西部地区的崛起，实现全国范围内的经济共同发展。经过这 4

个阶段，中国就形成了经济特区、沿海开放带、边境内陆城市、中西部地区不同开放层次的 4 个阶段梯级推进格局。①

　　由于我国实施开放政策的进度不一、开放力度不同、区域倾斜明显，再加上各个地区先天的经济条件与配套措施的差异，导致了外国资本流入各地区数量明显不同（表 4-6）。

表 4-6　截至 2013 年东中西部利用外商直接投资情况 ②

地方名称	企业数	比重（%）	实际使用外资金额（亿美元）	比重（%）
全国总计	786 217	100.00	14 768.27	100.00
东部地区	656 619	83.52	11 953.29	80.94
中部地区	83 363	10.60	1125.81	7.62
西部地区	46 069	5.86	885.81	6.00
有关部门③	166	0.02	803.36	5.44

　　数据来源：商务部外资统计。

　　从表 4-6 可以看出，流入我国的外商直接投资在 3 个地区的比重差距相当大，可以说是一边倒的倾向于东部地区，中部地区与西部地区则难分伯仲，相差微乎其微。无论从企业数还是实际使用外资的数量上看，东部地区所占份额均在 80% 左右。而中部地区外资企业比重远超西部地区，但是资金流入数量的差距却不如企业数量的差距显著。这种数据分布从另一个角度说明了流入西部地区的外资企业整体规模要大于中部地区的外资企业。如果按照规模理论进行分析的话，似乎可以简单地认为西部地区外资流入质量要略高于中部地区。值得一提的是，有关部门外资流入的企业数量极少，但资金比重却相当之高。这说明我国的服务业，尤其是金融业对于外资的开放程度及吸引力均已经有所提高。整体而言，外国资本进入我

---

① 本段内容参阅了各年度的《中国外商投资报告》。

② 按照商务部的统计方式，东部地区主要包括北京市、天津市、河北省、上海市、江苏省、浙江省、福建省、山东省、广东省、海南省、辽宁省；中部地区主要包括湖北省、湖南省、江西省、河南省、黑龙江省、安徽省、吉林省、山西省；西部地区主要包括广西壮族自治区、四川省、陕西省、重庆市、云南省、内蒙古自治区、甘肃省、贵州省、新疆维吾尔自治区、宁夏回族自治区、青海省及西藏自治区。在某种程度上，这种分类与地理的东中西部的分类不尽相同，主要是为了体现各个省份经济发展情况而做出的分类。

③ 有关部门主要包括了银行、证券、保险等行业吸收外商直接投资的数据。

国的主要地区集中在东部沿海省份城市，而中西部地区则仍然属于外国资本匮乏的地区。①

累计值表示的是在一段时间内数据的叠加。为了更好地进行分析和说明，我们可以用横截面数据来进行比较，从而得出更为直观的结论。2013 年我国各个地区利用外资的统计数据如表 4-7 所示。

表 4-7　2013 年东中西部利用外资情况

地方名称	企业数	比重（%）	实际使用外资金额（亿美元）	比重（%）
全国总计	22 819	100.00	1239.11	100.00
东部地区	19 251	84.36	968.78	78.18
中部地区	2400	10.52	101.03	8.15
西部地区	1122	4.92	106.05	8.56
有关部门	46	0.20	63.25	5.11

数据来源：商务部外资统计。

相比较而言，2013 年外资在各个地区的分布数据与累计数据变动不是很明显。尤其而言，东部地区仍然具有压倒性的优势。而中部和西部地区能看出确实存在一定的成长，但这种成长的力度与速度均不尽如人意。这一方面说明我国出台的西部大开发、振兴中部地区等相关战略确实起到了一定程度的引导性作用，但另一方面这种引导作用必须要在市场导向的基础之上，因此外资迁移的速度和质量均不高。需要提及的是，虽然流入我国的外国资本仍然保持着一定的增幅，但由于其基数已经非常之大，期望能有类似 20 世纪 90 年代的爆发性增长可能并不现实。东部地区已经形成了完整的产业链与配套措施，集聚效应已经形成，中西部仅仅靠国家政策的扶持及劳动力价格的低廉是否可以吸引到更大规模的外国资本流入，不得不令人持怀疑态度。

4.1.3.2　流入我国外商直接投资地区分布的特征

就外国资本流入我国的地区分布数据来看，具有以下特征。

（1）高度集中于我国东南沿海地区

这一情况主要由以下原因所导致。

第一，我国外资流入区位分布具有明显的政策导向性质，国家出台的外

---

① 此处用"匮乏"并不是外资万能或者外资至上的观点，仅仅用其本意描述一种数量很少的状态。

资政策与区域发展政策总是会使得某些资本可以从中获得较大的收益。在我国投资环境尚未完善、政治体制仍然和发达国家存在一定差异的今天，政策因素可以说对我国经济发展起着至关重要的作用。外国资本集中于我国的东南沿海地区，很大程度上可以由政策因素来解释。开放初期，我国向外国资本开放的地区全部集中在东南沿海省份，外国资本没有自主选择投资地点的权力。扩大开放区域及出台更宽松的投资政策之后，从中收益最多的仍然是东南沿海地区。虽然在改革开放第三阶段国家意识到了外资对我国中西部地区的重要性，可是与投资环境和产业规模已经成熟的东部地区竞争，单单依国家的优惠政策的中西部地区已经很难迎头赶上。

第二，迄今为止，流入我国的外国资本大部分均投入到劳动密集型的加工装配行业。而这些行业生产出的大多产品并不是供应国内市场，其主要市场是西方发达国家。东南沿海地区的物流优势也是吸引外国资本流入的重要原因之一。

第三，我国幅员辽阔，人口众多。地理环境也决定了我国短时期内无法做到经济均衡发展。国家政策的倾斜、当地物产资源禀赋及受到高等教育的人才数量都影响着各个地区的经济发展。我国东部沿海地区自古以来就是经济发达区域，高度密集的人口分布，高于全国水平的人均收入等优势都造成了我国东部市场发展要强于中西部地区的市场发展。如果外资进入的目的是占领国内市场，这些因素也决定了资本流入要更偏向于东部地区。

种种优势条件都造成了外国资本更加偏好于易于获利的东部沿海地区，而东部沿海地区也确实在外国资本的帮助下走上了健康快速的发展轨道。这种良性循环也是我国经济飞速发展的重要原因之一。

（2）流入中西部地区的外商直接投资数量较小，增长速度加快

从前文分析中可以看出，改革开放初期，东部与中西部地区的外资流入量虽然已经有一定差距但并没有质的差异，但进入20世纪90年代之后，东部地区吸引外资的速度和质量远远高于中西部地区，经过一段时间的发展，二者已经不能等量齐观、一概而论了。

究其原因，中西部地区之所以在吸引外资方面表现得差强人意，主要有两方面的原因。

第一，我国建国初期的产业发展规划就决定了东北及中西部地区主要以重工业与能源产业为主，东南沿海地区以制造业为主的产业格局。在国家统分统筹的年代，商品价格不能按照供需情况自由浮动，导致了东北工业区与

中西部地区向东南沿海地区输血的局面。而外商直接投资主要集中于制造业，这必然导致了东北与中西部地区无法吸引外商直接投资。

第二，产业格局的分配也造成了经济发展的不平衡，从我国的情况来看，制造业对经济的促进作用要远远大于其他行业。在制造业的推动下，东部地区的经济有了突飞猛进的发展，而以其他产业为支柱的中西部地区，经济发展的速度要远远逊色于东部地区。经济发展速度的差异造成了居民收入水平的差异，中西部地区人均可支配收入要远远低于东部地区，只是略多于东部地区的一半，购买力低下直接影响着外资流入的数量。

（3）政策因素的重要性正在下降

改革开放初期，政策倾斜与扶持几乎是外国资本流入的唯一决定性因素。正因为此，才有了深圳从渔村向国际化都市的转变，也有了上海浦东令人瞠目结舌的发展速度。林林总总的事实都告诉我们，国家政策无论对于吸引外资还是发展经济都有着举足轻重的影响。

2000 年之后，中央政府出台了一系列扶持中西部及东北老工业基地的政策。但 10 多年过去了，相关政策仍然没有取得立竿见影的效果。这就让人不得不怀疑现在我国经济发展过程中的政策导向作用已经逐渐被削弱。尽管这个推论无法得到严格的证明，但就外国资本流入的区位选择而言，做出这种判断也不是没有任何依据。当外国资本的流入完全没有自主选择权的时候，为了尽快进入这个新兴市场，只要有容许进入的途径，就会有许多资本急迫的流入。但是经过 30 余年的发展，随着我国对外国资本的限制越来越少，开放程度越来越高。外国资本有了更多的发展空间与自主权利。这时，单纯的政策倾斜已经不足以构成吸引外国资本进入的决定性因素。基于以上分析，国家为了促进中西部及东北老工业基地的发展，扶持政策的出台是必要的，但与此同时，必须要提高中西部自身的竞争力，完善各种配套措施，减少官僚主义气息，增强危机意识，才能最终取得预期的效果。

4.1.4　外商直接投资进入我国的主要行业/产业分布

外商投资已经深入我国各个领域，第一、第二及第三产业中，外资的身影均随处可见。但外资在各个产业部分中的分布并不平均，其进入方式不同、性质不同、影响不同。这诸多的不同决定了外资在不同产业部门中所能发挥的作用也存在着巨大差异，对我国经济整体影响也有着各自的特点。基于此，这一问题也已经成为现在我国乃至世界经济理论界的关注和研究热点。2013

年外商对我国的直接投资行业结构如表 4-8 所示。

表 4-8　2013 年外商直接投资行业结构金额

行业名称	企业数	同比增长（％）	实际使用外资金额（万美元）	同比增长（％）
总计	22 819	−8.48	12 391 120	2.34
农、林、牧、渔业	757	−14.17	180 003	−12.71
采矿业	47	−11.32	36 495	−52.63
制造业	6504	−27.49	4 555 498	−6.78
电力、燃气及水的生产和供应业	200	6.95	242 910	48.21
建筑业	180	−13.88	121 983	3.22
交通运输、仓储和邮政业	401	1.01	421 738	21.41
批发和零售业	7349	4.55	1 151 099	21.66
住宿和餐饮业	436	−13.66	77 181	10.01
金融业	555	90.72	865 546	−24.58
房地产业	530	12.29	2 879 807	19.37
租赁和商务服务业	3359	4.03	1 036 158	26.19
科学研究、技术服务和地质勘查业	1241	−3.57	275 026	−11.15
居民服务和其他服务业	166	−13.54	656 693	−43.59
教育	22	100.00	1822	−46.99
卫生、社会保障和社会福利业	18	−25.00	6435	0.08

数据来源：商务部外资统计。

依照表 4-8 的数据，2013 年进入我国的外资主要集中于制造业、批发和零售业、金融业、房地产业及租赁和商务服务业等行业（除了金融业之外，其他行业外资流入量均超过了 100 亿美元）。相比较而言，其他行业，尤其是第三产业相关行业的外资流入量近几年也实现了较快增长，但在总量上仍然无法与这几个行业相比。

按照产业结构划分，2013 年进入我国的外国资本进入行业如表 4-9 所示。

表 4-9　2013 年外商直接投资产业结构

行业名称	企业数	比重（%）	实际使用外资金额（亿美元）	比重（%）
总计	22 819	100.00	1239.11	100.00
第一产业	757	3.32	18.00	1.45
第二产业	6931	30.37	495.69	40.00
第三产业	15 131	66.31	725.42	58.55

资料来源：商务部外资统计。

按照行业划分，第三产业已经在近些年的快速发展中实现了超越，其所占份额（58.55%）已经超过了第二产业所占份额（40.00%）。相较于 2005 年的数据（第二产业 61.72%，第三产业 37.28%），已经可以明显看出第三产业在吸引外资方面的巨大优势。这也是和我国的产业结构调整及产业政策倾斜有着直接的关系。而落实在第一产业中，实际使用外资金额也实现了较大幅度的增长（从 2005 年的 7.18 亿美元，增长到 2013 年的 18.00 亿美元），但从全国比重来看，几乎没有什么明显的进步（2005 年的 0.99% 到 2013 年的 1.45%）。

为了对比我国外资流入产业分布的变动，表 4-10 给出了截至 2013 年外商直接投资产业结构分布。从合同外资金额和实际使用外资金额对比来看，2013 年外资流入第三产业的数量已经超过了第二产业，但从累计数据来看，第二产业整体吸引外资的数量（60.04%）仍然远远超过第三产业（37.64%）。这说明经过我国改革开放 30 余年，尽管产业政策的调整步伐仍然有条不紊，但是第二产业作为产业结构的核心部分仍然起着中流砥柱的作用。第三产业的发展虽然很快，但在短期之内仍然很难实现针对第二产业的完全超越。

表 4-10　截至 2013 年外商直接投资产业结构

产业名称	企业数	比重（%）	合同外资金额（亿美元）	比重（%）
总计	786 217	100.00	30 640.65	100.00
第一产业	22 766	2.90	710.86	2.32
第二产业	519 768	66.11	18 396.61	60.04
第三产业	243 683	30.99	11 533.18	37.64

资料来源：商务部外资统计。

国际金融资本的跨国流动在不同的时期有着不同的特点，从早期以投资初级产品行业为主，到后来的以制造业为主的第二产业为投资重点，20世纪末以服务业为主的第三产业又成为主要投资领域。这种外资重点产业的变动过程与国际产业结构的进化发展是息息相关的。

就我国自身情况来看，外资流入的产业分布在不断与世界产业分布趋同的同时，也具有一些显著的自身特征。

首先，外资重点从来不是第一产业，过去如此，现在如此，未来也依旧如此。之所以会产生这样的局面，我国第一产业劳动生产率低，国际竞争能力不强固然是一个重要原因，但我国的具体政治经济环境是一个更为主要的原因。在我国社会主义市场经济体制中，土地作为一个重要而又敏感的问题一直为政府和社会共同关注着。而且，在中国耕地面积不断缩小、"三农"问题日渐严峻的今天，政府并不允许外资大规模进入粮食生产领域，而在加工领域中，由于我国市场已经类似于寡头竞争，所以对新进入的外来资本并不友好。此外，土地资源的固化①、粮食价格的国家指导机制等都与外国资本所要求的市场秩序有着或多或少的抵触。外国资本在我国第一产业内的分布非常有限也就可以理解了。

其次，迄今为止，流入我国的外国资本大多数集中于第二产业，尤其是第二产业内的劳动密集型行业，这是我国外资产业分布的最主要特征之一。目前全球范围内的产业资本流动主要集中于以服务业为主的第三产业，这是由第三产业的产业特点所决定的，并且在未来较长一段时间内仍然会保持这一趋势。与此同时，我国产业结构优化调整仍然在过程中，第三产业的重要性也在不断增强。但我国第三产业起步较晚，资本集聚性不强，竞争能力较弱，这些都制约了我国第三产业的快速发展。虽然国家在政策层面和产业指导层面均不断强化第三产业的重要性，但这并不能改变一直以来我国经济增长依赖于第二产业的局面。因此，优化本国产业结构与市场结构，利用外资的技术优势与管理优势，依赖政策引导外资流向，才是我国外资相关政策的当务之急。

最后，进入第三产业的外资绝对量已经超过第二产业，而且仍将保持快

---

① 土地资源的固化指的是国家对土地资源的控制，比如土地的不可买卖，土地承租人只有土地的使用权而没有所有权，这一切都使得规模经济效应无法体现出来，所以无法吸引外国资本的进入也是理所当然的结果。

速增长。在世界范围内，国际产业资本重点流向哪个产业都是与当时国际经济发展息息相关的。现阶段之所以集中于以服务业为主的第三产业，主要有两方面的原因，第一，国际上具有较好投资前景的行业大多集中在第三产业。第一与第二产业中的各个行业要么因为受到严格的保护，要么竞争已经充分，都很难寻求到获利的机会。第二，第三产业主要是面向消费者而不是生产者。这样投资项目的受众者覆盖面就会比较宽泛，容易回笼资金，并建立美誉度与忠诚度，占有的市场会相对容易维持。如果对比我国的情况，我们会发现，第二产业并没有实现充分竞争，大量政府干预和非市场化倾向使得国有企业市场竞争力不断增强。与此同时，外资曾经具有较大优势的技术和管理等方面均已经不再那么显著。因此外资进入第二产业的步伐已经开始放缓。相比第二产业的政府干预较多，第三产业的市场化竞争更趋激烈，尤其我国在金融领域开放程度不断增强的背景下，外资纷纷意识到第三产业中的获利空间。而我国 4 万亿元投资、上海自贸区等政策和改革均加强了这种预期。外资选择加速流入第三产业就可以理解了。

4.2　我国出口贸易结构的演进过程

4.2.1　我国出口贸易结构的回顾与评析

4.2.1.1　中国对外贸易区域结构

改革开放以来，我国的外贸依存度[①]日益增高，很多学者甚至已经认为当前我国的贸易依存度过高，已经到了影响我国经济安全的程度。对于这一问题，学者们见仁见智，本书也并不完全认同这个结论。但有一点必须要承认，那就是过高的外贸依存度会给国家经济发展带来一定程度的不确定性，也不属于经济发展中的常态。因此，对于这一问题我们需要一分为二地进行分析和审视，深刻反省经济发展过程中存在的问题，这才是理论研究的正确

---

① 贸易依存度（Ratio of Dependence on Foreign Trade）也称为对外贸易系数，指一个国家或者地区的国民经济对贸易的依赖程度。通常用本国或本地区的对外贸易额（进出口总额）在本国或本地区国民生产总值（GNP）或者国内生产总值（GDP）中所占比重表示的。虽然这个指标并不能直接表示该国或该地区的整体经济实力、工业化水平及生产结构的优化程度，但是在描述一个国家与外部经济的联系情况及在世界范围内本国的分工情况等方面，该指标则有着一定的先进性。在经济学理论中，通常用这个指标来判断对外贸易对本国经济增长的作用，该指标越大，则意味着对外贸易对该国经济增长的贡献越大，反之亦然。

态度。

　　我国的出口贸易区域结构随着时间的推移产生了很大变化，但亚洲地区一直处于主导地位，这毫无疑问是得益于地缘优势的结果。2000 年之前，中国的最大贸易伙伴一直都是中国香港及日本。虽然近些年随着中国大陆与美洲与欧洲国家的贸易额不断创下历史新高，但由于 CEPA[①] 协定的签署、中日两国政治经济气候回暖等因素都使得中国和传统的最大贸易伙伴关系会继续维持下去。而欧盟和美国紧随其后成为中国出口贸易的另外两大支柱（表4–11）。

表 4–11　2011—2013 年中国与主要贸易伙伴的贸易额

单位：亿美元

地区	2011 年			2012 年			2013 年		
	出口	进口	总额	出口	进口	总额	出口	进口	总额
中国香港	2679.83	154.92	2834.75	3234.31	178.80	3413.11	3847.9	162.2	4010.1
中国台湾	351.09	1249.09	1600.18	367.77	1322.04	1689.81	406.43	1566.37	1972.8
日本	1482.71	1945.64	3428.35	1516.22	1778.34	3294.56	1502.8	1622.7	3125.5
韩国	829.20	1627.06	2456.26	876.78	1687.38	2564.16	911.8	1830.7	2742.5
欧盟	3559.75	2111.58	5671.33	3339.59	2120.78	5461.37	3390.07	2200.55	5901.3
美国	3244.53	1221.07	4465.60	3517.77	1328.96	4846.73	3684.3	1525.8	5210.1

　　资料来源：商务部网站、统计局网站[②] 等。

　　从表 4–11 可以看出，我国主要贸易伙伴在地理分布上主要集中于华人经济圈、周边发达国家及传统发达国家。其中亚洲地区在中国贸易地理结构中有着举足轻重的作用，这主要是因为区位优势与文化优势的双重作用。中国与华人经济圈的贸易往来属于历史传统，即使中国在改革开放初期，华人经济圈的贸易与投资就已经占有了相当重要的位置，这一情况只能用文化因素来解释。日本与韩国等东北亚国家一直以来都有着与相邻国家保持投资及

---

① 　CEPA 是《内地与香港关于建立更紧密经贸关系安排》（Closer Economic Partnership Arrangement）的英文简称，其实际包括中国大陆与中国香港和中国澳门两个地区的相应安排。在本书中，由于中国香港占有特殊的地位，因此仅考虑中国香港部分。CEPA 协议分 6 章 23 条，另有 6 个附件，主要涵盖货物贸易、服务贸易和贸易投资便利化等三大范畴。从 2003 年到 2010 年，又分别签订了 7 次补充协议，使得中国大陆和中国香港在经贸往来方面更为密切，相互依存度也更高。

② 　由于资料来源不同，因此数据小数点后位数不完全一致，为了忠实于原始数据，本书未做调整。

贸易关系的传统，很大程度上也可以归结为地缘与文化因素。而我国与欧美发达国家之间的贸易快速增长很难通过文化和地缘要素进行解释，其原因只能是因为中国改革开放及与之相关的经济政治体制改革，改革令中国与世界经济不断融合，逐渐形成了一个你中有我我中有你的局面，而中国较低的劳动力成本与大规模的市场容量等优势是其他国家所不具备的。因此，中国与欧美发达国家之间的贸易增长无疑是由于比较优势的缘故，中国自身依赖优势使得欧美发达国家不得不与中国进行大规模的商品贸易。

4.2.1.2　我国主要出口市场未来发展趋势

我国出口市场非常集中，我国向中国香港、中国台湾、日本、韩国、美国、欧盟 6 个国家（地区）的出口额就占据了我国出口市场总额的 62.73%[①]。在高度集中的出口市场中，具有以下几个明显特征。

（1）高度依赖于发达国家市场

我国的出口越来越集中于发达国家市场，而且就目前情况来看，这一趋势短期内不会改变，这是由我国的历史与现实条件所共同决定的。华人经济圈与中国大陆一向以来都有着千丝万缕的联系，由此所导致的大规模贸易活动是必然结果。而我国庞大的生产能力注定了无法单纯依靠国内市场消化，必然要有其他具有高度发达购买力的庞大市场才能保证生产能力不至于闲置。放眼世界，可能也只有少数发达国家才具有满足中国生产能力的消费市场及购买能力。因此，我国这种出口贸易区域结构就不足为奇了。

（2）投资与贸易密切相关，外商直接投资带来了新的贸易机会

外商直接投资大量进入中国产生了巨大的贸易创造效应。前文已对投资的贸易创造效应与替代效应进行了详细的阐述。这里单纯讨论外商直接投资对我国出口贸易的促进作用。20 世纪 90 年代之后，随着新加坡、韩国等国家向中国大陆的投资增多，这些国家与地区同美国、日本一道，将中国纳入世界生产体系中。在投资的带动下，产业内分工与经济融合过程的加快，中国同这些国家之间的贸易额迅速增长，实现了出口市场规模的持续扩张。

（3）中国香港作为转口贸易中心对中国有着特殊的作用

作为最重要的自由港之一，中国香港对我国的产品出口有着至关重要的作用和地位。即便 1993 年后，我国改变了统计方法，将通过中国香港的转

---

① 依据 2012 年统计数据。

口贸易部分从我国出口中剔除，中国香港仍然牢牢把持着中国出口对象国家或地区前3名的位置。这足以说明了中国香港对我国出口贸易的重要性。

4.2.1.3 中国对外贸易商品结构

出口商品结构是衡量一国或地区出口贸易质量最重要的指标之一，其同时也表示了该国以生产力水平、开放程度等因素代表的经济发展水平，更可以衡量一个国家在世界贸易体系中的地位。根据商品附加值高低，贸易品可以分为初级产品和工业制成品。初级产品指能源类产品、农产品等附加值较低的商品，这类商品在国际市场上可替代性较强，议价空间不大，并不是我国发展出口贸易的主要构成产品。与初级产品相比，工业制成品往往附加值较高，可替代性较低，技术含量较高，往往具备一定的国际竞争优势。对于初级产品需求量较大而且产量有限的中国来说，大力发展工业制成品的出口、减少初级产品的出口才是合理的贸易发展战略。

出口商品中初级产品与工业制成品的比例不同，就决定了各个贸易国的出口贸易商品结构的差异。经济学研究通常采用工业制成品出口占据全部出口产品的比例高低来判断该国出口商品的结构，比例越高通常就意味着出口商品结构越好。

在表4-12中，我们将中国1980年以来的商品出口状况进行统计分析，用数字来直观判断中国这段时间内的出口商品结构的变动。图4-4所示为1980—2004年初级产品与工业制成品出口占出口总额的百分比。

表4-12 1980—2013年我国初级产品与工业制成品出口占出口总额的百分比

年份	出口总额（亿美元）	初级产品出口额（亿美元）	同比增长（%）	占出口总额比重（%）	工业制成品出口额（亿美元）	同比增长（%）	占出口总额比重（%）
1990	620.91	158.86	—	25.6	462.05	—	74.4
1991	719.10	161.45	1.6	22.5	556.98	20.5	77.5
1992	849.40	170.04	5.3	20.0	679.36	22.0	80.0
1993	917.44	166.66	-2.0	18.2	750.78	10.5	81.8
1994	1210.06	197.08	18.3	16.3	1012.98	34.9	83.7
1995	1487.80	214.85	9.0	14.4	1272.95	25.7	85.6
1996	1510.48	219.25	2.0	14.5	1291.23	1.4	85.5
1997	1827.92	239.53	9.2	13.1	1588.39	23.0	86.9

续表

年份	出口总额（亿美元）	初级产品出口额（亿美元）	同比增长（%）	占出口总额比重（%）	工业制成品出口额（亿美元）	同比增长（%）	占出口总额比重（%）
1998	1837.09	204.89	−14.5	11.2	1632.20	2.8	88.8
1999	1949.31	199.41	−2.7	10.2	1749.90	7.2	89.8
2000	2492.03	254.60	27.7	10.2	2237.43	27.9	89.8
2001	2660.98	263.38	3.4	9.9	2397.60	7.2	90.1
2002	3255.96	285.40	8.4	8.7	2970.56	23.9	91.3
2003	4382.28	348.12	22.0	7.9	4034.16	35.8	92.1
2004	5933.26	405.49	16.5	6.8	5527.77	37.0	93.2
2005	7619.53	490.37	20.9	6.4	7129.16	29.0	93.6
2006	9689.78	529.19	7.9	5.5	9160.17	28.5	94.5
2007	12 204.56	615.09	16.2	5.0	11 562.67	26.2	95.0
2008	14 306.93	779.57	26.7	5.4	13 527.36	17.0	94.6
2009	12 016.12	631.12	−19.0	5.3	11 384.83	−15.8	94.7
2010	15 777.54	816.86	29.4	5.2	14 960.69	31.4	94.8
2011	18 983.81	1005.45	23.1	5.3	17 978.36	20.2	94.7
2012	20 487.14	1005.58	0.0	4.9	19 481.56	8.4	95.1
2013	22 090.04	1072.68	6.7	4.9	21 017.36	7.9	95.1

资料来源：1990 年之前的数据来自外经贸部（现商务部）统计数据，其他数据来于《中国统计年鉴 2014》，其中百分比数据由笔者自行计算。

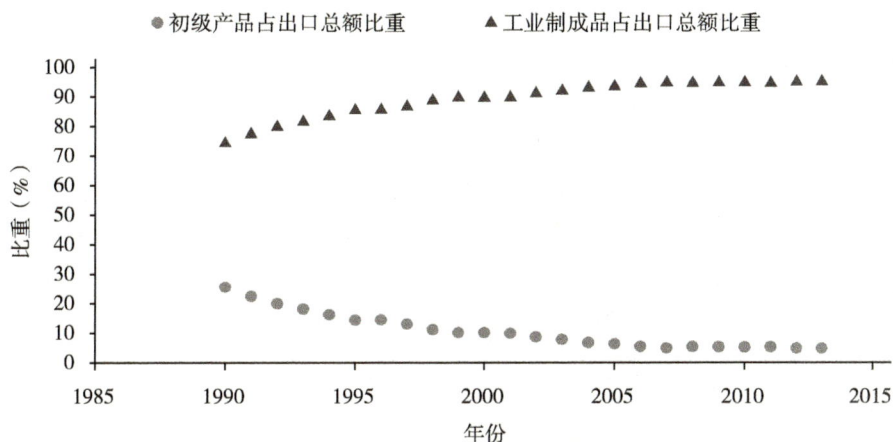

图 4-4 1980—2004 年初级产品与工业制成品出口占出口总额的百分比

从以上数据我们可以看出，1990—2013 年，我国出口商品结构的变动有如下几个特征。

第一，随着改革开放的不断深入，工业制成品出口成为我国商品出口的主要方式。

一般而言，新兴工业化国家大多采用两种不同的战略发展本国经济，进口替代战略与出口导向战略。进口替代战略的主要代表国家为南美洲的阿根廷、巴西、智利等国家。其主要是指利用本国生产的产品逐渐替代外国进口商品，通过对本国的行业扶持，推动本国工业化发展。政策手段包括对内给予税收、资本、市场等方面的优惠措施，鼓励国内外资本在本国设厂，提高工业化水平。与此同时，通过关税、进口配额及外汇管制等手段，限制外国工业品进口，削弱本国企业遭受到的市场竞争。出口导向战略的主要代表国家为东亚东南亚的日本、韩国、中国、泰国等国家。其主要是指利用世界范围内的资源开拓市场，生产主要是为了满足国际市场的需求，以此拉动本国经济增长。相对于进口替代的国家政策扶持，出口导向更强调扩大开放力度，积极融入世界经济产业链中。从目前各国发展情况来看，实行出口导向发展战略国家的经济发展要优于实行进口替代发展战略的国家。这也许表示了积极融入世界经济对一个国家（地区）经济发展有着重要的推动作用。

改革开放初期，在各种因素的综合作用之下，我国实行了积极的出口导向型经济发展战略。在这一过程中，我国积极调整出口贸易商品结构，并取得了长足的发展，随着时间的推移，出口商品结构也表现出一种持续优化的趋势。改革开放初期，我国初级产品出口数量与工业制成品出口数量几乎平分秋色，但到了 2013 年，初级产品出口份额已经下降到 4.9%，而且持续下降的趋势仍然没有改变。由此可见，我国以工业制成品为主的出口商品结构已经成形。

第二，工业制成品出口的产品构成以劳动密集型产品为主，这说明我国出口贸易商品结构仍然存在提高的空间。

我国出口导向战略的第一个阶段就是大力发展劳动密集型产业，这是由我国大量高质低价劳动力所决定的，劳动力优势也是我国主要的比较优势所在。我国劳动密集型产业的发展主要依靠两种力量，一种是民营资本的壮大，通过民营资本扩大自身规模吸引大量中西部地区的剩余劳动力，形成劳动密集型产业的规模效应与集聚效应；还有一种力量就是利用中国的各种资源优势与政策优势吸引外国资本流入劳动密集型产业，大力发展我国的贸易加工出口。这两种力量同时加快了我国从农业国向工业国的转变，实现了我国工业化进程的加速。

劳动密集型产业成为我国支柱出口产业之前，我国出口份额最大的是资源产业，石油、煤炭、天然气等是我国出口最主要的商品。自从我国确定了以劳动密集型产业作为我国出口的主要产业之后，我国的生产与出口的商品结构迅速得到了改善。1986 年，我国出口产品分类中，劳动密集型产品第一次超过了资源密集型产品，这也标志着我国出口主导产品性质的改变，极大地提高了我国商品在世界市场上的竞争力。

但在我国出口商品结构有着很大提升的同时，我们不得不清醒地认识到，虽然从资源密集型产品向劳动密集型产品的转变对我国整体经济发展与竞争力有着很大的促进作用，但当前发达国家与大多新兴工业化国家都已经将资本密集型甚至技术密集型产品作为其主要出口产品。随着国际分工的深化及国际产业结构的转移，我国具有的劳动力优势导致了我国劳动密集型产品成为主要出口产品，但若限于此的话，接下来的产业空心化陷阱很难避免。为了实现我国经济的长期稳定增长，优化产业结构，增强国际市场竞争力，进一步提升出口贸易商品结构不可懈怠。

第三，高新技术产品出口比重不断上升，但商品出口总量占我国总出口金额的比例仍然偏低，这也是我国出口商品贸易结构存在的主要问题。

单纯依靠劳动密集型产品的出口推动经济发展并不是长久之计，人口老龄化、劳动力成本飙升都要求中国必须尽早提出对策，摆脱依赖于低端工业品出口拉动经济的现状。虽然我国已出台相关政策推动资本和技术密集型产品的出口，但由于内外部条件的限制，很难一蹴而就。经过改革开放数十年的艰苦努力，相关产品的出口比例一直都在不断提升。1995 年我国机电产品的出口一举超过了纺织品与服装，成为第一大类出口商品，这也标志着我国出口商品结构从以劳动密集型产品为主的结构向以资本与技术密集型产品为主的结构转变。1995 年之后，我国以机电产品为代表的高新技术产品的出口比例不断提升，这种迅速增长也成了我国出口商品结构优化的显著特征之一。

但必须注意的是，我国高新技术产品的出口增速虽然很快，但整体出口比例仍然偏低。欧美发达国家的出口贸易商品结构中，高新技术产品往往都占据了 40% 甚至更高的比例。经过 30 余年的发展，我国高新技术产品出口比例仍然也只有 20% 左右，与发达国家相差甚远，呈现出出口商品结构低级化的特点。

第四，我国在国际分工产业链条中地位不高，亟待解决。

世界经济一体化的发展使得国际分工产业链条已经形成。凡是积极参与世界经济发展的国家都在这个分工链条上占据了自己的位置。世界经济一体化主要是通过投资和贸易两种方式在世界范围内传播，仅看到一个国家或地区对外出口的产品结构并不能完全体现该国在分工链条中的地位。劳动密集型产业的产品也会存在一些高技术高资本密集的生产环节，资本、技术密集型产业的产品也会有一些简单的组装加工工序。因此，单纯从一国贸易商品结构来判断该国在产业链中的地位是不足取的，必须要详细分析该国在产品生产过程中的地位，才能最终得到答案。

我国当前出口产品有很大一部分都是劳动密集型产品的简单组装部分，这些都是在世界生产链条中最底层的生产环节，仅仅能获取为数极少的加工费用，包含在最终产品中的品牌价值、设计价值等都控制在外国资本的手中。虽然我国出口产品结构已经得到了一定的提升，但是究其实质，大多数出口产品仅仅是在不同类型产品中的劳动密集生产环节中实现的，出口产品的附加值仍然很低，这些都说明了我国在国际分工产业链条中地位较低，只有努力提升在链条中的地位，才能从根本上扭转我国出口产品结构中的劣势。

4.2.1.4　中国对外贸易方式结构

（1）相关定义

当前我国出口贸易方式主要包括 3 种：一般贸易、加工贸易与其他贸易。3 种贸易方式中，一般贸易和加工贸易占了绝大部分，其他贸易方式[①]所占据的份额较少，也不是本书讨论的重点，以下分析中便不再更多涉及。

在传统经济学研究中，并没有一般贸易这个专属名词。一般贸易是与加工贸易相对而言的，指贸易商品主要是用出口国自身的资源及材料进行生产制造，并将产品用于出口。而加工贸易是指从境外保税进口全部或部分原辅材料、零部件、元器件、包装材料，经境内企业装配后，最终产品

---

① 其他贸易也就是除了一般贸易和加工贸易之外的其他贸易方式的总称。包括援助、捐赠、补偿贸易、寄售代销贸易、边境小额贸易、租赁贸易、易货贸易、免税商品、海关特殊监管区域物流货物等方式。相对而言，这些贸易方式比较零散，而且与本书主旨关系不大，因此不做具体分析和解释。

用于出口的经营活动。具体而言，加工贸易包括来料加工与进料加工[①]两种方式。

由于产品生产的原材料从国外进口，制成品的销售市场也在海外，来料加工与进料加工从形式上来看颇有类似之处，但究其实质仍有所不同。来料加工中的本国厂商仅仅从中获取微薄的加工收入，最终产品的销售所得属于外国厂商所有，但是商业风险也同样由外国厂商所承担。因此，来料加工可以说是一种低风险低收益的商业方式。进料加工则与之不同，虽然商品原料等也是由国外进口，但是其中包含了商品产权的转移，国内厂商并不再是生产链条上仅仅承担其中加工装配的简单环节，后续的商品销售等环节也均由本国厂商承担，是一个自主经营的过程。这种方式需要承担由于不熟悉外国市场变动等各种风险，属于一种高风险高收益的商业方式，对国内厂商的技术、市场营销、销售渠道等方面都有着较高的要求。

（2）加工贸易与一般贸易的异同

加工贸易和一般贸易作为我国对外贸易的主要方式，了解二者之间存在的差异及共同点有着重要的意义。尤其两种方式并非泾渭分明，需要进一步区分清楚。

加工贸易和一般贸易的主要区别体现在 3 个方面。第一，从商品原料来源角度来判断，加工贸易的商品原料来源主要是从海外购买或者从外国运输至国内，按照原产地规则的标准，这些商品来源不符合我国原产地规则，其在我国只是完成了加工和装配的过程。而一般贸易商品的原料全部或者大部分由国内提供，在国内完成原料购买和组装加工过程之后再将成品出口至海外。

第二，从贸易收益角度来判断，加工贸易中大多数企业只能获得最基本的加工装配环节中的加工费用。从商品价值链的角度来说，加工装配费用总是处于价值链的最低端，而且我国的加工产业大多数是劳动密集型的加工方式，附加价值低，可替代程度高，国际竞争异乎寻常的激烈。基于此，我国企业在加工贸易中通常仅能获得最低限度的收益。一般贸易的企业往往可以获得从原料购买一直到商品最终销售所有环节中的所有收益，与加工贸易收

[①] 来料加工就是指由外国厂商提供原材料，由本国厂商按照外国厂商的技术标准及其他要求进行装配，最后在交付给外国厂商由其进行销售的一种行为，本国厂商只从中收取加工费用。进料加工则是指本国厂商从外国进口原材料等，按照自己的意愿将其装配，再由本国企业或者公司对商品进行出口销售的一种行为。参见张曙霄，《中国对外贸易结构论》，北京：中国经济出版社，2003，第 88 页。

益相比，无疑存在着巨大的差异。

第三，从出口国税收的角度来判断，一般贸易在生产环节的原材料进口时需要缴纳进口环节税，出口时在缴纳增值税之后可以享受到一定比例的退税；而加工贸易在原料进口与成品出口时都不需要缴纳相关税费。可以看出，加工贸易与一般贸易在缴纳税费的问题上存在较大的差异。在同样商品出口中，不同的贸易方式在国家税收方面有着很大金额上的不同，很多案例显示，一般贸易的出口公司为了逃税避税经常采用申报加工贸易来规避税收，这也是我国当前需要注意的一点。

加工贸易和一般贸易的关联也主要体现在 3 个方面。第一，加工贸易和一般贸易二者不是相互替代的，从我国的现状来看，加工贸易对一般贸易的增长有着很大的促进作用。加工贸易最大的推动力量就是为了利用我国劳动力优势的外国资本进入。随着外国资本持续进入，加工贸易在我国贸易总量中所占的比例也在不断上升。根据国内外学者的研究，外资的进入对东道国相关产业有着明显的示范作用及技术溢出效应。当东道国的市场容量及平均技术水平能够满足外资要求时，从东道国市场购买原材料会显著降低成本，并获得当地市场更多的认同，因此更加符合外国资本的利益。随着这个过程的不断深入，东道国市场也必然会发生原材料来源的变化及加工贸易向一般贸易的转变。这已经为我国当前的现实所证明。

第二，随着世界经济的发展及我国产业的不断升级，加工贸易已经不再是单纯的劳动力密集行业的代名词。可以说加工贸易结构也在随着我国国内的产业升级与技术进步而不断实现优化升级，从最初的服装加工业向现在的电子产品等高科技产业转变，整个过程体现了加工贸易自身的演进。这一演进过程必然会同时带动相关产业的共同发展，因此加工贸易产业的进步也可以在某种程度上意味着一国整体贸易的共同增长。

第三，一般贸易及加工贸易之间的差异性日益减少而共性则不断增加。一般贸易主要体现的是出口国的技术水平及产业结构，加工贸易则主要体现的是出口国的国际贸易比较优势。二者各自的重点在世界经济一体化发展初期存在着显著差异。但随着经济水平的发展，世界贸易体系中主要国家的技术水平不断趋同，产业结构与市场结构更加类似。产业内贸易已经开始取代产业间贸易成为国际贸易的主流方式。与此同时，一般贸易与加工贸易的边界也开始逐渐模糊。再加上出口国政策的调整及贸易自由化的不断发展，在可预见的将来，一般贸易与加工贸易之间的差别也将越来越小，甚至会合二为一。

（3）我国对外贸易方式结构的回顾

表 4-13 统计了 1990—2012 年我国不同出口贸易方式的金额与增长速度。图 4-5 所示为 1990—2012 年我国不同出口贸易方式的金额。

表 4-13 1990—2012 年我国不同出口贸易方式

年份	一般贸易		加工贸易		其他贸易	
	出口金额（亿美元）	同比增长（%）	出口金额（亿美元）	同比增长（%）	出口金额（亿美元）	同比增长（%）
1990	354.60	—	254.20	—	12.10	—
1991	381.20	7.5	324.30	27.6	13.60	12.4
1992	436.80	14.6	396.07	22.1	16.53	21.5
1993	432.00	−1.1	442.36	11.7	43.04	160.4
1994	615.60	42.5	569.80	28.8	24.70	−42.6
1995	713.61	15.9	737.18	29.4	37.01	49.8
1996	628.24	−12.0	843.27	14.4	38.99	5.3
1997	779.74	24.1	996.02	18.1	52.14	33.7
1998	742.35	−4.8	1044.54	4.9	50.22	−3.7
1999	791.35	6.6	1108.82	6.2	49.14	−2.2
2000	1051.81	32.9	1376.52	24.1	63.70	29.6
2001	1118.81	6.4	1474.34	7.1	67.83	6.5
2002	1361.87	21.7	1799.27	22.0	94.82	39.8
2003	1820.34	33.7	2418.49	34.4	143.45	51.3
2004	2436.06	33.8	3279.70	35.6	217.50	51.6
2005	3150.63	29.3	4164.67	27.0	304.23	39.9
2006	4162.33	32.1	5103.55	27.5	423.81	39.3
2007	5393.55	29.6	6175.60	21.0	623.20	47.0
2008	6628.62	23.1	6751.14	9.3	927.17	50.1
2009	5298.12	−20.1	5868.62	−13.1	849.37	−8.4
2010	7206.12	36.0	7402.79	26.1	1168.63	37.6
2011	9170.34	27.3	8352.84	12.8	1460.64	25.0
2012	9878.99	7.7	8626.77	3.3	1981.38	35.7

资料来源：商务部网站、《中国贸易外经统计年鉴 2013》。

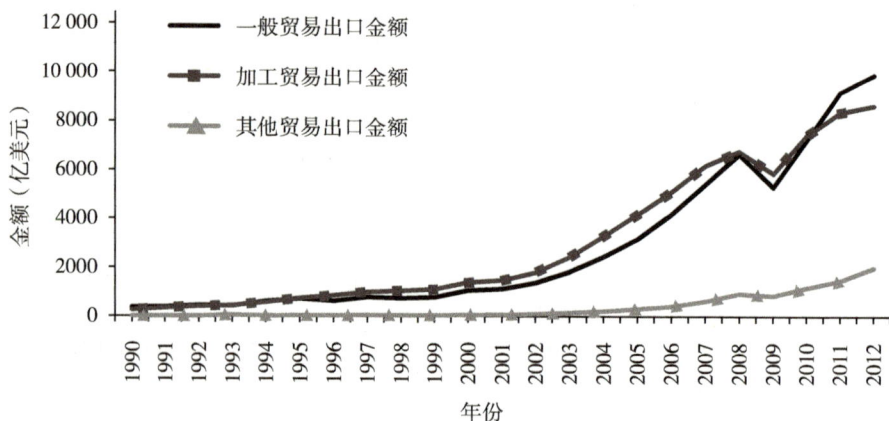

图 4-5　1990—2012 年我国不同出口贸易方式的金额

　　由统计数据可以看出，一般贸易与加工贸易均在我国贸易总额中占据了重要地位。而且就增长趋势而言，二者也保持了近乎一致的发展态势。由此可见，加工贸易和一般贸易存在着某种相关性，或者二者具有相互联系相互促进的作用。如果单就出口贸易而言，由于其可以发挥我国在劳动力成本与质量方面的比较优势，我国政府也一直持鼓励其发展的态度。为此，政府制定了一系列的政策与法规推动我国加工贸易的快速增长。在我国行政指令经济比较强大的情况下，政府的支持态度使得我国的加工贸易从无到有，由小变大，自弱至强，从最开始的食品、纺织品为主的商品结构向高技术、高附加值的商品结构演变。

　　我国加工贸易的发展历程，可以总结出如下特点。

　　第一，我国加工贸易主要集中于东南沿海地区，而出口目的国也基本集中在美日欧等发达国家。这种特点主要是由我国的经济发展战略及相应的国家政策所导致的，这一问题前面已有所描述，所以这里不予详述。

　　第二，加工贸易企业以外资企业与民营企业为主，罕有国有企业大规模实施加工贸易的情况。这种现象也许可以用中国的经济制度进行解释，相对于民营企业，国有企业很容易就可以在国有资本为主的银行系统中获得贷款，低资金成本及软预算约束必然会令国有企业热衷于高投入、高回报、高风险的投资项目。对于它们来说，加工贸易这种"蝇头小利"根本就不屑为之。缺少国有企业这一强劲的竞争对手，这些机会自然而然地就由较难获得银行贷款的外资企业与民营企业获得。在传统的市场经济理论中，逐利的本能对所有企业都是一样的，并不会因为所有制的不同而具有差异性反应。但中国的实际情况决定了不同所有性质的企业面对的整体经济环境也截然不同，这种差异是一把双刃剑，一方面其限制了民营企业在一些高利润行业中的发展空间，但另一方面其也给予了民营企业在微利条件下生存的条件。在某种意义上，我国出口相关的民营企业发展还要依赖于这种不公平的融资制度。

第三，加工贸易商品结构仍然以劳动密集型商品为主，但高科技高附加值的商品所占比重也在不断增加。这体现了我国在国际经济中的比较优势。新中国成立时的经济几乎从零开始，中间经过天灾与人祸的蹂躏，在市场化改革之初，科学技术水平与西方发达国家完全无法抗衡，发展劳动密集型产业是改革开放初期的必然选择。但是比较优势只是阶段性的，我国政府也看到了不能单纯地依赖劳动密集型产业带动国家经济的整体发展，后来逐渐加大力度推进高科技高附加值产业的发展，因此该类商品出口在我国出口贸易结构的各个方面都有着快速的增长，其中当然也包括了加工贸易。

4.2.2　外商直接投资与出口贸易的关联性问题

改革开放 30 余年，实施对外开放战略与出口导向战略的中国已经实现了巨大的跨越式增长。在这一过程中，外商直接投资与中国的出口贸易都起到了积极的推进作用。关于外资与贸易对中国经济实际产生的效应及作用机制也称为理论研究的重点问题。但是，在理论分析的过程中，外资和贸易之间相互是否存在明确的作用机制，及作用的效果到底如何并没有一个非常明确的结论。这就使得我国的外资政策和贸易政策并不能很好地结合在一起，放在一个完整的框架中进行审视和讨论。这也给学者们留下了比较大的研究空间。

如果仅就数据分析来看，随着我国改革开放的深入及经济转型的不断推进，进入我国的外资数量及我国对外出口的数量都在不断地快速增加。由于具体数据前面已经给出，所以我们用图 4-6 来说明一下外资流入与外贸出口的走势。

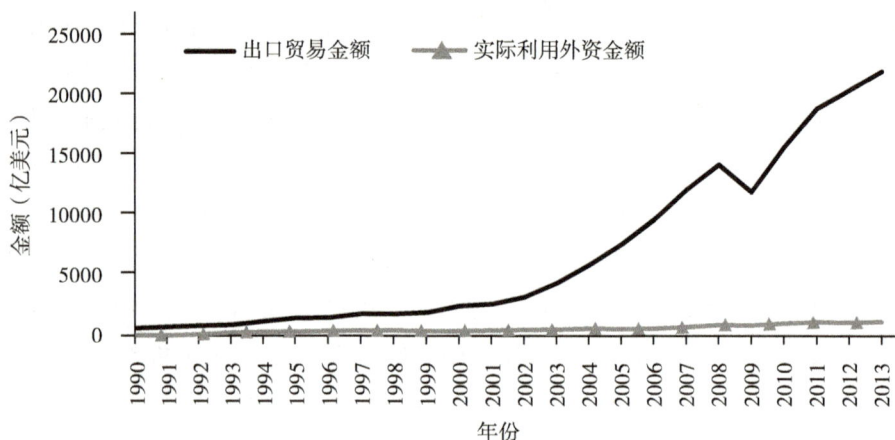

图 4-6   1990—2013 年我国实际利用外资金额与出口贸易金额对比

从图 4-6 中我们可以直观地得出一些简要结论。在 2000 年之前，外资流入和我国出口贸易之间尽管存在一定差距，但是差距较小，而且有着大概类似的上涨走势。但是进入 21 世纪之后，虽然外资流入也保持了较快的增速，但出口贸易增长速度更快，二者的数据产生了明显的背离。而更明显的背离出现在 2009 年，在次贷危机和欧债危机的作用之下，发达国家进口需求普遍疲软，因此我国出口贸易总量在当年出现了明显的下降。但同年流入我国的外资只是有了一个微弱的下挫（23.62 亿美元）。接下来，外资流入仍然平稳增长，而出口贸易则出现了又一波高速增长。

仅从数字的走势中，我们并不能得出二者之间是具有相关性还是完全无关的结论。图 4-6 只是带给我们一个直观的初步印象而已。因此，我们需要在下面的章节中进一步分析与讨论，到底流入我国的外商直接投资与我国的出口贸易之间，是否存在一种内在联系，如果这种联系存在，那么其作用机制又是如何。

4.3   外商直接投资对我国出口贸易结构影响的实证分析

4.3.1   外商直接投资对我国出口贸易结构直接影响的研究综述

4.3.1.1   外国投资对我国市场结构的影响

关于外商直接投资的问题，我国理论界起步相对较晚，深度与广度均显得有所欠缺。尽管如此，仍然取得了一定的成果。对于外商直接投资对市场结构的影响研究，我国学者大多是从我国的市场集中度及市场进入壁垒两个角度进行分析。

（1）市场集中度的角度

外商直接投资对我国市场集中度的分析无疑属于实证研究。我国学者所进行的相关研究结论大体类似，即外商直接投资进入我国之后，对进入行业的市场集中度有着正向的影响。由于相关文献较多，结论也相对类似，因此仅仅找几篇文献进行总结即可。

宋京（2005）用数据分析得出结论认为，跨国公司在促进我国工业制成品出口增长的同时，推动了我国贸易比较优势从资源密集型产品向劳动密集型产品的转化，并且资本技术密集型行业内的外资积极参与使我国在这些产品上的比较劣势逐步弱化。但从贸易平衡角度来看，其对净出口并没有正向的促进作用，相反还在一定程度上依赖国内企业的出口创汇来实现自身的进口需求。总体而言，外商直接投资对我国市场结构升级和技术水平提高的积极推动作用应该予以肯定。

吴定玉（2006）通过实证研究回归模型结果表明，外商直接投资与中国汽车行业市场集中度存在中等程度的正相关，其在一定程度上促进了中国汽车行业市场集中度的提高；中国汽车行业市场集中度与需求量正相关，说明中国汽车行业存在较高的进入壁垒，扩张的市场需求被在位厂商（大企业）市场份额所占据；汽车行业集中度与汽车进口数量及企业数之间存在低等程度负相关，但是汽车进口数量及企业数量的变化对市场集中度的影响不显著，说明进口汽车与国内厂商竞争仍然不充分。

张宏（2006）对我国洗涤行业的研究表明，跨国公司的进入有明显提高该市场集中度的作用。但是由于各个子行业在跨国公司进入前的发展水平有较大差别，因此跨国公司对该行业市场集中度的影响也有一些差别。

（2）市场进入壁垒的角度

王松青（1997）从世界市场结构变化的角度进行论证，认为跨国公司是世界市场结构变化的主体，其形成了行业高度集中的垄断市场结构特征。随着这种世界市场结构的形成，对于我国的市场结构也必然会有着类似的影响。蒋殿春（1998）利用博弈论的方法，对外商直接投资的市场壁垒效应做了细致的分析，认为产业资本投资的沉没成本性质是规模经济因素形成进入壁垒的内在原因，因而跨国公司的海外资产具有阻挡潜在竞争者的作用。"与出口厂商比较，隐含在对外直接投资中更有力的竞争的可信承诺使跨国公司的海外市场更难以受潜在厂商的竞争威胁。"[①]但是从另一个角度分析，他认为虽然跨国公司利用优势资产可以更容易克服竞争对手的进入壁垒，但是无法扭转东道国本土厂商的"先行者优势"。李太勇（1999）等人都从不同的角度和方法对这个问题进行了深入的分析。张纪康（1999）认为在发展中国家，外商直接投资导致东道国市场集中度增加的结论是非常明确的，但是在发达国家则效应尚不明朗。江小娟（2000）认为随着东道国国内竞争者的发展壮大，跨国公司企业的市场份额优势将会下降。刘根荣（2003）通过 SCP 框架分析表明，外国零售企业对中国零售业带来双重的影响，既增强了国内零售业有效竞争的市场效果，又可能导致跨国公司对我国零售市场的垄断。姜睿（2006）对外商直接投资对我国产业结构、市场结构有着何种程度的影响进行了分析，认为外商直接投资进入我国市场后，首先从绝对成本优势壁垒、规模经济壁垒、进入资本需要量壁垒及产品差异壁垒 4 个方面对市场进入壁垒进行突破，并成功地突破了我国市场上存在的进入壁垒。突破壁垒之后，外商直接投资又对我国市场的进入壁垒进行了重建，虽然外商直接投资成功地突破了我国的市场进入壁垒，但是当其成功进入之后，反而又进一步提升了我国市场的进入壁垒，提高了其他厂商进入市场所需要付出的成本。而我国的产业市场集中度对比发达国家而言仍显过低，随着外商直接投资的进入，在很大程度上提高了我国的市场集中度，因此，外商直接投资的这种市场效应对我国来说还是有很大好处的。

4.3.1.2 外商直接投资对我国贸易结构的影响

除此之外，还有一些学者对于外商直接投资对我国出口贸易结构存在何种方式的影响进行了讨论。文献数量不是很多，而且大多集中在某个行业领域。这些研究结果基本结论类似，一致认为外商直接投资进入我国市场，确实可以提升我国的出口贸易结构。

王永齐（2004）构造了一个贸易结构测度指标，通过格兰杰因果关系检验和 VAR 模型估计中国的贸易结构和经济增长的关系。其检验结果显示中国的贸易结构并不能显著的影响经济增长。虽然他的研究中并没有过多的涉及外商直接投资，但是这个结论对本书的研究仍有一定帮助。

龚艳萍、周维（2005）综合运用了定性与定量的研究方法对我国外商直

---

① 蒋殿春，《跨国公司与市场结构》，北京：商务印书馆，1998，第 87 页。

接投资和出口贸易结构之间的关系进行了研究。其认为，外商直接投资和出口总量之间存在正相关关系，出口总量会随着外商直接投资的增长而增长；外商直接投资和制成品出口之间存在正相关关系；外商直接投资和加工贸易之间存在正相关关系；外商直接投资和产业内贸易量之间存在正相关关系。由于外商直接投资和 4 种变量之间都存在着明显的正相关关系，因此其对拉动我国出口贸易结构的优化和升级有着积极影响。

马征、李芬（2006）基于我国 1992—2003 年的数据，对产业间与产业内贸易结构及其与经济发展水平之间的联系进行了检验。首先将产业内贸易分为水平型与垂直型两类，考察了产业间贸易、两种类型产业内贸易结构的演变。然后探讨了贸易结构的这种演变与我国经济发展水平之间的关系。得出结论认为：我国贸易结构以垂直产业内贸易为主，并具有增加趋势；产业间贸易比重略低于垂直产业内贸易比重，但呈现减少趋势；水平产业内贸易比重一直较小。我国垂直产业内贸易与我国参与国际垂直分工的程度密不可分，并且垂直产业内贸易的发展与经济发展水平之间具有显著的正相关性。

4.3.2　直接影响的实证分析

4.3.2.1　对外商直接投资进入行业的宏观分析

正如前文所述，流入我国的外商直接投资来源地更趋多样化，从单一的华人经济圈转向全球四面开花。这一方面体现了我国经济地缘、政治、文化的特点，另一方面也逐渐与全球范围内的外资走向趋于一致。也许，这种情况在某个角度上能被解读为我国外资结构不断合理化的过程。此外，需要注意的是，来源于欧美日等发达国家的外资总量相对较小，但是单一项目的平均金额要大大超过来自于华人经济圈的项目金额，这也许就构成了我们审视外资对我国产业结构产生影响的一个重要视角。

而从外资流入行业这个角度，我们可以从统计数据中看出，外资在三大产业中的分布也相当的不均衡。虽然第一产业中的从业人数众多，但无论其经济地位、技术水平、整体产量还是国际竞争力等方面，均无法对外资产生巨大的吸引力。因此外资相对较少进入这一领域就可以理解了。随着时间的推移，进入第二产业和第三产业的外资数量差距已经迅速缩小，各占我国外资流入的半壁江山。从第二产业的角度来看，中国制造业的水平已经远超普通发展中国家，一方面是由于我国巨大的人力资本优势，另一方面也在于我国巨大的国内市场支持。因此，这种比较优势吸引了大量外资进入我国，而资本集中产业从早期的劳动密集型产业发展到今天的各个制造业领域。至少，我国制造业整体行业结构优化的过程，与外资流入不断扩大的过程，二者基本处于同步状态，因此我们初步假设外资对于我国产业结构优化确实具有相当大的影响。而第三产业作为世界范围外资的主要目标，其在我国的发展速度也异常迅速。但由于我国利润率较高的行业如金融与房地产等行业等对外资开放程度不够，而且中国在近些年的高速增长也让很多人心有疑虑，因此外资对第三产业产生巨大影响的可能性并不是很大，至少在近期如此。

由于本书的重点是研究外资对出口贸易结构的影响，而中国的农产业出口贸易和服务出口贸易在世界经济中所占的份额均几乎可以忽略不计，因此本书将重点主要放在第二产业，其他内容就不再进行深层次的讨论。根据产业组织理论的分析，市场结构在某种程度上决定经济主体的市场行为，而进入该市场的经济主体，其市场行为又会不断推动市场结构的变动。因此，外商直接投资作为进入东道国市场的经济主体，其行为也必然要受到东道国市场结构的制约，也会影响东道国的市场结构。

在市场结构相关理论中，最主要的 3 个要素是市场集中度、市场进入壁垒及产品差异化。3 个要素中，产品差异化大致上属于微观市场竞争中企业战略的具体体现，以使得自己的产品与市场同类产品相比具有某种差异性特征，从而依赖这种差异化实现市场份额最大化的诉求。但在宏观经济分析中，产品差异化很难作为一个具体的变量进行理论分析，而中国出口结构中，这种依赖差异化进行国际竞争的产品数量也极为少见，因此本书对这一要素不做过多的评论与叙述。

按照大多数学者所进行的研究，外商直接投资进入东道国市场后，会产生如下效应。第一，竞争效应。外商直接投资的载体——跨国公司进入东道国市场后，短期内东道国产业市场上的竞争将会趋于激烈。如果东道国市场的容量仍然有拓展空间的话，新进入企业会与原有企业在竞争过后找到自己的市场定位，从而开拓更广阔的市场空间。但是如果东道国市场容量已经饱和，那么新进入的跨国公司很可能会由于自身的品牌、技术和资本优势，在东道国市场中占据一定市场份额，并对原有企业产生巨大的威胁。如果东道国原有企业竞争能力不足，就很可能在市场上形成新的寡头垄断。

第二，壁垒效应。在大多数行业中，相关企业如果希望能在市场上占据较高市场份额及竞争能力的话，那么实现规模经济效益是一个必要的手段。通过尽快扩大生产规模以实现规模效应，也是大多数进入中国的跨国公司的必然选择。如果能在市场竞争中生存下去的企业都已经实现了规模效应的话，那就意味着这种规模效应已经成为行业的竞争壁垒。如果新进入者无法实现规模效益并以此降低成本的话，那么其几乎就不存在竞争的能力，被市场所淘汰就是其注定的结局。通过以上分析，我们认为行业对于企业规模经济的要求实质上形成了一种市场进入壁垒。而如果外资的进入能进一步提高市场集中度的话，那么就会形成更为严苛的市场进入壁垒。

如上所述，东道国的市场结构在短期内必然会因为跨国公司的进入而使集中度下降，但是从长期来看，这一结论无法确切成立。在主要行业中，发达国家的资本均集中在一些大规模的寡头公司中，若其进入我国市场，那么市场集中度均呈现出上升的趋势。这主要是因为在市场竞争中，规模效益的实现直接关系到企业的竞争能力。因此跨国公司在进入我国之后，一定会力求实现规模经济效应，迅速提高生产数量，增加市场占有率。这一过程既可以利用自身资本进行绿地投资，也可以通过针对东道国优势企业的并购以实现目的。可以说，外商直接投资进入我国导致产业市场集中度提高并不是其本来目的，其只是跨国公司在追求自身利益最大化过程中产生的副产品。

即使我们做出上述符合实际的假设，即外商直接投资进入我国以后会导致市场集中度上升，但是这并不能进一步推理出竞争优势必然会倾向于跨国公司的结论。因为这种集中度的提高也有可能导致东道国企业占优的结果。那么，竞争优势到底是向跨国公司倾斜还是向东道国企业倾斜，这就需要取决于各种因素的综合作用，包括东道国外资政策、外资流入规模、东道国企业综合能力 ① 及跨国公司相对于东道国本土企业的生产运营绩效等。一般情况下，我们通常假定跨国公司要比东道国厂商具有更高的效率和劳动生产率，从而跨国公司对于市场集中度存在较高的影响能力。但如果东道国厂商具有较强的竞争能力和学习能力的话，通过技术溢出效应及学习效应，跨国公司在东道国的竞争优势可能就会被削弱甚至扭转。如果这种假定成立的话，东道国厂商反而会从市场集中度上升的过程中获益。

对市场集中度的分析，主要是通过案例分析的手段。但若要详细统计全国各个细分行业的市场集中度数据，一是工作量过于庞大，二是对本书的主

---

① 综合能力主要包括东道国厂商的竞争能力及学习能力，较强的竞争能力意味着跨国公司很难单纯的提供资本、技术等在市场竞争中获得优势；而较强的学习能力则意味着即使在跨国公司进入初期，东道国企业会暂时居于下风，但通过对跨国公司优势的学习，很快就会扳回原有的劣势。这两方面能力都会影响跨国公司在东道国市场的长期竞争中所能具备的竞争优势大小。

题并无特别大的助益。因此，笔者拟分析两个较为典型的行业来判断外商直接投资对我国行业市场结构所产生的影响，即以啤酒行业为代表的相对充分竞争行业，及以汽车行业为代表的国家干预行业。

在众多行业中选择啤酒和汽车行业，其原因包括：首先，外商直接投资进入这两个行业的时间大抵相同，都在我国改革开放初期，因此外资对于这两个行业均有着较长时期的深入影响。进入我国汽车行业的外资最早可以追溯到1983年，而次年外商直接投资也进入了我国啤酒行业。从时间上来看，二者具有可比性。如果外资进入时间相差很多，那么即使后引入外资的行业中，外资有着较强的影响力和操控力，那么在市场份额的表现上也一样可能会显出劣势。这样，我们就很难比较不同行业市场结构的改变在多大程度上是由外资所导致的。其次，在这两个行业中，都有大量外资进入并左右整个行业发展。无论啤酒还是汽车行业，外资企业工业总产值占全行业总产值及外资企业销售收入占行业总销售收入均占据了很高比例。尤其重要的是，两个行业的市场集中度、进入壁垒等均由于外资的进入而有了较大的提高。换言之，外资对这两个行业的市场结构有着显著的影响。再次，汽车与啤酒行业均属于消费品行业，啤酒属于日常消费品，而汽车属于耐用消费品，行业最终产品都直接面向消费者。这意味着两个行业都属于以消费者需求为导向的行业，市场需求对于商品供给有着决定性的影响，宏观政策对行业的影响相对较小。可以说，正是由于我国的对外开放及市场化改革导致了人们收入的提高及对物质需求的增加，这一要素对于两个行业来说都是至关重要的。最后，在选择行业的时候，有两类行业是不能被选作样本的。一是我国的资源行业，这个领域中外资是严格被限制进入的。因此即使有着较多外资对这个行业感兴趣，也不得其门而入，自然不可能对产业结构产生任何实质性的影响。二是低端制造业，如纺织业。这类行业属于典型的劳动密集型产业，行业竞争优势主要取决于是否能获得稳定的低成本劳动力，通常认为外资所具有的资本、技术、管理等方面的优势均无法在这些行业中得到充分发挥。此外，资源行业几乎没有大规模出口，对我国出口结构不会产生影响，而低端制造业产品出口虽然份额较大，但外资的市场地位正在不断下降，国内资本已经成为该行业的主要投资者，因此也不会对本书的分析产生颠覆性的影响。

综上所述，啤酒和汽车行业的市场结构都因为外资进入而发生了较大改变，也不存在非常明显的行业差异，这使得二者具备了比较的基础。但选择这两个行业就可以代表我国制造业整个行业还需要更坚实的理由。本书提出三点原因，认为选择这两个行业进行研究可以在某种程度上代表我国整个制造行业受到外资影响的结果。

第一，这两个行业虽然都属于消费品行业，行业发展比较依赖于市场需求。但这两个行业所具备的特点却并不完全相同。啤酒行业属于轻工业，最终产品与普通居民的生活比较接近。更重要的是，产品的品质不存在本质区别，消费者购买时的依据更多是消费惯性而不是质量差异。汽车行业则属于重工业，对购买者的经济实力要求较高，而且产品品质和价格差别巨大。作为与二者对应的轻工业消费品行业和重工业消费品行业来说，选择这两个行业可以覆盖我国制造业的大多数类型。

第二，外资进入这两个行业时，政府态度不同，即行业市场开放程度存在较大差异。这导致了跨国公司的反应、市场行为与市场策略均有所不同，对市场结构的影响也有较大的区别。汽车行业处在政府严格管制之下，对外资的审批、管理与数量控制均非常严格，这导致了进入汽车行业的外国厂商面临着较高的进入壁垒。啤酒业与之有着较大区别，属于我国开放程度最高的行业之一。我国加入 WTO 时，甚至都未将啤酒行业包括在发展中国家缓冲期行业中。整体而言，我国对啤酒行业的管制较少，也没有相关政策去大力推动行业整体的发展，更是不限制外来厂商的进入。政府态度的巨大差异，使得跨国公司面临的非市场环境均有着很大不同。因此，这两个行业的处境各有不同，涵盖了大多数制造业行业所面临的非市场环境。

第三，外商直接投资进入两个行业时面临的市场环境不同。或者说，两个行业在外资进入之前的市场结构不同。依照市场特点，我国各行业所具备的市场结构可以分为三大类。一是由政府控制的垄断行业，如能源、电信及军工产业等。如前所述，这类行业禁止外资进入，本书不进行过多的讨论和分析。二是不完全竞争市场。市场由少数厂商把持，政府有着较为严格的进入限制。但尽管如此，跨国公司仍然存在进入行业市场的机会。这类市场属于寡头垄断或者垄断竞争的行业，行业往往对市场厂商有着较高的技术或规模经济要求，本国厂商的市场竞争能力相较跨国公司有着较大差距。因此，这些行业往往是外商直接投资所希望进入的行业。三是接近完全市场竞争的行业。在这些行业中，竞争已经近乎白热化，大型国有企业在经营方式及经营理念等方面都较为落后，无法完全适应市场变化，往往非公有制企业占据了较高的市场份额。跨国公司在这种市场中面临的问题与第二种市场结构不同，其重点不是难以进入市场，而是市场竞争程度过高导致了企业利润的下降。这类行业包括了劳动密集型行业与一部分资本密集型行业，跨国公司所引以为豪的先进技术及管理经验对市场竞争帮助不大。前文中我们讨论了低端制造业的问题，而啤酒行业则可以代表不存在技术壁垒，是对于进入厂商的资本投入有着较高需求的资本密集型行业。

综合以上的分析，笔者认为用进入汽车行业及啤酒行业的外商直接投资导致两个行业市场结构变化的结果，可以大体上概括我国全行业市场结构受到外商直接投资影响的结果。

4.3.2.2　外商直接投资对我国啤酒行业市场结构的影响

（1）世界啤酒行业的整体发展

进入 21 世纪之后，全球啤酒行业呈现出一种低速增长、高速整合的特征，而以中国为代表的新兴市场的成长则成为该行业发展过程中最大的一个亮点。中国啤酒消费量已经连续 10 余年蝉联世界头把交椅，而且仍然保持较高的增长速度。表 4-14 所示为 2010 年世界主要啤酒消费国。

表 4-14　2010 年世界主要啤酒消费国

排名	国家	消费量（万千升）	全球份额（%）	同比增速（%）
1	中国	4468	24.5	5.9
2	美国	2413	13.2	−1.4
3	巴西	1217	6.7	16.0
4	俄罗斯	938	5.1	−6.2
5	德国	878	4.8	−2.2
6	墨西哥	641	3.5	−2.0
7	日本	581	3.2	−2.8
8	英国	458	2.5	−2.0
9	西班牙	325	1.8	−0.5
10	波兰	321	1.8	−0.3

资料来源：Kirin 啤酒研究报告。

从表 4-14 可以看出，除了中国和巴西保持了较高速的增长之外，其他国家啤酒总消费量均出现了不同程度的下降。世界啤酒行业的整体发展趋势由此可见。

而随着全球化浪潮的不断推进，啤酒行业的跨国整合也出现了逐步加速的趋势。其主要体现在两方面：一是大公司之间的相互联手成为跨国整合的主流方式，巨无霸式的公司纷纷出现，二是跨国公司进入东道国更多采用的是渗透式的收购，而不是高举高打的强行进入。受此影响，全球范围内啤酒产业的行业集中度不断提高，行业排名居前 4 位的公司销售量所占全球销售量份额从 1998 年的 22.44% 增加到 2010 年的 46%，而这种市场份额的集中仍然在持续增长中。表 4–15 中总结了 1999—2009 年啤酒行业主要跨国并购案例。

表 4–15 1999—2009 年啤酒行业主要跨国并购案例

年份	主要跨国并购案例
1999	巴西 Brahma 与 Compahia 合并，成立南美最大的啤酒集团 Ambev
2002	英国 SAB 收购 Miller
2003	Heineken（喜力）收购德国著名品牌 Brau AG
2004	比利时 Interbrew 与巴西 Ambev 合并，成立世界最大啤酒厂商 Imbev（英博）
2005	美国 A–B 公司收购中国东北最大啤酒厂商哈尔滨啤酒
2006	SABMiller（萨博米勒）收购印度著名品牌 Forst's
2008	Imvev 兼并 A–B 公司，成立 AB–Imvev（百威英博）
2009	Kirin（麒麟）收购菲律宾著名啤酒厂商 San Miguel

资料来源：网络收集整理。

我们可以从表 4–15 中看出，大型啤酒集团在本土市场增长乏力的情况下，将注意力转向新兴市场经济国家。而新兴国家的经济高速增长也给啤酒产业的快速发展提供了扎实的基础。在供需双方彼此吸引的情况下，大型啤酒集团在新兴国家攻城略地就是顺理成章的结果。在这一过程中，新兴国家本土啤酒厂商受到了极大压力，或者在竞争中逐步败退，或者被迫委身于跨国巨头，成为横亘在他们面前的巨大难题。

（2）主要啤酒生产消费国的市场特点

在不同国家市场中，啤酒行业的发展呈现出几种不同的特征。其中美国、德国及日本的啤酒市场最具有代表性。

2010 年美国啤酒销量达到 2413 万千升，世界排名仅次于中国，是世界第二大啤酒市场，人均啤酒消费量为 78.2 升，排名世界第 12 位。经过百余年发展，美国啤酒业已经实现了高度整合。至 1985 年，排名居前 10 位的啤酒企业市场占有率之和就已经达到了 93%，排名居前 5 位的企业市场占有率之和达到了 80%。进入 21 世纪之后，更是演变为了双寡头格局，截至 2010 年 ①，百威英博（AB-Invev）和萨博米勒（SABMiller）的市场占有率之和已经达到 81.2%，百威英博一家的市占率就已经超过 50%，其他中小厂商几乎无立锥之地。寡头垄断条件下，美国啤酒市场的零售价格一路走高，甚至已经超过了美国的 CPI 数据，显示出厂商非常强势的定价能力。

德国啤酒产业的发展与美国截然不同，其主要体现出一种小型区域化的经营特点，最主要的表现就是分散经营。在啤酒消费领域，德国消费者体现出鲜明的特征，即人均消费量巨大，对于品种与口味的偏好比较单一，极少出现频繁更换消费品牌的情况。这使得德国很多具有地方特色的啤酒企业得以生存。在德国市场上，年产量低于 5000 千升的啤酒厂比比皆是，全境啤酒厂商数量也稳定在 1300 家左右。排名居前 3 位的企业市场占有率之和仅仅达到 30%，最大啤酒企业 Oetker 的市场占有率也不过 12.7% 而已。这一市场结构的实现，一方面是由于消费者对于啤酒的需求巨大，某个集中区域内的消费量足以支撑一家中小规模厂商的生存。另一方面是由于消费者的需求存在较大的差异化，对于啤酒口味较为挑剔，流水线作业生产的啤酒无法满足大量具有差异化需求的消费者，这也给中小厂商创造了生存空间。

日本啤酒企业的市场占有率与美国类似，排名居前 3 位的企业市场占有率之和达到了 77.8%，排名第 1 位的麒麟啤酒（Kirin）市场占有率为 34.5%，排名第 2 位的朝日啤酒（Asahi）以 32.1% 的市场占有率紧随其后，排名第 3 位的三得利（Suntory）市场占有率仅有 11.2%，竞争实力较弱。但日本啤酒市场的竞争格局并不像美国那样是在自由市场竞争的基础上实现的。第二次世界大战后，为了保护本国企业，日本就在啤酒行业中实行了许可证制度，仅仅颁发给数量有限的几家企业许可证，其他企业不允许从事这一行业。这使得日本啤酒市场从发展伊始便高度集中，进入寡头垄断格局。

从上述 3 个国家啤酒市场发展的格局与特征来看，市场结构或者由消费者的自主选择所决定，或者由政府行政命令所强行决定。纵观世界大多数国家，尤其是新兴市场国家的啤酒产业格局，都与美国市场格局类似。这是因为这些国家缺乏长期饮用啤酒的传统，不具备德国式多样化需求的土壤；同

---

① 德国与日本的相关数据也是截至 2010 年，后文不再一一注明。

时政府也并不愿意直接干预啤酒这一普通消费品市场，无法实现日本式由政府决定市场结构的结果。

（3）我国啤酒市场分析

由上述分析可以看出，啤酒市场在不断成长的过程中，其市场结构主要是由市场需求特征所决定的。美国高度集中的市场结构是由于国内需求具有较强的同质性，市场需求不存在巨大差异性所导致的。而德国的大众需求差异极大，大量中小企业可以利用独特口味的啤酒来保证自己的生存。如果按照这种观点进行分析，我国的啤酒市场中，各地消费者并不存在明显的需求差异，而从我国啤酒市场结构的演变过程中，也体现出明显的不断整合和集中的特征。从这个角度来看，我国啤酒行业的市场结构应该更接近于美国，在价格战成为市场竞争主要手段的前提下，类似于美国的集团化集约化生产方式更应该成为我们未来的发展方向。

从 1984 年外商投资进入我国啤酒行业开始，其在中国市场的发展可以分为 3 个阶段。第一阶段，1984—1993 年。在这一阶段，发达国家啤酒市场已经出现显著的饱和趋势，人均啤酒消费量明显开始下滑。这种市场局面迫使外国啤酒公司加快其国际化的脚步，而同期中国经济有着极快的发展速度，消费市场也体现出飞速增长，外国公司便将注意力转向中国。外资啤酒公司纷纷进入中国市场。但这一阶段是摸索期，市场较为混乱，各地诸侯割据，并没有哪个公司拥有绝对的竞争优势。

第二阶段，1993—2002 年。随着外资公司大举进入，我国啤酒行业市场结构混乱加剧。而且外资进入的方式相对而言比较简单粗暴，大多是利用自身的资本优势，直接收购我国地方啤酒企业。此阶段外商直接投资进入的特点就是以控股收购或绿地投资为主，通过向我国输入品牌的方式参与市场竞争。由于我国对啤酒行业基本采用了任其自由发展，国家减少扶持的政策手段。国内众多的小型啤酒生产企业纷纷感受到了资金压力，正好以外商投资进入为契机，双方各取所需展开合作。据统计，截至 1995 年，我国大型啤酒企业中合资企业已经超过了 50%。然而，也正是在这段时间，外资公司并未认真研究我国国情和市场结构，对中国啤酒市场也缺乏一个正确客观的估计。20 世纪 90 年代末期，外资啤酒公司纷纷败走麦城，其探索中国市场的努力大多以失败告终，甚至出现了一股外资撤资的风潮。除去少数正常的资本跨国转移之外，外资撤资企业的撤出主要基于两个原因。第一，错误的市场定位，外资啤酒企业进入中国之后，仍然根据本国的经验，为了快速获利从而主攻高端啤酒的生产经营。但中国啤酒市场的主要消费群体以中低收入者为主，高端啤酒无论从销售额还是市场占有率上来看都非常低。这就注定了外资企业无法发挥规模优势，扩大市场占有率，进而威胁到生存。第二，经营模式不符合国情。发达国家啤酒市场上，厂商大多采用直销模式，而并不会在流通环节投入巨资。但我国国情决定了啤酒消费市场存在严重的区域分割情况，为了获得市场竞争优势，外资企业被迫在产品流通环节大幅增加投入，造成了生产成本的大幅提高。表 4-16 所示为 2002 年不同类型啤酒企业各项成本占销售收入的比例。

表 4-16　2002 年不同类型啤酒企业各项成本占销售收入的比例

企业类型	销售成本 / 收入（%）	三费 / 收入（%）	销售费用 / 收入（%）	管理费用 / 收入（%）	财务费用 / 收入（%）
国有企业	71.9	16.6	6.8	7.9	1.9
集体企业	73.5	11.8	7.0	3.8	1.1
其他有限责任公司	63.5	20.2	11.4	7.3	1.5
股份有限公司	63.0	20.3	10.5	8.1	1.6
私营独资企业	88.6	6.4	2.6	2.4	1.3
私营有限责任公司	75.6	15.1	7.1	6.0	2.0
港澳台合资企业	58.6	29.5	17.6	10.5	1.5
中外合资经营企业	52.8	27.2	16.5	10.0	0.7
外资（独资）企业	75.5	26.9	14.2	8.8	3.9

资料来源：2003 年啤酒产业机会和风险报告。

由表 4-16 可以看出，无论外资独资企业或是合资企业代表，其在我国市场上各项成本占总销售比例普遍要高于其他类型企业，再加上其市场占有率低，在我国市场上难以立足就可以理解了。尤其要注意的是，外资企业销售费用所占收入的比例要远远高于国内企业，这反映了其市场运作上存在很大问题，退出中国市场不是一个令人惊诧的结果。

外资企业败走麦城的同时，国内企业却抓住了市场竞争中稍纵即逝的机会，取得了惊人的成长，市场占有率不断提高。以青岛、华润雪花及燕京等企业为代表，纷纷展开大规模收购，迅速提高企业规模及市场占有率。也正是在这一阶段，我国啤酒行业市场集中度已经逐步攀升。在某种程度上，啤酒行业由于外商直接投资导致的市场集中度提高颇具讽刺性，正是由于外资企业的失败导致了市场集中度的提高。

第二阶段外资公司的典型撤出案例总结详见表 4-17。

表 4-17　第二阶段外资啤酒公司从我国撤资情况

外资公司名称	撤出投资企业名称	所占股份（％）	撤资时间
马来西亚香港亚洲啤酒国际公司	上海啤酒厂	100.00	1999 年
澳大利亚富士达酿酒公司	广东富士达酿酒有限公司	95.00	1999 年
澳大利亚富士达酿酒公司	天津富士达酿酒有限公司	60.00	1999 年
丹麦嘉士伯（香港）公司	嘉酿（上海）有限公司	95.00	2000 年
美国亚洲战略投资公司	北京亚洲双合盛五星啤酒公司	62.64	2000 年
美国亚洲战略投资公司	北京三环啤酒公司	54.00	2000 年
英国巴斯国际啤酒中国控股有限公司	吉林四平金士百啤酒集团公司	—①	2000 年
新加坡第一家食品有限公司	第一家（福建）啤酒有限公司	100.00	2001 年
法国达能公司	武汉欧联东西湖啤酒有限公司	54.20	2002 年
法国达能公司	唐山欧联豪门啤酒有限公司	—	2002 年

资料来源：2012 年啤酒行业观察报告。

第三阶段，2003 年至今。外资公司短期的失败并未影响其进入中国市场的决心。进入 21 世纪之后，啤酒行业第二次外资进入浪潮开始暗波汹涌。在这一阶段，外资公司采取的战略发生了明显变化。与前一阶段重视独资与控股合资不同，国外啤酒巨头更加强调战略联盟的作用。外资公司并不追求立刻控制合资企业的具体市场运作，反而将经营权转让给国内生产厂商，这在外商直接投资流入我国其他行业的案例中并不多见。最大原因就在于外资企业无法完全适应我国国内市场需求及运作情况，主动权的易手是被迫的。经过 10 余年的发展，现在我国市场上除了燕京啤酒尚无外资公司参股之外，其他较大规模的啤酒生产企业均已经有了外资的身影（表 4-18）。

---

① 此处数据缺失是由于没有公开披露数据可供查询，表中另一处也是如此情况。

表 4-18　我国部分有外资参股的代表性啤酒企业

企业	2009 年产量规模（万千升）	参股外资	参股比例（%）
华润雪花	840	SAB Miller	49.00
青岛啤酒	591	朝日	19.74
重庆啤酒	177	嘉士伯	29.71
哈尔滨啤酒	212	百威英博	100.00
雪津啤酒	118	百威英博	100.00
珠江啤酒	114	百威英博	28.56
新疆乌苏啤酒	—	嘉士伯	30.00
金威啤酒	82	喜力	21.43
大富豪啤酒	49	喜力	40.00
金龙泉啤酒	49	百威英博	60.00
拉萨啤酒	9	嘉士伯	33.00
黄河啤酒	40	嘉士伯	50.00

资料来源：长江证券。

外资进入我国啤酒行业，最主要的原因就是看好我国啤酒消费的持续增长潜力。从近期的一些中小型并购案例可以看出，在东南沿海地区啤酒企业快速整合之后，市场竞争已经相对较为充分。而我国西部地区整体啤酒产量占全国的比重只有 14%，因此也出现了外资公司加大向西扩展力度的情况。纵观我国啤酒市场发展路径，我们可以得出结论认为，啤酒市场中的厂商数量及市场进入壁垒与外商直接投资有着直接关系。

①市场集中度

改革开放伊始，随着政策的放开，我国啤酒市场涌出大量啤酒企业。而从 1984 年，外资企业进入啤酒行业开始，整个市场就进入了快速整合阶段。尤其从 1993 年外资企业采取扩大产能、向中低端市场扩张的积极策略之后，啤酒企业的数量迅速下降，截至 2003 年，啤酒厂商的数量就从最高的 800 余家锐减至 346 家，市场集中度（CR10[①]）也上升至近 53%。我国啤酒行业的市场结构已经从高度竞争转向垄断竞争模式。

按照发达国家啤酒行业的主要生产格局，行业大多属于寡头垄断的市场

---

① CRi 表示的是以行业内排名前 i 家厂商产量之和与全行业总产量之比，以下指标均采用这一概念。

结构，CR3 的市场占有率经常能达到 80% 甚至更多。

　　具体数据如表 4-19 所示。

表 4-19　2010 年主要啤酒消费国行业居前 3 位的市场占有率 [①]

国家	CR3	第 1 位	份额（%）	第 2 位	份额（%）	第 3 位	份额（%）
美国	81.2	AB-Inbev	50.5	SABMiller	17.6	Coors	13.1
日本	77.8	Kirin	34.5	Asahi	32.1	Suntory	11.2
德国	30.0	Oetker	12.7	AB-Inbev	8.9	Bitburger	8.5
英国	58.0	AB-Inbev	20.4	Heineken	19.1	Coors	18.0
巴西	89.0	AB-Inbev	65.3	Schincariol	15.0	FEMSA	8.9
俄罗斯	69.3	Carlsberg	39.6	AB-Inbve	16.7	Heineken	13.0
加拿大	80.2	AB-Inbev	42.2	Coors	34.5	Sapporo	3.5

　　资料来源：网络收集整理。

　　而我国啤酒市场在外资企业进入的情况下，市场集中度虽已出现大幅提高，但与发达国家成熟的产业市场相比仍然有很大的差距。截至 2010 年，我国的 CR3 数据为 46%，仅比非常分散的德国市场略高。这意味着我国啤酒行业的整合仍然处于高速进程中。外资强势进入的结果就使得国内生产企业原本的竞争优势逐渐下降，市场整合进一步进行。在未来几年之内，市场竞争的优胜者将会是具有持续增长空间、良好品牌效应的企业，最终的市场结构可能是由国内大型生产企业与跨国公司共同主导的寡占市场格局。

　　②市场壁垒

　　由于我国啤酒行业市场的条块分割及地方保护主义盛行，生产企业很难做到跨区经营，很多较小规模的啤酒企业根本无法达到行业对规模经济的要求，即 5 万吨 / 年的生产产量。截至 1999 年，根据行业统计数据，全国啤酒生产企业中，年产量超过 5 万吨的只有 22.2%，不超过 5 万吨的企业中，年产量在 3 ～ 5 万吨的为 10.1%，1 ～ 3 万吨的为 29.3%，剩下占企业总数达 38.4% 的企业，其年产量还不到 1 万吨。而随着外资企业的大举进入，企

---

① 有些外国厂商在中国有通用译名，如百威英博（AB-Inbev）、摩森康胜（Coors）、麒麟（Kirin）、朝日（Asahi）、三得利（Suntory）、喜力（Heineken）及嘉士伯（Carlsberg）等。但有些外国厂商没有进入中国，也没有被广泛认可的中文译名，为了制表不至于中英文夹杂混乱，所以表中一致用英文名称。

业数量减少、单个企业规模上升，这在很大程度上改善了行业内企业的规模经济效应，提高了啤酒行业的进入壁垒。表 4-20 所示为各种规模企业情况。表 4-21 所示为各种规模企业效益指标情况。

表 4-20　各种规模企业情况

类型	单位数	占比（%）	资产（亿元）	占比（%）	销售收入（亿元）	占比（%）	利润（亿元）	占比（%）
大型	16	3.0	309.8	31.2	172.5	27.6	16.8	56.0
中型	207	39.4	533.1	53.7	351.7	56.4	12.5	41.6
小型	302	57.5	150.2	15.1	99.8	16.0	0.7	2.4
合计	525	100.0	993.1	100.0	623.9	100.0	30.0	100.0

资料来源：2005 年啤酒产业机会与风险报告。

表 4-21　各种规模企业效益指标情况

类型	销售利润率（%）	资产负债率（%）	流动资产周转率	资产保值增值率（%）	成本费用利润率（%）	人均销售额（元）
大型	9.74	47.73	1.45	109.69	12.24	359.82
中型	3.55	59.07	1.86	102.79	4.15	246.08
小型	0.71	67.66	1.82	96.90	0.78	132.94

资料来源：2005 年啤酒产业机会与风险报告。

如表 4-20 所示，在 2005 年，啤酒企业中 16 家大型企业，占单位总数的 3.0%，资产占总数的 31.2%，收入占总数的 27.6%，利润占总数的 56.0%。这几个指标越来越大，说明大型企业虽然数量不多，但是所能支配的资产和市场份额很大，经济效益普遍好于中小型企业。占企业总数超过一半的小型企业，资产仅占总数的 15.1%，利润占总数的比例更低，仅为 2.4%。这就意味着，中小企业只能在某个区域市场艰难的生存，如果不能被几大巨头所收购，未来的竞争前景很难被人所看好。而到了 2009 年，行业居前 4 位的啤酒企业（华润雪花、青岛啤酒、燕京啤酒及百威英博[①]）就已经实现了全国销量的 56%，全国收入的 47%，全国利润的 55%。这一组数据说明行业

---

① 百威英博在中国拥有多个品牌，百威、雪津、双鹿、KK、珠江、哈尔滨、金龙泉、红石梁、金陵等。此处是将这些品牌统一计算后的结果。

领先者的市场力相比 2005 年已经实现了巨大的飞跃。领先者的持续增长意味着，如果有其他啤酒生产企业意图进入这个市场，初始就要考虑自身产品定位的问题。自身定位不同决定了其需要面对的市场进入壁垒也有着较大的差异。如果主打低端产品，企业就必须具有规模经济效应，才有可能在竞争激烈的市场上占据一定优势并从中获益。这种集约化、规模化的生产对企业资金提出了非常高的要求，如果企业规模不足以达到规模经济效应的要求，即使进入市场也难逃失败的命运。尤其还要考虑现存企业品牌在市场中已经有了相当的份额，即使大规模投入是否能吸引消费者消费行为的迁移，也是一个巨大的问号。而主打高端产品的话，新进入者就要涉及产品的研发等技术环节。当前我国啤酒市场上，高端产品几乎已经完全被四大巨头所垄断，产品技术也相对成熟。新进入企业能在这种市场条件下发现契机是一件非常困难的事情。

综上所述，新进入企业对产品的不同定位决定了其面临的市场进入壁垒不同。即低端产品面临着资本和规模经济壁垒，高端产品面临着技术壁垒。这两种壁垒随着外商直接投资进入我国啤酒生产行业而得到了不断提高，因此可以认为外商直接投资的进入提高了进入我国啤酒市场的进入壁垒。

4.3.2.3　外商直接投资对我国汽车行业市场结构的影响

我国的汽车产业是从新中国成立后才建立起来的，其标志为 1953 年位于长春的第一汽车制造厂动工兴建。但是一直到 1958 年，我国自主设计的第一辆"红旗"轿车的问世才意味着汽车制造业正式上路。在改革开放之前，我国汽车年产量一直在十几万辆徘徊，没有实质性的提高。现代汽车产业也无从谈起。这一现象一直持续到改革开放，随着市场化改革及私营经济的兴起，汽车市场被迅速激活。根据具体市场表现，我国汽车制造业的发展可以划分为 3 个阶段。

第一阶段，1978—1993 年。由于计划经济体制被打破，市场需求出现了快速增长。但是，需求可以在短期内迅速膨胀，供给却要受到产能的制约，无法实现与需求匹配的高速增长。这种供给与需求的不匹配让政府和厂商看到了机遇。在政府力量的推动下，大批汽车制造企业纷纷成立。但是，由于对市场理解的不够深入，技术水平也相对较低，企业产量明显较小，而且同类产品也没有形成集群效应，无法利用规模经济拉低成本，快速增加产量。

但是，在混乱的市场竞争中，技术的提高、引进、改造在逐渐完成，也展示出了显著的进步。到1992年，我国汽车生产量突破100万辆，已经在世界各汽车生产国中排名靠前。当然，总量的提升不能掩盖行业中存在的问题，混乱的资本布局、生产水平滞后、产品质量不高、发展速度较慢等均在很大程度上制约着我国汽车制造业的发展。

第二阶段，1994—1998年。这一阶段的起点在于《中国汽车工业产业政策》的出台，其实际上就是将中国汽车产业进一步推向市场，并以市场为导向，形成产业与市场之间的良性互动。更为重要的是，《中国汽车行业产业政策》明确了以外商直接投资为载体，实现大批量生产，并推动国内汽车企业的合并与集团化。与此同时，我国乘用车市场开始从纯粹的公车需求转向家庭需求。因此，这一阶段实际上是我国现代汽车产业形成并奠定基础的阶段。经过5年的发展，汽车产量显著上升，汽车制造业已经初步构建了完整的体系，货车、商用车、轿车生产均实现了大跨步的增长，产品结构更趋合理。

第三阶段，1999年至今。从1999年开始，我国汽车的生产量与销售量出现了大幅度的增长，汽车行业进入了高速增长期。与之相匹配的是，行业的政策环境与市场环境都大幅改善。年均产量已经从上一阶段的100万余辆激增至2011年的1800万余辆（表4-22）。

表4-22　我国历年汽车产量与产值

年份	汽车产量（辆）	同比增幅（%）	汽车工业总产值（亿元）	全国工业总产值（亿元）	占比（%）
1994	1 353 368	—	2183.1	76 909.0	2.8
1995	1 453 737	7.34	2216.5	98 520.0	2.3
1996	1 474 905	1.53	2399.1	99 595.4	2.4
1997	1 582 628	7.30	2668.7	113 733.7	2.4
1998	1 627 829	2.86	2787.3	67 737.1	4.1
1999	1 831 569	12.52	3122.7	72 707.0	4.3
2000	2 068 186	12.92	3612.6	85 673.7	4.2
2001	2 341 528	13.22	4433.2	95 499.0	4.6
2002	3 253 655	38.85	6224.6	110 776.5	5.6
2003	4 443 491	36.70	8357.2	142 271.2	5.9

续表

年份	汽车产量（辆）	同比增幅(%)	汽车工业总产值（亿元）	全国工业总产值（亿元）	占比（%）
2004	5 070 452	14.11	9463.2	201 722.2	4.7
2005	5 707 688	12.56	10 233.3	251 619.5	4.1
2006	7 279 726	27.54	13 937.5	316 589.0	4.4
2007	8 882 456	22.01	17 242.0	386 747.0	4.5
2008	9 345 101	5.20	18 780.5	507 448.0	3.7
2009	13 790 994	47.57	23 437.8	548 311.0	4.3
2010	18 264 667	32.44	30 248.6	69 8591.0	4.3
2011	18 418 876	0.84	33 155.2	84 4269.0	3.9

资料来源：历年中国汽车工业年鉴。

　　可以说，一直到改革开放伊始，我国的汽车产业才算是进入正常发展的轨道。而大众汽车进入我国成立第一家合资企业则意味着我国现代汽车产业与世界接轨。但由于谨慎及扶持本国幼稚产业的考虑，我国在汽车领域中推动进一步的对外开放始终持着一个比较审慎的态度，行业市场开放一直处于不温不火的状态。一直到 20 世纪 90 年代中期，这一障碍才算是逐步被打破，我国开始在汽车行业领域中，对外商直接投资放开了怀抱。自此，众多世界知名汽车厂商纷纷抢滩中国，开始了淘金之路。而我国汽车行业也进入了突飞猛进的狂飙阶段。

　　市场开放初期，我国更倾向于采用一种"以市场换技术"的方式引入外来资本，行业开放程度有限，更寄希望于本国相关企业的迅速成长来进行市场竞争。但这种战略也许对劳动密集型产业有效，对于资本和技术密集型的汽车行业来说，不经历残酷的市场竞争，是无法通过简单的技术引进等方式，实现足够强大的市场竞争能力的。因此，我国在 20 世纪 90 年代末期，进一步开放市场，我国汽车行业进入战国争鸣阶段。

　　外商直接投资进入我国汽车行业的主要方式是绿地投资，而公司形式则采用合资经营方式为主。这一方面是外商企业的倾向，更重要的是我国相关产业政策也严格限定了外资进入的方式和公司形式。为了避免国内企业在残酷市场竞争过程中失败，及可以尽快吸收相关技术和管理经验，我国严格限制外资在我国成立独资公司，外商直接投资进入我国汽车行业的唯一途径就是与国内企业合作，而且不允许外资控股。随着外商直接投资愈来愈多的进入我国汽车行业，行业市场份额几乎已经完全被合资企业所占据。可以说，我国的汽车行业从诞生到发展再到壮大，与外商直接投资的进入密不可分。

而外资对汽车市场结构的影响主要体现在两个方面，即市场集中度与行业壁垒上。

①市场集中度

世界范围内，关于汽车产业集中度研究的指标主要是 CR4 与 CR8，因此笔者根据历年汽车工业年鉴，计算了 2004—2011 年的相关指标，具体数据详见表 4-23。

表 4-23　1994—2011 年我国汽车行业集中度相关指标

年份	行业总销量[①]（万辆）	排名居前 4 位的[②]总销量（万辆）	CR4（%）	排名居前 8 位的[③]总销量（万辆）	CR8（%）
2004	507.1	296.7	58.50	403.5	79.57
2005	575.8	326.0	56.62	451.3	78.38
2006	721.6	402.6	55.79	563.2	78.05
2007	879.2	498.4	56.69	687.3	78.18
2008	938.1	543.6	57.95	737.5	78.62
2009	1364.0	841.8	61.71	1121.6	82.23
2010	1733.3	1084.7	62.58	1410.9	81.40
2011	1850.6	1163.45	62.87	1511.0	81.65

资料来源：各年《中国汽车工业年鉴》。

---

① 表 4-22 中采用的指标是总产量，表 4-23 中采用的是总销量。这主要是出于数据可得性考虑进行的选择。而且同一年度中，企业产量和销量通常不会有显著差异，因此并不会影响分析的过程及结果。

② 在我国汽车市场上，排名居前 4 位的企业基本已经固定，分别为上海汽车工业（集团）总公司（上汽）、中国第一汽车集团公司（一汽）、东风汽车公司（东风）与中国长安汽车集团股份有限公司（长安）4 家。不同年份这 4 家企业排名或有不同，但均不曾掉出过前 4 名位的位置。

③ 相比排名居前 4 位的企业，排名居前 8 位的企业在不同年份略有差异。以 2011 年为例，除了前 4 家之外，还包括北京汽车集团有限公司（北汽）、广州汽车工业集团有限公司（广汽）、奇瑞汽车股份有限公司（奇瑞）与华晨汽车有限公司（华晨）4 家。在其他年份中，也有江淮、长城、吉利、比亚迪等公司进入市场前 8 位。但是总体而言，后几名对于整个市场的影响要远低于市场排名居前 4 位的企业。

从表 4-23 中可以看出，2004—2011 年，无论是 CR4 还是 CR8 都没有发生巨大的变化，只是存在着小幅的波动而已。这说明我国当前市场的集中度已经相对固化。但这种集中度的固化更似乎是外资流入的结果。基于数据可得性与代表性，我们选择利用 CR4 的数据来分析外资流入和汽车行业的市场集中度之间的关系，详见图 4-7。

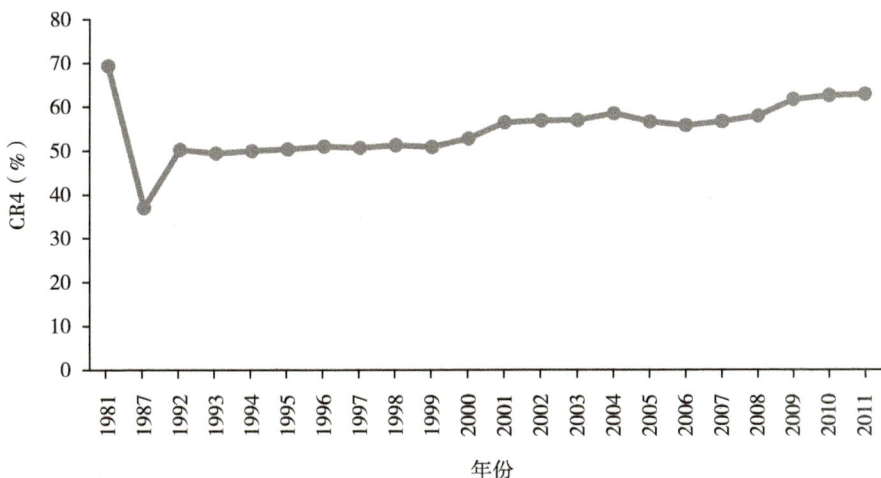

图 4-7　我国汽车市场 CR4 的变化

从图 4-7 可以看出，我国汽车行业市场的集中度经历了一个先大幅度变动，然后稳定增长的过程。改革开放初始阶段，我国行业政策仍然较为保守，外资进入通道不畅，行业中主要仅存数家大型国有企业。从市场结构来看，这是一个典型的政策性垄断市场，由于缺乏外来竞争者，技术水平停滞不前，与发达国家相差甚远。而汽车仍然仅属于少数政府机构和富起来的小部分人才能享用的奢侈品，缺乏大众购买力的支撑，也使得行业无法实现规模经济。因此，国家政策的制约、市场容量的限制及技术水平的滞后都使得汽车行业市场结构非常脆弱。一旦国家放开市场，就会带来极大的冲击。

随着政策的松动与市场的开放，外资快速涌入市场，大量新厂商的进入显著降低了行业市场集中度。一方面，发达国家主流汽车生产厂商对于我国开放政策仍然持着怀疑态度，而对于新市场的不稳定预期更使得其不敢在开放初期大举投入。这使得这一阶段的竞争更类似于低水平的重复竞争，没有那种强有力能左右市场的厂商一统江山。另一方面，资本密集行业的属性，决定了初期需要大量投资才能正常生产经营，因此其显现作用仍需一个过程。

进入 20 世纪 90 年代，行业集中度开始上升。这是因为经过一段时期的基础建设及对市场的探索，外资企业开始了解这个新兴市场，开始加大投资力度，并依赖早期的基础建设投资形成了较高的产能。凭借外资企业的技术与品牌优势，国有汽车企业在市场上完全无法展开有效竞争，大量企业即使依赖于政策和法规限制不能破产，也只能被迫无奈让出原有的市场份额。合资企业在短时间内迅速占据了更多的市场份额，市场集中度也迅速提高。

但是，当诸侯割据的混乱局面结束之后，各个厂商都已经占据了较为固定的市场份额，市场竞争的焦点主要是新购车者而非抢占竞争者的市场份额。而在技术水平接近、美誉度没有明显差距的情况下，市场集中度也逐渐平稳。

从以上分析中，我们可以明显地看出汽车行业的市场集中度与外商直接投资进入之间的关系。下面我们从市场壁垒角度来分析外资对汽车行业结构所产生的影响。

②市场壁垒

在汽车行业中，结束了改革开放伊始的战国混战之后，以规模效应作为衡量标准的市场壁垒也呈现出不断上升的趋势。1994—2011 年，整车生产的平均产量持续增长，具体数据见表 4-24、图 4-8。

表 4-24　1994—2011 年汽车产业产量平均规模

年份	生产企业数 [①]	年汽车总产量（辆）	企业年平均产量（辆）
1994	122	1 353 368	11 093
1995	122	1 452 737	11 907
1996	122	1 474 905	12 089
1997	119	1 582 628	13 299
1998	119	1 627 829	13 679
1999	118	1 831 596	15 522
2000	118	2 068 186	17 527
2001	116	2 341 528	20 185

---

① 仅指汽车整车生产企业。

续表

年份	生产企业数^①	年汽车总产量（辆）	企业年平均产量（辆）
2002	117	3 253 655	27 809
2003	115	4 443 491	38 639
2004	117	5 070 452	43 337
2005	117	5 707 688	48 783
2006	117	7 279 726	62 219
2007	117	8 882 456	75 918
2008	117	9 345 101	79 872
2009	115	13 790 994	119 921
2010	115	18 264 667	158 823
2011	115	18 418 876	160 164

资料来源：根据各年《中国汽车工业年鉴》统计计算。

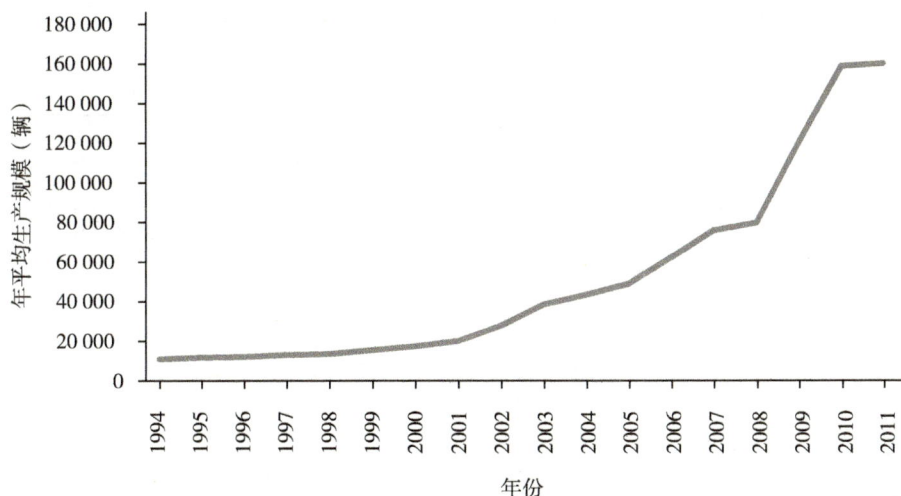

图 4-8 1994—2011 年汽车行业年平均生产规模

表 4-25、图 4-9 所示为 1994—2011 年其他规模类指标情况。

表 4-25 1994—2011 年其他规模类指标

年份	企业研发经费（亿元）	企业固定资产投资（亿元）	营业收入（万元）
1994	—	—	1007.0

续表

年份	企业研发经费（亿元）	企业固定资产投资（亿元）	营业收入（万元）
1995	—		1124.9
1996	—	—	1199.0
1997	—	—	1392.1
1998	—	—	1443.9
1999	—	—	1660.8
2000	—	—	2014.5
2001	—	121.1	2457.7
2002	—	170.3	3406.8
2003	—	313.1	5141.6
2004	75.1	430.0	5490.5
2005	94.8	396.2	5582.9
2006	118.6	415.2	7339.2
2007	162.9	476.6	9253.7
2008	208.1	435.7	10 355.9
2009	263.3	524.5	14 486.6
2010	270.6	708.3	19 072.0
2011	271.4	702.8	21 181.0

资料来源：各年《中国汽车工业年鉴》。

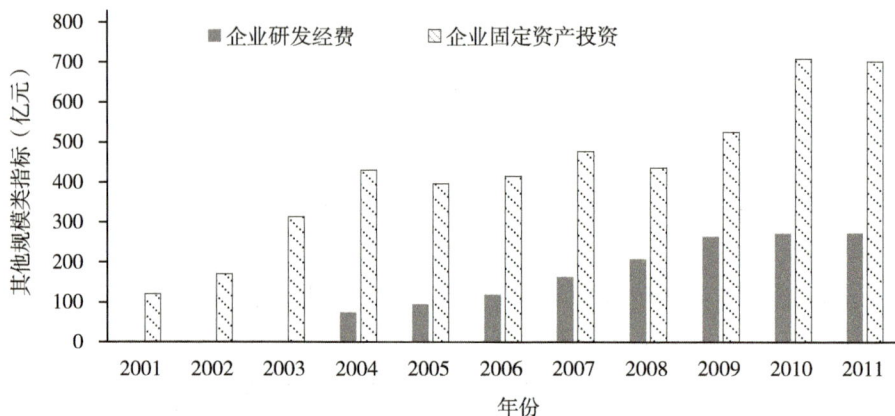

图 4-9 2001—2011 年其他规模类指标

从表 4-22、表 4-23 可以看出，平均产量、企业投入的研发经费及固定资产投资均出现了大幅增长。实际上，就规模效应来说，其基本均会体现出随着产量的增长而不断上升的结论。也就是说，产量规模越高的厂商，其平均成本水平就会越低。但我们可以从数据中看出，随着产量规模的不断提升，厂商的投资规模和研发投入也出现了迅速的增长。这可能说明的是行业寡头的产量规模均出现了较大幅度的增长，这种产量增长导致的成本水平下降并不能保证其在市场竞争中的优势地位，必须要依赖于进一步的投资与研发来实现行业中的独特竞争优势。这一选择实际上仅仅是处于市场竞争的考虑，但从另一方面则对市场的潜在进入者提出了更为严苛的标准。只有尽快实现高产销量，并在厂商的技术进步竞争中不落伍，才能实现在市场中站稳脚跟的预设目标。

我国汽车行业对规模效应的要求已经越来越高。如果无法达到行业平均生产水平，必然意味着在生产成本等各个方面都无法与其他对手进行竞争。而且必须要提及的是，我国市场中的领军企业均为合资企业，内地品牌虽然做出了巨大的努力并也取得了较为乐观的结果，但仍然无法实现分庭抗礼。这从另一个角度说明我国汽车行业的市场壁垒随着外资的进入而显著提高。

除了生产量、生产技术等壁垒之外，外商直接投资对我国汽车行业的影响体现在销售方式、产品差异及汽车金融发展等各个方面。市场进入者如果想要在市场中生存，必须要满足所有方面的要求，从而在整体上提高我国汽车行业的市场壁垒。

4.3.2.4　外商直接投资对我国市场结构影响的综合分析

（1）市场集中度

改革开放前，在计划经济体制的作用下，各行业市场均处于僵化状态，市场中厂商数目几乎固定，也不存在典型的市场竞争。市场生产技术落后，管理体制僵化，市场需求被极度压抑。改革开放之后，除了一些特殊行业外，市场大门被打开，消费者压抑已久的需求被忽然释放，市场需求迅速增长。与此同时，消费者对于商品质量提出了更高要求，也拥有了更为直接的选择权，这就使得厂商也必须要在市场经济大潮中展开激烈的竞争。而正当此时，我国对外商直接投资也敞开了大门，这更加剧了市场竞争，一些比较弱小的企业或者直接失败，或者被外资收购，企业破产与兼并的情况时有发生，这推动了市场集中度的提高。

　　根据各个行业特点的差异，电子、家电、汽车等行业由于国家管制较少，市场竞争较为充分，企业必须不断扩大生产规模与投资规模，以期实现规模效益，在市场竞争中获得优势，因此企业兼并的数量与规模均不断增加，市场集中度增长的趋势较为明显。但也有一些行业有着并不完全一致的发展轨迹，一些行业的市场集中度呈现出先下降然后上升的趋势，如上文提及的汽车行业，及纺织、医药、通信等行业均出现了类似的特点。也有一些行业的市场集中度则不断下降，如造纸、石油、有色金属、交通等行业。

　　当然，简单的总结不可能涵盖所有的各行各业，更不能用列举法讨论每一个细分行业。但是从行业集中度变化的大概趋势中，我们可以得出一个简单的结论：市场集中度一直上升的行业，或属于国家垄断、开放时间很短，或属于具有强烈的品牌效应的行业。而市场集中度一直下降的行业，则大多数集中在对技术要求不高、市场门槛较低的行业。市场集中度呈先下降后上升的行业，则多是市场竞争较为激烈，而又有一定技术要求的行业。如果考察一下这些行业集中度变化与外资进入的时间、力度等指标相关性的话，可以大体认为以行业市场集中度指标为代表的市场结构与改革开放、吸引外商直接投资有着直接关系。当行业市场真正放开之后，随着有竞争力的外商直接投资的进入，市场竞争自然会推动产业市场集中度下降，之后随着竞争的进一步加剧及优胜劣汰的市场法则起作用，较为开放市场的集中度会重新上升。实际上，我们前文所讨论的啤酒行业与汽车行业就可以为这个结论做出最好的注脚。

　　（2）市场进入壁垒变化

　　如果要讨论市场壁垒的问题，那从行业中企业的平均规模指标或者可以一窥端倪。改革开放之后，几乎每个行业中的大型企业、中型企业与小型企业都获得了较高的增长速度。但随着改革的不断深化，大中型企业在各行业中所占有的市场份额均在不断增加。这实际上意味着小型企业在行业中愈发困窘的地位。因此，我们可以认为我国各个行业的平均企业规模均在不断上升。尤其是大中型企业相对于小型企业具有更强大的规模经济优势与品牌优势，这让其在未来的竞争中，会占据更有利的位置，从而推动行业集中度的进一步提升。

　　面对着集中度不断上升、规模效益不断提高的市场，外来厂商如果希望进入市场并获得一定的市场份额与竞争优势，必须要达到行业平均规模。而在这个过程中，外商直接投资的进入对于其所处行业的市场壁垒来说有着尤为重要的作用。已经拥有规模优势的跨国公司进入我国市场，对行业内部厂商带来了巨大的竞争压力。为了应对竞争，国内厂商也必须要通过各种渠道实现技术水平的提高及生产规模的扩大。应对竞争的手段实际上也不断筑高了行业市场壁垒。或者我们可以认为，市场壁垒的进一步提高并非是行业内厂商希望阻挡外来者的结果，更有可能是因为行业竞争所带来的副产品。

4.3.3　市场结构对出口贸易影响的实证研究

由于长期时间序列数据难以完整获得，因此本书对市场结构对贸易影响的研究在借鉴了他人研究数据的前提下 [①]，利用几个具有代表性年份（1992—1996，1998 共 6 年）的相关数据，进行横截面回归。模型为：

$$E = \alpha + \beta_1 \ln S + \beta_2 \ln N + \beta_3 \ln D + \beta_4 \ln C + \varepsilon。 \tag{4-1}$$

其中，E 为制造业各行业的年度出口总额；S 为企业规模，以制造业各个行业单个企业的平均工业总产值进行代表；N 为企业进入，以制造业各个行业的年企业净进入量为代表；D 为更新改造投资，以各行业的更新改造投资额为代表 [②]；C 为集中度，以制造业各行业中排名居前 8 位的企业销售额占全行业销售额的比重为代表。最终回归结果如表 4-26 所示。

表 4-26　横截面回归结果（1）

	1992 年	1993 年	1994 年	1995 年	1996 年	1998 年
α	1.172 （0.649）	−1.463 （−1.265）	−0.826 （−0.466）	2.358 （0.684）	1.125 （0.752）	0.745 （0.322）
β_1（企业规模）	0.426 （1.064）	1.485 （4.231）	0.518 （0.903）	0.628 （1.116）	0.829 （2.416）	1.214 （1.622）
β_2（企业进入）	0.312 （1.215）	0.501 （3.310）	0.405 （1.563）	0.220 （0.407）	9.828 （0.308）	—[②]
β_3（更新改造投资）	0.324 （1.198）	0.480 （2.665）	0.574 （1.568）	0.552 （0.906）	0.465 （2.118）	0.413 （1.715）
β_4（市场集中度）	−6.298 （−0.150）	−0.902 （−3.023）	−0.185 （−0.410）	−0.512 （−1.245）	−8.127 （−0.221）	−0.498 （−0.910）
F	2.845	10.898	3.458	2.659	4.001	2.865

---

① 部分数据来自原小能博士的博士论文《市场结构与对外贸易》。
② 更新改造额主要是指企业在生产过程中，为了提高自身的技术水平所做的各种投资，其对于市场结构的影响就是最终提高了市场进入壁垒。

续表

	1992 年	1993 年	1994 年	1995 年	1996 年	1998 年
R^2	0.623	0.910	0.554	0.466	0.509	0.415
R^2_{adj}	0.326	0.810	0.355	0.310	0.418	0.299

注：括号中为各系数的 t 值。

从表 4-26 可以看出，每个年度的回归结果都支持企业规模与出口贸易之间存在正相关关系的结论。这意味着，行业内企业平均规模越大，出口数量也就越多。企业进入与出口贸易之间的正相关关系则意味着新进入市场的企业数量越多，出口额也就越多，这实际上也许代表着行业中存在更多的获利机会。改造投资与出口贸易的正相关关系则意味着企业技术水平越高，市场竞争力就越大，也就能在出口市场中占有更高的市场份额。当然，我们也可以认为，技术改造投资也在实际中形成了一种市场壁垒，技术水平与技术投资水平的持续提高将一些潜在进入者阻挡在市场之外。

但是，回归结果中令人意外的是市场集中度与出口贸易数量之间存在负相关关系。这意味着市场集中度越高，该行业的出口数量却越少。虽然方程可以通过 F 检验，但是市场集中度和企业进入两个自变量的显著性水平不能通过 t 检验。在不进行进一步分析之前，我们或许可以做出假设，或者是由于两个指标与出口贸易不相关，或者是两个变量之间存在相关。

根据对各个出口行业的分析，市场集中度与出口贸易之间的关联并不大，因为在当前中国以出口为主的企业中，大型与特大型企业数量并不多，竞争企业之间的规模也都相差不大。此外，各行业出口企业的数量也非常多，很难能观察到具有少数大型企业控制出口贸易的情况。所以，我们可以做出一个合理假设，也就是出口贸易与市场集中度两个指标之间并不存在显著的相关关系。那么，我们就在方程中将市场集中度变量去除，因此有新的回归方程：

$$E = \alpha + \beta_1 \ln S + \beta_2 \ln N + \beta_3 \ln D + \varepsilon。 \tag{4-2}$$

将相关数据代入，方程的回归结果如表 4-27 所示。

---

① 表格中缺少 1998 年的企业进入数据，这是因为统计口径出现了变化。从 1998 年起，制造业企业单位数只统计了规模以上的独立核算企业，而之前的统计数字则包括了所有独立核算企业，这使得无法完整统计 1998 年之后的企业进入数量。

表 4-27　横截面回归结果（2）

	1992 年	1993 年	1994 年	1995 年	1996 年	1998 年
α	0.109 （0.821）	−1.905 （−1.136）	−0.429 （−0.301）	1.452 （0.328）	0.805 （0.716）	1.339 （0.921）
β_1（企业规模）	0.410 （1.238）	0.633 （1.795）	0.663 （1.498）	0.410 （0.732）	0.810 （2.963）	0.710 （1.422）
β_2（企业进入）	0.319 （1.415）	0.503 （2.451）	0.315 （1.618）	0.401 （0.733）	0.213 （0.489）	—
β_3（更新改造 投资）	0.312 （1.229）	0.485 （2.164）	0.664 （1.751）	0.465 （0.746）	0.624 （2.365）	0.501 （1.845）
F	3.789	3.124	4.698	3.526	5.365	3.875
R^2	0.635	0.751	0.489	0.326	0.498	0.312
R^2_{adj}	0.463	0.589	0.427	0.286	0.418	0.232

　　去除自变量市场集中度后，我们可以看出，方程拟合度更优。更重要的是，各个变量之间的相关性并没有发生根本变化，这意味着我们对于自变量的处理是合理的。但是，需要注意的是，1992 年和 1995 年的回归方程未能通过 F 检验。这说明模型的构建依然存在问题。在 3 个自变量中，企业规模数据是采用行业平均企业规模，而根据我们之前的分析，新进入企业通常为了跨越行业壁垒，实现规模效应，均会进行较大规模的投资，这就会直接影响行业平均企业规模。因此可以认为市场进入与市场企业规模之间存在相关关系。由于企业进入数据的统计口径有变化，因此在方程中删除企业进入这一自变量，仅分析市场企业规模与出口贸易额之间的关系。新的方程为：

$$E = \alpha + \beta_1 \ln S + \beta_3 \ln D + \varepsilon。\tag{4-3}$$

将相关数据代入，方程的回归结果如表 4-28 所示。

表 4-28　两因素横截面回归结果

	1992 年	1993 年	1994 年	1995 年	1996 年	1998 年
α	2.415 （3.815）	1.610 （1.587）	1.506 （1.498）	3.289 （4.687）	1.130 （1.146）	1.401 （0.887）
β_1（企业规模）	0.103 （0.369）	0.326 （0.857）	0.503 （1.116）	0.416 （0.335）	0.801 （2.578）	0.636 （1.415）

	1992 年	1993 年	1994 年	1995 年	1996 年	1998 年
β_3（更新改造投资）	0.490 （2.587）	0.578 （2.557）	0.620 （1.701）	0.522 （2.415）	0.563 （2.254）	0.412 （1.720）
F	4.284	4.187	5.279	4.616	7.932	3.385
R^2	0.434	0.456	0.387	0.355	0.495	0.294
R^2_{adj}	0.337	0.349	0.326	0.281	0.440	0.228

从表 4-28 可以看出，新回归方程中各年度数据都表示企业规模和更新改造投资与出口贸易额间存在着显著的正相关关系。结合上述分析过程，我们可以得出结论，在影响市场结构的变量中，企业规模和更新改造投资对出口贸易存在较大影响，而其他变量则对于出口的影响并不显著。

我们可以从现实角度对上述结果进行解释。无论是市场集中度还是企业进入数量等变量，实际上都是从市场竞争的角度来分析其对于出口的影响。那么，其不显著的影响必然意味着我国的市场竞争结构存在显著的独特性，与国际市场之间有着较大的差异。这意味着，即使企业在我国国内市场中具有一定的竞争优势，这种优势也不具有传导性，无法在国际市场中实现类似的竞争优势。在我国各个行业中，较高的市场集中度的结果除了要考虑市场竞争因素之外，往往还要涉及比较多的行政干预及具有中国特色的消费偏好等因素，这样形成的较高市场集中度并不能实现在出口商品市场中的规模优势。尤其在面对着海外市场与国内市场需求偏好差异较大的情况下，国内的高市场集中度无法起到理论推导中的作用。而企业进入与集中度指标类似，新进入者做出进入市场决策之前，除了必要的市场分析和考量，更要用较大的时间和金钱成本来处理市场封闭、政府效率低下等问题。这些非市场因素所构筑的壁垒将很多企业挡在门外。因此，进入企业往往并不一定是具有较强的竞争优势，可能一些非市场因素在决策过程中占有更为显著的地位。这些企业往往也无法在较为纯粹的国际市场竞争中获得足够竞争力，从而无法进一步影响出口贸易。

基于上述分析，在关于出口贸易影响因素的回归分析中，市场集中度与市场企业进入两个变量不显著的结果就可以理解了。

4.3.4　外商直接投资对我国出口贸易结构间接影响的研究综述

发达国家学者从很早以前就开始研究外商直接投资对东道国的技术溢出效应了，而我国学者则仅仅从改革开放外资进入中国以后才开始进行这一问题的研究。无论是国外学者还是国内学者，均未能得出被人们广泛认同的研究结论，甚至对于技术溢出效应是否存在的问题，也是争论多多，莫衷一是。

国内学者的研究大多属于应用研究，利用外国学者的研究模型，利用我国国内的数据进行分析。简单来说，国内学者的研究结论分为三类：认可技术溢出效应存在，否认技术溢出效应存在，无法判断是否存在技术溢出效应。

4.3.4.1　认可技术溢出效应存在的观点

从国内学者的研究成果中我们可以看出，支持外商直接投资能够产生技术溢出效应的研究结论占据了上风，这实际上也是我国强调并鼓励引入外资的重要理由之一。王志乐（1996）研究了跨国公司进入中国的情况，并对于跨国公司的进入对我国的各种影响进行了分析。在其结论中支持了技术溢出效应存在的结果。姚洋（1998）利用第三次全国工业普查的数据进行多因素回归分析，认为外资公司的技术效率普遍高于国内企业，随着外资公司进入我国的数量不断增加，我国企业的技术效率也随之提高。其在 2001 年进一步分析了国有企业、集体企业、民营企业及跨国公司之间存在的技术效率差异。以此为基础，其分析认为跨国公司的进入能让该行业中所有企业的技术效率同时提高，也就是支持技术溢出效应的存在。

秦晓钟和胡志宝（1998）同样利用第三次工业普查的数据讨论了技术溢出效应的问题。他们认为，虽然跨国公司在自身技术水平、行业销售水平及与国内企业技术差距等不同方面对技术溢出效应产生了不同影响，但技术溢出效应的存在是确定无疑的。何洁（2000）分析了各个省份的数据，认为技术溢出效应的产生必须具备一个条件，即当地经济发展水平只有超过了某个阈值，这种技术溢出效应才会发生。这也解释了为什么我国一些地区在引入外商直接投资之后，并没有产生预期中的正面作用。

黄华民（2000）站在宏观经济的角度，研究了外商直接投资对我国经济的影响。其认为外商直接投资对我国经济增长、资本形成、就业及劳动生产率方面都存在正面影响，虽然各种效应的影响程度存在较大差异，但从整体来说外商直接投资对我国确实存在正面效应。谢冰（2000）对外商直接投资影响我国贸易的机制进行了分析，他认为无论从规模上还是从结构上看，外商直接投资都对我国贸易产生了巨大的正面作用。其中一个主要因素就是外资的进入带来了大量的先进技术与管理经验，由此产生的技术溢出效应无疑加快了我国产业技术水平及国际竞争能力。

沈坤荣（2001）利用我国各个省份的外商直接投资总量与各省的全要素生产率作为变量进行数理分析，得出了外商直接投资占各省 GDP 的比重每增加一个单位就可以带来 0.37 单位的综合要素生产率的增长，也就是直接支持了技术溢出效应存在的结论。陈涛涛（2004）认为外商直接投资确实产生了行业内溢出效应。而效应影响的大小则主要取决于"内外资企业能力差距"，差距越小越有利于技术溢出效应发生作用。也有学者利用中国 1995—2000 年 30 个省市的专利申请数量、科研人员数量及科研开支等数据，通过计量分析得出了外商直接投资对国内创新具有正的技术外溢效应的结论（Kui Yin Cheung, Ping Lin, 2004）。

黄烨菁（2006）选取了 1997—2002 年 4 个不同产业的数据，检验了进入行业的外商直接投资是否存在技术溢出效应。其结论认为 4 个高技术产业的技术溢出效应是存在的。哈尔和朗（Hale 和 Long, 2006）分析了流入中国的外商直接投资所产生的技术溢出效应。首先他们证明了技术溢出效应在中国是确实存在的，但效应的作用效果和公司吸收技术的能力息息相关，具备高吸收力（初始全要素生产力相对更高）的公司可以获得积极的溢出效应，而吸收能力较低的公司则可能会有消极的技术溢出效应。

4.3.4.2　否认技术溢出效应存在的观点

如果仅仅从技术溢出效应的文本定义来说，外资进入东道国以后产生某种程度的技术溢出效应几乎是毫无疑问的事情。但如果我们要明确定义技术溢出效应必须要具备的一些条件或者能够产生的具体作用的话，那么效应的存在与否就是一个需要探讨的问题了。或者说，否定技术溢出效应的存在并不是否定外商直接投资任何可能存在的正面影响，这种否定更类似于正面影响程度偏低，没有达到预想中的程度而已。

如果我们接受经济学中的经典假设，把跨国公司视为经济人的话，那么跨国公司应该并不乐意见到技术溢出效应的出现。因为全行业整体技术与管理水平的提高，只能对跨国公司本身产生更强的竞争效应，而并无显著的利益。因此，跨国公司往往会限制技术的转移以保持自身的竞争优势。实际上，我们也很难实际观察到跨国公司对全行业整体水平的提高，管理水平的提高或许还是可以理解的，先进技术的引入往往需要付出巨大代价，而不能仅仅依赖于溢出效应的存在。

　　基于上述分析，有学者认为外商直接投资进入我国所产生的技术溢出效应并不能被完全观察到（王军，1999；熊小奇，2002）。李骥（2000）对进入我国电子行业的外商直接投资做了计量分析，认为虽然包括跨国公司在内的行业生产有所增加，但是跨国公司的生产与行业内生产效率的指标并没有显著的相关关系，也就是说无法从该行业的外商直接投资中获得正的技术溢出效应。他对此的解释是，虽然跨国公司引进先进技术进入我国市场，但是由于市场竞争的激烈，对国内同行业企业存在着严重的竞争挤出效应，因此以行业衡量的技术溢出效应不显著。实际上，这也是前文所强调过的观点。

　　一些学者将技术溢出效应的判定标准设定为东道国技术水平的普遍提高，因为技术仅在跨国公司内部转移时，并不能体现出技术溢出效应的显著效果。如果将这一标准放在中国，那么外商直接投资大量集中于劳动密集型产业与加工贸易产业中的现状无法让人观察到显著的技术溢出。即使我国中央政府与地方政府已经着力改变这种局面，但是整个外资结构的改善远非一日之功（朴商天，2004）。

　　更有甚者，有外国学者提出，"中国的外商直接投资流入与市场进入条款无关，也与知识转移、技术扩散或获得出口渠道无关，这些都是经济学文献中所主张的企业层面的利益。相反，与中国的外商直接投资流入有关的主要利益与以下情况相关：在政治上反对明显的私有化程序的环境里向外企提供的私有化功能，在强制实施对私人部门的严格的信用限制的经济系统中向私有企业提供风险投资，及在一个条框分割的经济系统中地区间资本流动性的提高"。[①]其整体的重点并没有放在技术溢出效应上，但行文中对这一效应的否定是显而易见的。

4.3.4.3　无法判断是否存在技术溢出效应

　　还有一部分学者认为，外商直接投资进入东道国无疑会带来一定的正面效果，否则东道国也不会对这些资本打开大门。但与此同时，外商直接投资的进入也可能会产生一系列负面效果，比如引入落后技术、防止技术的扩散、激烈竞争导致市场生产率的下降等。而这些负面效果的存在会抵消可能存在的正面影响。更重要的是，这些效应往往无法量化，因此也难以纳入计量模

[①]　[美]黄亚生：《改革时期的外商直接投资》，北京：新星出版社，2005，第4页。

型进行分析。基于此，这些学者提出，在现有理论和研究方法的基础上，无法准确度量技术溢出效应，只有进一步更新相关理论并修正研究方法之后，才能得出确切结论。

4.3.5　关于外商直接投资对我国是否产生技术溢出效应的验证

4.3.5.1　模型的构建 [①]

为了更准确地度量外国直接投资是否在我国产生了技术溢出效应，本书对传统的柯布－道格拉斯函数进行了修改，以便更好地利用国内相关数据。我们将固定资产存量用外国资产和本国资产表示，柯布－道格拉斯生产函数可以表示为：

$$Y = AL^{\alpha} (K_F + K_D)^{\beta};　　　　　　　　　（4-4）$$

将公式（4-4）变形，可得：

$$\frac{dY}{Y} = \frac{dA}{A} + \alpha \frac{dL}{L} + \beta \frac{dK}{K};　　　　　　（4-5）$$

对式中第1项和第3项进行推导，可将方式（4-5）表示为：

$$\frac{dY}{Y} = \delta_1 \times \frac{K_F}{Y} + \alpha \times \frac{dL}{L} + \delta_2 \frac{I}{Y};　　　　（4-6）$$

转为计量模型：

$$\frac{dY}{Y} = \delta_1 \times \frac{K_F}{Y} + \alpha \times \frac{dL}{L} + \delta_2 \frac{I}{Y} + \varepsilon。　　　（4-7）$$

在计量模型中，如果我们能得出 $\delta_1 > 1$ 的结果，就可以认为在我国的外商直接投资确实存在正的技术溢出效应。

4.3.5.2　变量的说明及数据的处理

计量模型中包括了 4 个变量，分别是 Y（国内产出，本书中用 GDP 来表示）、K_F（外国资产存量，本书中以外商直接投资代替，以每年的实际利用外资数量乘以当年的平均汇率代表外商直接投资的实际数额）、I（国内投资，用当年国内所有固定资产投资减去当年的外商直接投资数量表示）及 L（劳动者人数，鉴于我国农村固定资产投资数量在全国范围数据所占的比重很小而且数据的可得性与可信度都不高，因此劳动者人数用我国城镇就业人数来代替）。数据的来源来自于各期《中国统计年鉴》，样本区间为 1983—2013 年。

---

① 此处参阅了刘金钵、朱晓明（2004）与朱廷珺（2004）的相关文献。

4.3.5.3　平稳性检验

根据时间序列的标准建模过程，首先对各时间序列进行平稳性检验，结果见表 4-29。

表 4-29　各变量的平稳性检验

变量	检验形式（C, N, K）	ADF 检验统计量	5%临界值
dY/Y	（$C, N, 4$）	−0.9584	−1.9724
DdY/Y	（$C, N, 4$）	−2.2102	−1.9741
FDI/Y	（$C, N, 0$）	−0.0726	−1.9621
$DFDI/Y$	（$C, N, 0$）	−2.9884	−1.9638
dL/L	（$C, N, 0$）	−5.2845	−3.0314
I/Y	（$C, T, 4$）	−0.5756	−3.7740
DI/Y	（$C, T, 3$）	−4.9421	−3.7854

从表 4-29 可以看出，dY/Y、FDI/Y 和 I/Y 三个时间序列数据都是非平稳的，其一阶差分都是平稳的，且为一阶单整，即 I（1）序列。但是变量 dL/L 却是零阶单整，这意味着计量模型不能包括就业增长率这一变量。因为如果要进行协整检验，时间序列变量之间必须要具有长期稳定关系。

4.3.5.4　协整检验

由于非平稳序列的存在，回归模型中就可能会出现伪回归[①] 的现象。为了避免这种情况的出现，本书利用协整检验对模型进行检验，以确定单整变量之间是否存在长期稳定的关系，即协整关系。Johansen 检验的结果如表 4-30 所示。

表 4-30　Johansen 检验结果

特征值	零假设（H_0）	备择假设（H_1）	似然比统计量	5%临界值
0.7184	$r=0$	$r=1$	34.42	29.68
0.4134	$r \leqslant 1$	$r=2$	12.88	15.41
0.2009	$r \leqslant 2$	$r=3$	3.81	3.76

---

① 经济变量时间序列往往是非平稳序列，其对回归过程有着严重的影响，虽然它们会破坏经典回归分析的基础和有效性，但根据分析结果并不一定能发现问题。有时即使时间序列严重非平稳，分析结果应该是无效的，但 t 检验与 F 检验等指标却不会观察到异常，模型的显著性和拟合程度看起来都很好。这种问题通常称为"伪回归"问题。

结果表明，经过修正的柯布 – 道格拉斯生产函数在 5% 的显著性水平上拒绝了不存在协整向量的假设，接受了存在唯一协整关系的结论。这就意味着可以应用前述计量模型进行回归分析。

4.3.5.5　计量结果及结论

剔除就业增长率之后，本书对计量模型进行回归，结果如下：

$$\frac{dY}{Y} = 1.82\frac{FDI}{Y} + 0.1995\frac{I}{Y} + [AR(1) = 0.6610 + MA(1) = 0.9889]$$

$$（3.5548）（1.8735）$$

$$R^2 = 0.8341 \qquad DW = 1.7874$$

从上述结果可知，两个解释变量均通过了 t 检验，拟合优度较高且自相关也得以消除，δ_1 也得出了大于 1 的结果，这表示流入我国的外商直接投资确实产生了技术溢出效应。这也就是说，我国的整体行业技术水平由于外商直接投资的流入而有了额外的增长。结合前文进行的理论分析，本书认为外商直接投资带来的先进技术与东道国内生产要素的结合确实可能使得东道国贸易结构升级。

结合前文的分析，我们可以认为外商直接投资能通过改变市场结构推动贸易结构发生变化，也能通过技术溢出效应实现东道国贸易结构的改变。在东道国贸易结构升级的过程中，我们提出假设认为外商直接投资的技术溢出效应起着非常关键的作用。东道国市场上的竞争越激烈，跨国公司就需要投入更多资本及引入更先进的技术。这就更有利于国内同行业企业的学习和提高，最终实现东道国整体劳动生产率上升、产业结构升级与出口贸易结构优化。

4.3.6　外商直接投资对我国贸易结构影响的实证检验

本书已经验证了在我国市场中，外商直接投资确实影响了我国的市场结构，同时也产生了技术溢出效应。这就给接下来验证本书主题提供了坚实的理论基础。一方面，我国市场结构的演变使得厂商会更具规模效应，从而拉低产品生产成本，另一方面，溢出效应也提升了我国行业的整体技术水平，继而提高生产率。因此，外商直接投资对我国贸易结构必然会产生确切的影响。但我们如果要具体衡量外商直接投资和我国出口贸易结构之间存在的实际关系的话，仍然需要利用协整方法进行分析。

4.3.6.1　变量说明

本书利用我国 1983—2013 年的数据，使用协整方法对流入我国的外商直接投资与我国商品出口额、初级产品出口额及工业制成品出口额之间的关系进行分析。EX 表示商品出口额，EXB 表示初级产品出口额，EXM 表示制成品出口额，$REET$ 表示人民币与美元的实际汇率。数据均由各年份的《中国统计年鉴》与《中国对外贸易年鉴》而来。为了尽可能消除异方差与序列相关，本书将各个变量取对数，处理之后的变量分别表示为 $\ln EX$、$Ln EXB$、$\ln EXM$ 与 $\ln REET$。

4.3.6.2　平稳性检验

本书对各个时间序列进行平稳性检验，结果见表 4-31。

表 4-31　各变量的平稳性检验

变量	检验形式（C, T, K）	ADF 检验统计量	5%临界值
$\ln EX$	（C, T, 0）	−2.4211	−3.6925
$D\ln EX$	（C, T, 0）	−4.2732	−3.7264
$\ln EXB$	（C, T, 0）	−3.2887	−3.6935
$D\ln EXB$	（C, T, 0）	−5.2685	−3.7120
$\ln EXM$	（C, T, 0）	−3.3216	−3.6938
$D\ln EXM$	（C, T, 0）	−3.8352	−3.7247
$\ln FDI$	（C, T, 0）	−1.7685	−3.7937
$D\ln FDI$	（C, T, 0）	−3.8952	−3.8801
$\ln REET$	（C, T, 0）	−2.8012	−3.6962
$D\ln REET$	（C, T, 0）	−4.4227	−3.7227

由表 4-31 的检验结果可知，各时间序列变量均为非平稳，各变量一阶差分均平稳，各变量也都是一阶单整的。

4.3.6.3　协整分析

与前文检验技术溢出效应的方法类似，为了避免"伪回归"的出现，本书采用 Johansen 技术进行协整检验。3 种出口函数的检验结果见表 4-32 至表 4-34。

表 4-32   总出口函数的 Johansen 检验

特征值	零假设（H_0）	备择假设（H_1）	似然比统计量	5%临界值
0.8402	$r=0$	$r=1$	37.36	29.68
0.3224	$r \leq 1$	$r=2$	6.50	15.41
0.0021	$r \leq 2$	$r=3$	0.04	3.76

表 4-33   初级产品出口函数的 Johansen 检验

特征值	零假设（H_0）	备择假设（H_1）	似然比统计量	5%临界值
0.8202	$r=0$	$r=1$	33.51	29.73
0.2337	$r \leq 1$	$r=2$	4.50	15.42
0.0022	$r \leq 2$	$r=3$	0.04	3.71

表 4-34   制成品出口函数的 Johansen 检验

特征值	零假设（H_0）	备择假设（H_1）	似然比统计量	5%临界值
0.8426	$r=0$	$r=1$	37.73	29.72
0.3221	$r \leq 1$	$r=2$	6.56	15.40
0.0022	$r \leq 2$	$r=3$	0.04	3.79

根据表 4-32 至表 4-34 的检验结果可知，3 个函数都在 5%的显著性水平上拒绝了不存在协整向量的零假设，即 3 个函数均存在唯一的协整关系。

4.3.6.4   回归结果及结论

在上文分析的基础上，分别对出口商品总额、初级商品出口额与制成品出口额进行回归，结果如下：

$$\ln EX = 0.5546\ln FDI(-2) + 2.23\ln REET + [AR(2) = 0.6684 + MA(1) = 0.9712]$$
$$（5.28）\qquad\quad （3.927）$$
$$R^2 = 0.9224 \qquad DW = 1.9447$$

$$\ln EXB = 30.07 + 0.04258\ln FDI(-2) + 0.2017\ln REET + [AR(1) = 0.9882]$$
$$（0.5246）\qquad\qquad （0.08124）$$
$$R^2 = 0.8826 \qquad DW = 1.9384$$

$$\ln EXM = 0.6214\ln FDI(-2) + 2.1445\ln REET + [AR(2) = 0.6632 + MA(1) = 0.9675]$$
$$（3.9854）\qquad\qquad （4.5246）$$
$$R^2 = 0.9568 \qquad DW = 1.9754$$

从上述结果可知，外商直接投资和人民币对美元的汇率对我国的出口总额、制成品出口总额确实产生了积极的影响，而且从资金落实到具体影响出口则有着 2 年的滞后期。但是，在初级产品出口的回归方程中，由于 t 统计量不显著，说明上述 2 个变量对我国初级产品出口则没有明确的影响，鉴于在这个时间段中，我国并没有针对制成品或者初级产品出口制定特别的政策，因此基本这种区别应当可以排除是由国家宏观政策导致的结果。那么，对于外商直接投资来说，制成品出口反应较为敏感而初级产品出口反应较为迟钝可能有两方面的原因。第一，初级产品价格需求弹性较低，这就意味着市场中的商品交易受价格影响的程度较小，尽管人民币对美元汇率在期间经历了先下降然后上升的波动，但是相对价格的变动并没有对初级品出口产生明确的影响。第二，从前文统计数字中可以看出，我国出口商品结构中，初级产品出口总额虽然在稳步上升，但其在我国出口总额中的占比在持续走低。这意味着初级产品已经不是我国出口结构中的重心所在。对市场结构变化极为敏感的外商直接投资自然也会紧跟着调整自己的投资策略与行业分布，从而对初级产品出口不再产生明确的影响。

与初级产品出口相比，我国出口总量的增量中，制成品无疑占据了主要地位。这意味着外商直接投资对制成品出口的促进要显著优于其对初级品出口的影响。如果我们将出口贸易结构优化简单理解为制成品出口总额占出口商品总额比例的上升，这实际上就已经说明外商直接投资对我国的出口贸易结构产生了正面影响，也验证了本书最初的假设。

但必须要指出的是，就相关系数来看，汇率对出口的影响可能要远大于外商直接投资。这在某种程度上意味着外商直接投资对于出口贸易结构的影响程度可能要小于我们最初的预期。

在进行更深入的分析之前，笔者认为这一结果的出现可能是由两方面的因素所决定的。第一，外商直接投资的政策导向。在传统经济学理论中，在国家间不存在明显的壁垒和障碍的情况下，商品会优于生产要素的跨国流动。也就是说，生产要素尤其是资本的跨国移动很可能是由于国家间的壁垒及障碍才实现了高速增长。我国的改革开放实际上就是一个宏观经济环境从封闭到开放的过程。但无论改革进程如何的快速，其与成熟发达国家的自由市场经济仍然存在着较大的差距。我国虽然已经加入了世界贸易组织（WTO），但是仍然存在较多的有形或无形的壁垒。为了占领新开放的市场，在商品贸易无法实现目标的情况下，很多跨国公司选择了外商直接投资方式。我国虽然曾经是世界主要的加工出口国家，但这种情况并没能一直持续下去，目标是国内市场的跨国公司，当然也无法成为我国出口贸易结构优化的主要推动力量。

第二，我国中央政府和地方政府行为的不一致。从改革开放伊始，中央政府就已经意识到可以利用产业政策调整我国的产业结构，中央政府随之出台了一系列政策推动这一目标的实现。但中央政府只能负责政策制定，具体的执行者只能是地方政府。这就造成了制定政策和执行政策主体的不一致。加之地方政府往往有些急功近利，往往把引入外资的数量当作考察官员政绩的主要指标之一。这就使得很多地方政府并不是按照中央政府的政策指引来引入外商直接投资。这种混乱和不一致就让很多跨国公司无法形成一个稳定的预期，因此并不愿意沿着中央政府设计的路径进入我国市场，从而使得技术溢出效应的效果并不显著。一直到我国进行深入财税改革、中央政府开始收权之后，这一情况才逐步得到了缓解。尽管如此，想要实现政策制定的初衷仍然需要一定时日。

第三，我国市场机制不完善。一国市场机制成熟与否，主要取决于该国的经济发展水平与政治经济体制的完善。我国经济发展水平相对较低，从计划经济向市场经济的转型也仍未完成。这就意味着，中国市场与成熟的发达国家市场存在着较大的差异，跨国公司在中国市场上会有很多的不确定性。虽然不确定性意味着获得超额收益的机会也随之增加，但对于大多数跨国公司来说，风险规避仍然是它们首先要考虑的问题。这就决定了只有较为了解我国市场的华人经济圈投资者，才更能克服风险带来的恐惧，对我国进行投资。但是这些投资规模往往较小，而且进入领域也大多属于劳动密集型产业，进而让我国出口贸易结构更多地向劳动密集型产品倾斜。在此基础上，我国如果希望能进一步改善出口贸易结构，提高资本密集型和技术密集型产品的出口，就需要花费更多的时间和更高的成本。其表现为我国出口贸易结构优化的速度并不尽如人意。

以上分析中，我们已经确定了外商直接投资对我国市场结构的正面影响，及确定的技术溢出效应，进而对外商直接投资对我国出口贸易结构的影响进行了实证检验。结果显示外商直接投资对我国的出口贸易结构确实产生了一定正面影响，但这一影响并不如开始预计的那样显著。

第5章　结论及政策建议

5.1　结　论

本书分别从外商直接投资对我国市场结构的影响及其技术溢出效应两个方面进行了研究。从理论总结和外资流入具体情况的分析开始，利用计量模型验证了外商直接投资确实对我国的市场结构产生了影响，也确实产生了技术溢出效应。以此为基础，继续分析外商直接投资对我国出口贸易结构产生的影响。

5.1.1　外商直接投资对我国市场结构的影响

（1）对市场集中度的影响

改革开放将我国被压抑已久的消费热情彻底释放了出来，而仅仅依赖于本国产业的发展无法满足日益增加的消费需求。因此，我国的产业政策也在不断调整以适应市场的变化。其中，对外资开放，吸引外商直接投资就是政策调整中的一个重要组成部分。外来竞争者的加入使得市场结构产生了巨大的变化，由原来的大量中小企业为主逐渐演变成几家大型企业主导整个行业，即市场集中度的快速提高。

虽然从整体来看，市场集中度实现了增长，但不同行业却体现出差异化的特征。在国家垄断、技术密集型等行业中，市场集中度不断增加，几家领军企业几乎可以实现对市场的控制；劳动密集型、资源密集型行业中，市场集中度则并无快速增长的情况，甚至还出现了下降的趋势；而市场竞争较为激烈、对技术也有着一定要求的制造业中，市场集中度则往往呈现先下降然后上升的情况。外商直接投资企业更多地集中在第3种行业中，由于外来者的进入，市场集中度出现下降，但行业竞争日趋激烈之后，大量没有优势的中小企业纷纷退出，市场集中度重新出现增长。

（2）对市场壁垒的影响

通过对啤酒行业和汽车行业的分析，本书认为外商直接投资对我国市场壁垒的作用主要体现在两个方面：一是规模效应的门槛越来越高，如果竞争者无法在短期内达到巨大的产出规模，就会在成本上处于劣势，进而无法有效竞争；一是行业技术水平的普遍提升，外商进入我国伊始往往具有压倒性的技术优势，竞争会随之拉升整个行业的技术水平，技术能力相对较差的企业无法进入这个市场进行竞争。

通过对其他行业的观察，我们也可以得到类似的结论。这种市场壁垒效应扩大的主要原因之一就是外资的进入。产量规模巨大、技术水平很高的外资企业进入我国市场之后，给国内同行业竞争者带来了极大的压力，只有不断扩大生产规模，实现更好的规模效益，及不断提升自己的技术水平，才能在市场中不被淘汰。市场壁垒是在市场竞争中自然产生的，并没有人为刻意的成分在里面。

可以说，市场壁垒和市场集中度两个指标是直接相关的，市场集中度的提高自然会实现更高的规模效应，从而提高了市场壁垒，而市场壁垒的增加又会进一步推动市场集中度的提高。在外资比较集中的行业中，这一作用机制已经得到了验证。

（3）市场结构与出口贸易

从前文的实证研究中可以看出，影响市场结构的变量中，企业规模和更新改造投资对出口贸易的影响最大。其他因素如市场集中度及企业进入数量等对于出口贸易的影响并不特别显著。

这一结论很容易解释，影响市场结构的变量中，有一些是可以传导至国际市场上的，而有一些则可能仅对国内市场有效。市场集中度及企业进入数量等变量，只是国内市场结构的基本反映，其无法帮助企业在国际商品竞争中获得足够优势。更有甚者，中国的高市场集中度在很大程度上体现了政府意志，市场准入的限制使得行业竞争尚未充分的情况下，市场便已经开始整合。在这种情况下，较高的市场集中度更无法体现为企业竞争能力的提高。由此可见，企业集中度和企业进入数量等指标和市场结构之间并不存在必然的关系。

此外，随着经济的增长，各国的基本商品需求特征存在较大差异。这就要求以国际市场为目标的企业，一方面要通过扩大生产规模实现规模效应降低成本，一方面也要通过更新改造投资，让产品能满足不同消费特征的差异化受众群体。只有如此，企业才能在国际市场上具有足够的竞争能力，并对出口贸易产生正面影响。

5.1.2　外商直接投资的技术溢出效应分析

（1）溢出效应是否存在的问题

虽然对外商直接投资的技术溢出效应是否存在这一问题存在较大争议，但从上文计量结果中可以看出溢出效应确实存在的结果。当然，溢出效应并不是对所有企业都会产生影响，一些吸收能力较强的企业通常可以观察到较为明显的溢出效应，反之亦然。但我们认为，对于外商直接投资较为集中的行业来说，通过示范、竞争、产业链及劳动力流动等方式，在我国行业中，溢出效应存在的结果是无法否认的。

（2）溢出效应对出口贸易的影响

笔者认为，技术溢出效应可以通过 3 个渠道影响出口贸易。第一，行业生产率的提高；第二，跨越非关税壁垒；第三，融入国际市场竞争。行业生产率的提高也就意味着技术水平的进步，在其他要素成本不变的情况下，行业生产率的提高必然会降低产品的平均水平，从而在国际市场中获得进一步的价格优势。而在 WTO 框架下，各国原有的关税壁垒已经失去了作用，因此用环保和技术水平限制商品进口成了各国的普遍选择。而外商直接投资企业往往已经不受这些非关税壁垒的影响，通过观察、模仿等学习手段，我国企业就可以实现跨越非关税壁垒。有些学者将国际市场视为国内市场在国际范围内的延伸，这种思路是错误的。实际上我们应当将国内市场视作为国际市场在国内的扩张。内战内行外战外行是很多中国企业的通病。因此，外资企业的进入，让我国企业能更好地学习如何在激烈拼杀的国际市场竞争中生存的本领，融入国际市场竞争中。

5.1.3　外商直接投资对我国出口贸易结构的影响

与最初假设一致，本书验证了外商直接投资对我国出口贸易结构产生了积极的影响。但影响效果并不十分显著，与汇率等因素相比，其效果难以令人满意。外资对我国出口贸易额的影响要远甚于对出口贸易结构的影响。这个结果让人颇有些意外，但如果从深层次对这一结果进行考量的话，本书认为要从市场成熟度不高与国家宏观政策阻碍两个层面对其进行解释。

从计划经济向市场经济转型的过程中，必然会存在很多不确定性。在投资学中，不确定性便意味着风险。尽管高风险中蕴涵着高收益，但趋利避害乃是所有经济参与者的共性，因此有着较强竞争能力的发达国家公司选择了暂时观望或试探性进入。这就决定了在改革开放初期市场成熟度较低的情况下，外商直接投资主要以港澳台等华人经济圈内资本为主。这些外资企业更集中于劳动密集型产业，希望利用我国的廉价劳动力与政府优惠政策来获利。这些资本也许对于我国出口贸易额有较大的推动作用，但对于出口贸易结构优化并无显著影响。虽然经过 30 余年的改革，不确定性大多已经消除，大型跨国公司也都已经进入中国。不过，这种结果的彻底扭转仍需时日。

我国一直以来的关税与非关税壁垒严重地阻碍了外国商品进入我国。而国际投资的一个重要作用就是规避东道国的贸易壁垒。在这一政策阻碍作用下，大量外商直接投资进入我国是为了利用商品占领我国市场，而不是把我国当成纯粹的出口商品生产基地。根据观察，进入我国劳动密集型产业的外商企业，更倾向于产品出口，而进入我国技术与资本密集型产业的外商企业，产品更多以国内销售为主。在这个层面上，外商直接投资的进入，很大程度上也无益于我国出口贸易商品结构的提升。

罗马不是一天建成的，完善成熟的市场经济也不能一蹴而就。如果希望利用外商直接投资改善我国的出口贸易商品结构，我国必须制定更为完善的政策，才能实现这一目标。

5.2　相关政策建议

如前文所述，外商直接投资并没有带来我国出口贸易结构优化的显著结果。那我们必须在坚持引进外资政策不动摇的基础上，出台具有针对性的相关措施，来实现最初设定的目标。笔者认为，在政策层面上，我们应当从 3个方面进行相应改进。

5.2.1　与外商直接投资相关

（1）修正过度优惠政策

尚未成熟的市场，之所以能吸引大量外资的进入，主要原因之一就是力度足够大的优惠政策和措施，这也是我国最初制定大量外资相关优惠政策的初衷。但优惠政策虽然带来了较大流量的外资进入，同时也产生了很多难以完全克服的弊端。由于我国幅员辽阔，各地区经济发展水平迥异，为了实现引入外资最大化，很多地区都竞相出台优惠措施，让正常的吸引外商直接投资的行动演变为一场恶性竞争。

过度优惠政策的负面影响主要体现在 3 个方面。

第一，财政损失。大量税收优惠政策的存在，令外资企业在已经占据市场竞争优势地位的情况下，还要少缴相关税费，对我国财政健康产生了巨大的负面影响。

第二，地区发展失衡。可以说，我国中西部地区在吸引外资方面具有天然的劣势，无论是基础设施建设还是产业完善程度都无法与东部沿海地区相比。为了实现外资流入的增长，中西部地区不得不出台更具有诱惑力的政策，而这些政策往往是以长期损害为代价，会严重伤害本地区经济。

第三，虚假外资。虚假外资的出现极具中国特色，其是指为了利用国内的优惠政策，国内厂商通过注册海外壳公司，用壳公司向内地投资的一种方式。这种方式与国内本土投资没有任何区别，但需要地方政府付出相当代价，对我国经济发展也有着很大伤害。

解决问题的方法很简单，对所有的公司一视同仁，不管其是国企、民企还是外企，只要在一个舞台上进行竞争，那么各自凭借自己的能力在竞争中生存。公平竞争的环境会更有利于我国经济的长期稳定增长。在改革已经进入深水区的今天，已经很少有外商直接投资会纯粹因为优惠政策进入我国，成熟稳定的消费市场、趋于开放的金融市场及稳健有序的经济政策等条件才是外资最为看重的。2007 年，我国通过了《企业所得税法》，在法律上将内外资企业的税率彻底统一。此后，越来越多的政策措施逐渐抹平了内外资企业在政策上的差异。当然，为了扶持中西部地区经济发展，国家仍然需要针对某些地区制定优惠政策。但政策要服从市场，要保证公平。在此前提之下，外资会更好的帮助我们的经济成长，当然更会受益良多。

（2）优化外资产业分布

大量外商直接投资集中在我国劳动密集型产业中，这些资本的目的主要就是为了利用我国的低价高质劳动力，增加产品的国际竞争优势。但随着我国劳动力成本的不断攀升，这些外国资本已经难以为继。因此，我国必须重新审视外资产业分布的问题，出台具体政策和配套措施，吸引外资进入我国的资本密集型产业和技术密集型产业中。虽然近年来我国的政府工作报告已经较为鲜明地做出了要求，但是据观察，各个地方政府实施的效果并不尽如人意。这可能是由于投资环境的不完善及我国产业发展水平存在缺陷。调整外资产业分布不是一时之功，但必须要立足于实际，努力培养国内相关产业的发展，吸引更多的优质外资进入，并产生更为明显的技术溢出效应，推动全要素生产率的提高。

（3）限制外资恶性竞争

通常，人们在研究外商直接投资时，都是强调其对东道国的正面效应，分析如何能更有效的在促进竞争的前提下，推动整个行业的发展。但往往对问题的另一面避而不谈，外商直接投资作为以盈利为目的的经济行为人，既有严谨温和的一面，同时也有冷酷嗜血的一面。外资企业进入中国之后，携资本和商誉优势冲进市场。为了最快实现目标，很多企业采取了恶性竞争的策略。恶性竞争可以分为两种情况，一是恶意收购，并购竞争对手之后将其彻底扼杀，强迫其退出市场；一是低价冲击，制定产品价格低于生产成本，从而迫使竞争对手同时调价，如果没有雄厚资本与之竞争，最终难逃破产或者被低价收购的命运。

这些情况在我国市场上均多次出现，这与我国积极引入外资的初衷背道而驰。即使我国《垄断法》等法律均已出台，但是并未彻底解决这些问题。因此需要进一步完善相关法律，并加大执法力度。同时积极培育市场，增强本国企业的市场竞争能力，以实现市场健康有序的运行。

5.2.2　与国内企业相关

减少针对外资企业的优惠，强调市场公平只是问题的一方面，更重要的是要让国内企业快速成长，成为合格的市场竞争主体。针对外资集中行业中国内企业的问题，应当从两方面进行调整。

（1）提升专业化协作程度

技术溢出效应的存在与否之所以引起了一定的争议，就是该效应的存在实际上会帮助竞争对手的成长，因此外资企业必然会严格控制生产技术及管理制度等要素的外溢。而一些行业的具体计量研究结果也并不支持技术溢出效应存在的结论。这一结果实际上是由于国内企业与外资企业之间的专业化协作程度不高所导致的。如果内资企业与外资企业之间的生产关系相互独立，那么这种竞争关系当然会让外资企业对技术的传播持否定态度。但如果二者之间形成网络合作型专业协作体系，那么彼此分工协作，提升合作方的能力也就是提高自身的盈利能力。

由于专业人才数量充足，很多跨国公司都将研发、生产部分转移到了我国，这就给我国企业参与到跨国公司研发生产环节中提供了契机。但仅从市场角度推动这种协作，整体效率并不会太高。这就要求政府应当从政策等方面提供支持，对于积极与国内企业合作的外资企业提供奖励，以推动这种良性互动的产生。

（2）扶持民营企业的成长

相对于外资企业获得的优势，国有企业由于有政府的直接大力扶持，因此保持了较好的增长势头，但是广大民营企业却面临着较大的压力。一方面，民营企业相对于外资企业来说，并无足够的竞争能力；另一方面，政府对于民营企业的扶持严重缺失，在企业融资、市场准入等方面甚至还有或明或暗的歧视。外商直接投资在我国获得如此迅速的增长，与我国控制民营企业不无关系。

政府放开限制，对所有类型的企业一视同仁，也许并不一定能实现民营企业的快速增长，但公平有效的竞争机制对于市场的成长一定大有裨益。虽然我国在名义上已经对民营企业放开了诸如通信、电力、能源等行业，但现实中极少民营企业能够独立参与其中，实际不平等依然存在。鉴于此，建设公平市场环境，彻底放开行业准入限制，才能实现经济健康发展。

5.2.3　与外资配套政策相关

经济发展是一个有机整体，单纯强调某个要素并无助于经济健康发展的最终目标。如果希望外商直接投资对我国出口贸易商品结构有更为确切的正面影响的话，除了针对外资企业和国内企业的政策调整，还需要就其他配套政策进行修正。

（1）贸易政策

虽然本书将外商直接投资与出口贸易放在一个框架内进行考虑，但是现实中我国的外资政策和贸易政策之间，并不存在明显的互动。而且，政策法规制定部门不同，也很难协调二者关系。但若政策之间存在冲突或者矛盾，那么企业或者出口贸易必然有经济主体会受到损害。因此，贸易相关政策和外资相关政策需要相互协调彼此配合，让二者的政策目标具有一致性，推动经贸健康发展。

从长期来看，外资政策与贸易政策的协调至少能带来三方面的好处。首先，可以减少我国在出口贸易领域中的摩擦。近 20 年来，我国出口商品在海外遭遇反倾销调查已是司空见惯，其中最多的就是关于劳动密集型产品及技术含量不高的制成品，但必须要提及的是，这类产品的厂商中，有相当数量的外商直接投资企业，这就是我国外资政策和贸易政策协调不够的一个典型例子。出台较大力度的优惠政策以引入外资，但其产品却让我国出口贸易遭遇阻碍。若能协调两种政策，让外资企业尽量少的进入这些领域，无论对我国外资结构的优化还是出口贸易的改善都会有较大帮助。

其次，有助于国际收支平衡。自由市场经济中，贸易和国际投资之间存在着显著的相关关系，在二者的共同作用下，会让正常项目与资本项目处于相对均衡的状态。但我国具有较强导向的贸易与外资政策，却使得我国在正常项目和资本项目中均存在较高顺差，双顺差的结果让人民币升值的压力剧增。虽然在政府、央行、外汇管理部门等共同努力下，我国的顺差数字已经开始下降，但并未从根本上扭转这一问题。这就要求我国开始逐渐调整贸易和外资政策，不要盲目追求出大于进，给本国经济带来巨大压力。

再次，实现外资良性增长。按照传统经济理论，在商品跨国流动无障碍的情况下，跨国公司大多对跨国投资持保留态度，因为跨国投资的成本和风险都要大于国际贸易。但若贸易品流动受阻，跨国投资就变成唯一的选择。我国大可以利用这种关系，通过设置贸易品流动障碍，使得某些领域的跨国公司在贸易受阻的条件下增强对我国的投资力度，实现外国投资的良性增长。

最后，帮助我国达到设定的经济目标。在没有贸易壁垒的情况下，商品的跨国流动往往是企业的第一选择，毕竟资本跨国流动往往要面临着许多未知的阻碍和困难。但多数国家都对商品进口设置了各种障碍。这时，对外直接投资就成了很多企业的第一选择。出于这种考虑，我国就可以利用贸易政策，达到设定的目标。我国当前的主要目的是吸引外国资本利用其资金和技术，而且也要避免国内企业遭受外国商品的冲击。为了达成这些目标，适当的设置贸易壁垒，推动跨国公司对我国投资，是一个策略的选择。

（2）产业政策

我国在吸引外资的过程中存在着一定的盲目性，大量高污染高能耗的外资企业纷纷进入我国。在并未获得充分利税利益的情况下，各地还付出了巨大的代价。必须要明确的是，吸引外资并不是以数量作为衡量的最高标准，我们要在积极利用外资的基础上，实现产业结构升级。由于我国各个地区之间经济发展差异巨大，因此引导不同比较优势的外国资本进入不同地区才是最优选择。

但由于政绩考核等非经济因素，引导外资进入不同地区可能无法实现。这就要求中央政府出台相应的产业政策，根据各地区的优势，通过负面清单等创造性制度，推进各地区间的产业合理分布，在全国实现有计划的产业梯度格局。

（3）劳动力政策

若想通过技术溢出效应推动出口贸易商品结构优化，劳动力的自由流动就是一个必要条件。虽然政府针对劳动力流动，尤其是高端劳动力流动的限制已经逐渐放松，但户籍制度、异地保障型保险无法互认等制度仍然制约着劳动力的合理有序流动。既然我们已经确信，可以通过外商直接投资的技术溢出效应实现出口贸易商品结构优化，那么就应当正视其问题，尽快推动劳动力异地流动合理化和有序化，减少非经济因素对其所产生的影响。

参考文献

[1] 保罗·R·克鲁格曼.克鲁格曼国际贸易新理论.北京:中国社会科学出版社,2001

[2] 弗兰克·H·奈特.风险、不确定性与利润.安佳,译.北京:商务印书馆,2006

[3] 詹姆斯·R·马库森.跨国公司与国际贸易理论.强永昌,陆雪莲,杨泓艳,译.上海:上海财经大学出版社,2005

[4] 小岛清.对外直接投资的宏观经济分析方法.一桥大学经济学杂志,1973(6)

[5] 埃尔赫南·赫尔普曼,保罗·R·克鲁格曼.市场结构和对外贸易——报酬递增、不完全竞争和国际贸易.尹翔硕,尹翔康,译.上海:上海三联书店,1991

[6] 尼尔·胡德,斯蒂芬·扬.跨国企业的全球化经营与经济发展.沈进建,译.北京:中国社会科学出版社,2006

[7] 尼尔·胡德,斯蒂芬·扬.跨国企业经济学.北京:经济科学出版社,1990

[8] 安占然.贸易结构变化的影响因素及适用性分析.兰州学刊,2005(3)

[9] 蔡锐,刘泉.中国的国际直接投资与贸易是互补的吗?——基于小岛清"边际产业理论"的实证分析.世界经济研究,2004(8)

[10] 陈铭.国际贸易与国际直接投资双向作用的微观分析.华东师范大学学报,2002(7)

[11] 陈涛涛,白晓晴.外商直接投资的溢出效应:国际经验的借鉴与启示.国际经济合作,2004(9)

[12] 陈涛涛.外商直接投资的行业内溢出效应.北京:经济科学出版社,2004

[13] 陈迅,高远东.FDI与中国产业结构变动相互影响的实证研究.开发研究,2006(1)

[14] 程惠芳.对外直接投资比较优势研究.上海:上海三联书店,1998

[15] 丁冰.我国利用外资和对外贸易问题研究.北京:中国经济出版社,2006

[16] 范黎波. 跨国公司技术转移与中国企业学习战略. 北京：中国财政经济出版社，2004

[17] 付朝阳. 外商直接投资对我国出口增长和出口商品结构的影响. 国际贸易问题，2003（11）

[18] 高志前，刘彦. 高技术产品出口战略问题. 北京：经济科学出版社，2001

[19] 龚晓莺. 比较成本优势诱发的国际贸易与国际直接投资的关系及政策选择. 对外经济贸易大学学报，2004（3）

[20] 龚艳萍，周维. 我国出口贸易结构与外国直接投资的相关分析. 国际贸易问题，2005（9）

[21] 郭飞. 外商直接投资对中国经济的双重影响与对策. 外贸经济与国际贸易，2006（8）

[22] 韩琪. 缩小资本流出缺口与扩大对外直接投资. 国际经济合作，2005（2）

[23] 贺灿飞. 外商直接投资区位：理论分析与实证研究. 北京：中国经济出版社，2005

[24] 黄先海，林国蛟. 国际直接投资的贸易效应——一个扩张型模型及实证分析. 浙江社会科学，2001（5）

[25] 黄晓玲. 外贸、外资与工业化——理论分析与中国实证研究. 北京：对外经济贸易大学出版社，2002

[26] 黄亚生. 改革时期的外国直接投资. 北京：新星出版社，2005

[27] 黄烨菁. 外国直接投资的技术溢出效应——对中国四大高技术产业的分析. 世界经济研究，2006（7）

[28] 江锦帆. 外国直接投资在中国经济增长中的作用机制. 世界经济，2004（1）

[29] 江小涓. 中国出口增长与结构变化：外商投资企业的贡献. 南开经济研究，2002（2）

[30] 江小涓. 中国外资经济对增长、结构升级和竞争力的贡献. 中国社会科学，2002（6）

[31] 江心英，陈丽珍. 外国直接投资技术外溢理论研究综述. 国际贸易问题，2006（6）

[32] 姜睿. 外国直接投资的产业结构、市场结构效应研究. 上海：上海财经大学出版社，2006

[33] 姜新旺，李未无. H—M—K假说的检验——基于中国贸易结构数据的实证研究. 国际贸易问题，2006（4）

[34] 蒋殿春.跨国公司与市场结构.北京：商务印书馆，1998

[35] 金相郁，朴英姬.中国外商直接投资的区位决定因素分析：城市数据.南开经济研究，2006（2）

[36] 金哲松.国际贸易结构与流向.北京：中国计划出版社出版，2000

[37] 康赞亮，张必松.FDI、国际贸易及我国经济增长的协整分析与 VECM 模型.国际贸易问题，2006（2）

[38] 蓝庆新.中国贸易结构变化与经济增长转型的实证分析与现状研究.经济评论，2004（1）

[39] 李波，游晓霞.国际直接投资的贸易效应分析——对小岛清模型的扩展.商业经济与管理，2005（5）

[40] 李东阳.国际直接投资与经济发展.北京：经济科学出版社，2002

[41] 李国荣.我国外商直接投资与出口贸易关系的实证研究.国际贸易问题，2006（4）

[42] 李平，范跃进.东道国的贸易自由化对国际直接投资流入的影响.世界经济，2003（12）

[43] 李荣林.国际贸易与直接投资的关系：文献综述.世界经济，2002（4）

[44] 李玉蓉.FDI 技术溢出效应与后进国家人力资源开发.当代经济研究，2003（12）

[45] 梁志成.论国际贸易与国际直接投资的新型关系.经济评论，2001（2）

[46] 廖才安，辛颖.外商直接投资对我国经济增长效应的实证分析.当代经济，2005（8）

[47] 廖力平，刘春雷.外商直接投资与中国进出口贸易额互动关系.工业技术经济，2005（24）

[48] 刘爱龙，吴献金.德国对华直接投资决定因素的实证分析.世界经济与政治论坛，2006（3）

[49] 刘恩专.外商直接投资的出口贸易效应分析.当代经济科学，1999（2）

[50] 刘海云.跨国公司经营优势变迁.北京：中国发展出版社，2001

[51] 刘堃.替代抑或促进：贸易和投资关系探讨.投资研究，1998（5）

[52] 马军.Excel 数据处理与图表应用实例精讲.北京：科学出版社，2006

[53] 马衍军，柳成洋.外国直接投资的溢出效应及其制约因素研究.当代经济研究，2005（5）

[54] 马野青.贸易投资一体化条件下贸易保护问题新探.南京大学学报（社

会科学版），2003（2）

[55] 马征，李芬.从产业间贸易到产业内贸易——我国贸易结构演变的实证研究.国际贸易问题，2006（3）

[56] 毛蕴诗.出口贸易与国际直接投资关系研究.首都经济贸易大学学报，2001（3）

[57] 莫晓芳.外资并购对我国产业结构的影响.经济论坛，2006（13）

[58] 裴长洪.利用外资与产业竞争力.北京：社会科学文献出版，1998

[59] 彭磊.贸易结构优化三阶段论及我国所处阶段的实证检验.国际经贸探索，2004（1）

[60] 钱晓英，赖明勇，张大奇.外商直接投资与中国国际贸易关系的实证分析.湖南大学学报（自然科学版），2001（5）

[61] 邱黎黎.对外直接投资对我国国际贸易的影响——东道国和母国的视角.西安财经学院学报，2005（6）

[62] 沈克华.外商直接投资与我国出口总量及结构、基础设施投入的相关关系分析.国际贸易问题，2003（7）

[63] 生延超.促进就业的另一种渠道——一个基于FDI资本效应与技术效应的分析框架.重庆工商大学学报，2005（8）

[64] 盛斌.中国对外贸易政策的政治经济分析.上海：上海三联书店/上海人民出版社，2002

[65] 史小龙，张峰.外商直接投资对我国进出口贸易影响的协整分析.世界经济研究，2004年（4）

[66] 史中亮.FDI与中国区域出口互补性的实证分析.当代财经，2003（4）

[67] 宋京.外国直接投资对我国产业结构升级的影响——对外贸易视角的分析.国际贸易问题，2005（4）

[68] 苏旭霞.国际直接投资自由化与中国外资政策.北京：中国商务出版社，2005

[69] 孙国辉.跨国公司内部贸易研究.济南：山东人民出版社，2002

[70] 孙恒志.发展中国家的贸易开放度与直接投资关系的实证研究.中山大学研究生学刊，2005（1）

[71] 王东京.国际投资论.北京：中国经济出版社，1993

[72] 王福军.国际贸易和国际直接投资理论融合——国际生产的一般理论述评.国际经贸探索，1999（1）

[73]　王洪亮，徐霞.日本对华贸易与直接投资的关系研究（1983—2001）.世界经济，2003（8）

[74]　王洪庆.外商直接投资对我国外贸影响途径竞争力影响途径的计量检验.亚太经济，2006（3）

[75]　王松青.竞争与垄断——关于跨国公司及其市场结构的分析纲要.上海：上海社会科学院出版社，1997

[76]　王迎新.论海外直接投资与贸易的关系.财贸经济，2003（1）

[77]　王永齐.对外贸易结构与中国经济增长：基于因果关系的检验.世界经济，2004（11）

[78]　王云平.工业结构升级的制度分析.北京：经济管理出版社，2004

[79]　吴定玉.外商直接投资对中国市场结构的影响.北京：经济科学出版社，2006

[80]　吴国生.跨国直接投资对东道国贸易的影响.商业研究，2000年（7）

[81]　吴先明，曹春华.论国际直接投资理论与国际——贸易理论的交叉与融合.经济学研究，1995（5）

[82]　吴先明.国际贸易理论与国际直接投资理论的融合发展趋势.国际贸易问题，1999（7）

[83]　奚君羊，刘卫江.外商直接投资的贸易效应实证分析.上海财经大学学报，2001，（6）

[84]　冼国明，严兵，张岸元.中国出口与外商在华直接投资.南开经济研究，2003（1）

[85]　向铁梅.国际贸易与直接投资的关系及其中国情况的实证分析.世界经济研究，2003（3）

[86]　项本武.中国对外直接投资的贸易效应.统计与决策，2005（24）

[87]　谢冰.外国直接投资的贸易效应及其实证分析.经济评论，2000（4）

[88]　徐强.全球国际直接投资发展的态势、动因与影响.国际贸易探索，2005（5）

[89]　徐全勇，唐钰岚.我国外商直接投资溢出效应的产业特点.开发研究，2005（2）

[90]　薛敬孝，韩燕.FDI并购与新建比较研究.世界经济研究，2004（4）

[91]　严兵.外商直接投资行业内溢出效应及相关影响因素分析.经济评论，2006（1）

[92] 杨先明.发展阶段与国际直接投资.北京：商务印书馆，2000

[93] 杨逸.外商直接投资对中国进出口影响的相关分析.世界经济,2000（2）

[94] 余万林，张红霞.跨国公司国际贸易与国际直接投资的协调与选择.商业研究，2005（16）

[95] 俞进.融合国际贸易和国际直接投资理论：以国际分工为基础.华东师范大学学报（社会科学版），2002（6）

[96] 袁钢明.跨国投资与中国.北京：中国财政经济出版社，1994

[97] 詹晓宁，葛顺奇.出口竞争力与跨国公司FDI的作用.世界经济，2002（11）

[98] 詹晓宁，邢厚媛.研发类FDI的发展趋势及对中国的启示.世界经济导刊，2006（1）

[99] 张碧琼.国际资本流动与对外贸易竞争优势.北京：中国发展出版社，1999

[100] 张诚.外资企业贸易活动剖析.天津：天津人民出版社，1999

[101] 张宏.跨国公司与东道国市场结构.北京：经济科学出版社，2006

[102] 张鸿.我国对外贸易结构及其比较优势的实证分析.国际贸易问题，2006（4）

[103] 张纪康.直接投资与国际贸易的不完全替代.国际贸易，1999（5）

[104] 张纪康.直接投资与市场结构效应.上海：上海财经大学出版社，1999

[105] 张建红.投资国特征及其对华投资强度的研究.世界经济，2004（1）

[106] 张倩肖.外商直接投资对国内投资的替代互补效应分析.经济学家，2004（6）

[107] 张如庆.中国对外投资与对外贸易的关系分析.世界经济研究，2005（3）

[108] 张为付，武齐.外国直接投资与我国对外贸易的实证研究.国际贸易问题，2005（12）

[109] 张小蒂，李晓钟.外商直接投资对我国进出口贸易影响的实证分析.数量经济技术经济研究，2001（7）

[110] 张晓峒.计量经济学软件EViews使用指南.天津：南开大学出版社，2004

[111] 张谊浩，王胜英.国际贸易与对外直接投资相互关系的实证分析——基于我国数据的Granger非因果检验.国际贸易问题，2004（1）

[112] 张毓茜.外国直接投资对中国对外贸易影响的实证分析.世界经济文汇，2001（3）

[113]　张宗益，李建春，孙忠艳. 外商直接投资对我国进出口贸易影响实证分析. 当代经济科学，2005（2）

[114]　赵春明，焦军普. 当代国际贸易与国际直接投资的交叉发展趋势. 北京师范大学学报（社会科学版），2003（2）

[115]　周春应，王波. 外商直接投资与中国经济增长的长期均衡和动态关系分析. 世界经济与政治论坛，2006（3）

[116]　朱廷珺. 国际贸易与国际直接投资理论融合的轨迹. 兰州商学院学报，2003（2）

[117]　朱廷珺. 外国直接投资的贸易效应研究. 北京：人民出版社，2006

[118]　朱廷珺. 外国直接投资的贸易效应：文献述评. 兰州商学院学报，2004（4）

[119]　庄芮. FDI 流入的贸易条件效应：发展中国家视角. 北京：对外经济贸易大学出版社，2005

[120]　祖强，梁俊伟. 外国直接投资的对外贸易实证分析——基于改革开放25 年的数据. 广东财经职业学院学报，2005（6）

[121]　Agata Antkiewicz, John Whalley. Recent Chinese buyout activity and the implications for global architecture. NBER Working Paper No 12072, 2006

[122]　Anne-Wil Harzing. An empirical analysis and extension of the bartlett and ghoshal typology of multinational companies. Journal of International Business Studies, 2000, 31(1)

[123]　Anusha Chari, Peter Blair Henry. Firm-specific information and the efficiency of investment. NBER Working Paper No 12186, 2006

[124]　Assaf Razin, Ephraim Sadka. Vying for foreign direct investment: a EU-type model of tax competition. NBER Working Paper No 11991, 2006

[125]　Barry Eichengreen, Hui Tong. Is China's FDI coming at the expense of other countries. NBER Working Paper No 11335, 2005

[126]　Bela Balassa. The determinants of intra-industry specialization in United States trade. Oxford Economic Papers, 1986, 38(2)

[127]　Bijit Bora edited. Foreign direct investment: research issues. Rout ledge Taylor & Francis Group, 2002

[128]　Bruce A. Blonigen. A review of the empirical literature on FDI

determinants. NBER Working Paper No 11299, 2005

[129] Charles van Marrewijk, Joachim Stibora, Albert de Vaal. Services tradability, trade liberalization and foreign direct investment. Economica, 1996, 63(252)

[130] Christian Leuz, Karl V Lins, Francis E Warnock. Do foreigners invest less in poorly governed firms. NBER Working Paper No 12222, 2006

[131] Daniel Lederman, William F Maloney. Trade structure and growth. World Bank Policy Research Working Paper, 2003

[132] Daniel Shapiro, Steven Globerman. Foreign investment polices and capital flows in Canada: a sectoral analysis. Journal of Business Research, 2003, 56

[133] David Greenaway, Robert Hine, Chris Milner. Vertical and horizontal intra-industry trade: a cross industry analysis for the United Kingdom. The Economic Journal, 1995, 105

[134] David O Cushman. The effects of real wages and labor productivity on foreign direct Investment. Southern Economic Journal, 1987, 54

[135] Dominick Salvatore. Trade protection and foreign direct investment in the US. Annals of the American Academy of Political and Social Science, 1991, 516

[136] Dunning, John H. Multinational enterprises and the growth of services. The Service Industries Journal, 1989

[137] Dunning. The eclectic paradigm as an envelope for economic and business theories of MNEs' activity. International Business Review, 2000

[138] EL Yeyati, E Stein, C Daude. Regional integration and the location of FDI. Inter-American Development Bank Integration and Regional Programs Department Research Department Regional Integration and the Location of FDI, 2002

[139] Elhanan Helpman. Multinational corporations and trade structure. Review of Economic Studies, 1985

[140] Eswar Prasad, Shang-Jin Wei. The Chinese approach to capital inflows: patterns and possible explanations. NBER Working Paper No 11306, 2005

[141] G Dayaratna Banda, John Whalley. Beyond goods and services: competition policy, investment, mutual recognition, movement of persons, and broader cooperation provisions of recent FTAs involving ASEAN countries. NBER Working Paper No 11232, 2005

[142] Horst Raff. Preferential trade agreement and tax competition for foreign direct Investment. Journal of Public Economics, 2004

[143] Itay Goldstein, Assaf Razin. An information-based trade off between foreign direct Investment and foreign portfolio investment. NEER Working Paper No 11757, 2005

[144] Itay Goldstein, Assaf Razin. An information-based trade off between foreign direct investment and foreign portfolio investment. Journal of International Economics, 2006, 70

[145] James R Markusen, Anthony J Venables. Multinational firms and the new trade theory. Journal of International Economics, 1998, 46

[146] Johansson, Borje, Westin, et al. Affinities and frictions of trade networks. The Annals of Regional Science, 1994, 28(3)

[147] John H Dunning. Globalization, trade and foreign direct investment. University of Reading (UK) and Rutgers University (USA), 2002

[148] Jorge R Calderon-Rossell. Towards the theory of foreign direct Investment. Oxford Economic Papers, 1985, 37

[149] Julian Birkinshaw, Neil Hood. Characteristics of foreign subsidiaries in industry clusters. Journal of International Business Studies, 2000, 31

[150] Jyothi Pantulu, Jessie P H Poon. Foreign direct investment and international trade: evidence from the US and Japan. Journal of Economic Geography, 2003, 3(3)

[151] Kamal Saggi. Trade, foreign direct investment, and international technology transfer: a survey. Working Paper of World Bank, 2000

[152] KaSaundra M Tomlin. The dffects of model specification on foreign direct investment models: an application of count data model. Southern Economic Association, 2000, 67(2)

[153] L Calvert. A synthesis of foreign direct investment theories and theories of the multinational firm. Journal of International Business Studies, 1981, 12

[154] Lance Eliot Brouthers, Steve Werner, Timothy J Wilkinson. The aggregate impace of firms' FDI strategies on the trade balances of host countries. Journal of International Business Studies, 1996, 27

[155] Laura Alfaro, Sebnem Kalemli-Ozcan, Vadym Volosovych. Why doesn't

capital flow from rich to poor countries? An empirical investigation. NBER Working Paper No 11901, 2005

[156]   Lawrence J White. Industrial organization and international trade: some theoretical considerations. The American Economic Review, 1974

[157]   Magnus Blomstrom, Ari Kokko, Steven Globerman. Regional economic integration and foreign direct investment: the North American experience. Working Paper Series in Economics and Finance No 269, 1998

[158]   Magnus Blomstrom, Gunnar Fors, Robert E Lipsey. Foreign direct investment and employment: home country experience in the United States and Sweden. The Economic Journal, 1997, 107

[159]   Marta Bengoa Calvo, Blanca Sanchez-Robles. Does foreign direct investment foster economical growth. Some Theoretical and Empirical Arguments, 2005

[160]   Martin Feldstein. Monetary policy in a changing international environment: the role of global capital flows. NBER Working Paper No 11856, 2005

[161]   Massimo Motta, George Norman. Does economic integration cause foreign direct investment. International Economic Revies, 1996, 37(4)

[162]   Matta Begoa, Blanca Sanchez-Robeles. Foreign direct Investment, economic freedom and grows: new evidence from Latin America European. Journal of Politician Economy, 2003, 19

[163]   Melanie Lansbury, Nigel Pain, Katerina Smidkova. Foreign direct investment in Central Europe since 1990: an econometric study. National Institute Economic Review, 1996

[164]   Mihir A Desai, C Fritz Foley, James R Hines Jr. Foreign direct investment and domestic economic activity. NBER Working Paper No 11717, 2005

[165]   Patibandla M. Firm size and export behavior: an Indian case study. The Journal of Development Studies, 1995

[166]   Peter J Buckley, Jeremy Clegg, Nicolas Forsans, et al. Evolution of FDI in the United States in the context of trade liberalization and regionalization. Journal of Business Research, 2003

[167]   Philipee Aghion, Robin Burgess, Stephen Redding, et al. The unequal effects of liberalization: evidence from dismantling the license Raj in India.

NBER Working Paper No 12031, 2006

[168]　Philippe Aghion, Philippe Bacchetta, Romain Ranciere, et al. Exchange rate volatility and productivity growth: the role of financial development. NBER Working Paper No 12117, 2006

[169]　Philippe Martin, Hélène Rey. Globalization and emerging markets: with or without crash. NBER Working Paper No 11550, 2005

[170]　Ray Barrell, Nigel Pain. An econometric analysis of US foreign direct investment. The Review of Economics and Statistics, 1996, 78

[171]　Robert C. Feenstra, Yongmin Chen. Buyer investment, product variety, and intra-firm trade. NBER Working Paper No 11752, 2005

[172]　Robert E Lipsey. Interpreting developed countries' foreign direct investment. NBER Working Paper No 7810, 2000

[173]　Robert R Miller, Dale R Weigel. The motivation for foreign direct investment. Journal of International Business Studies, 1971, 3

[174]　Salvador Barrios, Holger Gorg, Eric Strobl. Multinational enterprises and new trade theory: evidence for the convergence hypothesis. Research Paper, 2000

[175]　Shige Makino, Chung-Ming Lau, Rhy-Song Yeh. Asset-exploitation versus asset-seeking: implications for location choice of foreign direct investment from newly industrialized economies. Journal of International Business Studies, 2002, 33(3)

[176]　Steven Globerman, Daniel Shapiro, Aidan Vining. Clusters and intercluster spillovers: their influence on the growth and survival of Canadian information technology firms. Industrial and Corporate Change, 2005, 14

[177]　V N Balasubramanyam, M Slisu, David Sapsford. Foreign direct investment and growth in EP and is countries. The Economic Journal, 1966, 106

[178]　Wi Saeng Kim, Esmeralda O Lyn. FDI theories and the performance of foreign multinationals operating in the US. Journal of International Business Studies, 1990, 21

[179]　Xue min Zhao, Reinhold Decker. Choice of foreign market entry mode cognitions from empirical and theoretical studies. Publications at Bielefeld University, 2004